工业企业品牌文化建设

The Construction
Of Brand Culture At
Industrial Enterprises

朱永利 孙希波 司玉锋

主编

人民邮电出版社

北 京

图书在版编目（CIP）数据

工业企业品牌文化建设 / 朱永利，孙希波，司玉锋
主编. -- 北京 : 人民邮电出版社，2022.6（2024.4重印）
ISBN 978-7-115-58649-0

Ⅰ. ①工… Ⅱ. ①朱… ②孙… ③司… Ⅲ. ①工业产
品－品牌－中国 Ⅳ. ①F425.3

中国版本图书馆CIP数据核字（2022）第019488号

♦ 主　　编　朱永利　孙希波　司玉锋
　　责任编辑　刘向荣
　　责任印制　李　东　胡　南
♦ 人民邮电出版社出版发行　　北京市丰台区成寿寺路 11 号
　　邮编　100164　　电子邮件　315@ptpress.com.cn
　　网址　https://www.ptpress.com.cn
　　北京九州迅驰传媒文化有限公司印刷
♦ 开本：700×1000　1/16
　　印张：12.75　　　　　　　　　2022 年 6 月第 1 版
　　字数：173 千字　　　　　　　2024 年 4 月北京第 4 次印刷

定价：49.80 元

读者服务热线：（010）81055256　印装质量热线：（010）81055316
反盗版热线：（010）81055315
广告经营许可证：京东市监广登字 20170147 号

前　言

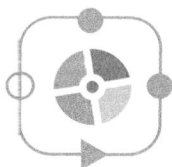

　　经济实力是综合国力的基础，拥有国际知名品牌的多寡是一个国家经济发展质量高低的重要体现。研究表明，发达国家平均每占有1%的世界GDP就打造出1个制造业世界百强品牌。一个国家强大经济实力的背后，是强势的品牌地位。一个国家卓越创新能力的背后，是显著的品牌价值。

　　经过改革开放40多年的发展，中国已成长为世界第二大经济体、制造业第一大国、货物贸易第一大国。凭借着完备的制造业生态体系、巨大的国内市场和劳动力成本优势，中国制造业不断壮大并转型升级。但是，中国制造业整体上仍处于全球产业链和价值链的中下端，出口产品中仅有10%左右拥有自主品牌。中国民族品牌豪情壮志、东征西战，有的逐渐凋零，隐藏在人们的记忆深处；有的改换门庭，"为他人作嫁衣裳"；也有的破茧成蝶，成长为享誉国内外的知名品牌。

　　"长风破浪会有时，直挂云帆济沧海。""三个转变"为中国品牌的发展指明了方向和路径，推动中国迈出了建设品牌强国的铿锵步伐。面对世界百年未有之大变局，党的十九届五中全会通过的《中共中央关于制定国民经济和社会发展第十四个五年规划和二〇三五年远景目标的建议》制定了以经济内循环为主体的经济双循环战略。我国需求结构和生产函数发生重大变化，在生产体系内部循环不畅和供求脱节的现实情况下，凝聚全社会品牌发展共识，通过品牌建设引领工业企业高质量发展成为现实需求。

　　品牌的本质是什么？从管理学角度看，品牌是一种文化。品牌本身是一个具有文化属性的概念，所有的品牌都含有一定的文化因素，优秀品牌的文化底蕴更加深厚。品牌是企业的生命，文化则是品牌的灵魂。作为品牌价值的核心要素，文化对品牌的重要作用不言而喻。塑造品牌就是一个将文化渗透和充盈到品牌中，再精致而充分地展示出来，发挥其无与伦比的作用的过程。发挥文化的作用是提升品牌附加值、提高产品竞争力的原动力。

　　千百年前，中国手工艺品融传统文化于其中，集功能性与艺术性于一体，世界闻名。今天，中国现代工业发展突飞猛进，如何挖掘品牌深层次的文化内涵？如何将传统文化和历史文化融入产品？如何将产品中的文化元素作为卖点以吸引消费者？如何利用文化的深厚底蕴塑造百年的品牌形象？这些是工业企业在产品设计、品牌创建、企业发展中需要深刻思考的问题。

本书以工业企业品牌文化建设为主线，着重关注工业企业品牌文化的设计、传播与管理，对工业企业品牌物质文化设计、制度文化设计与精神文化设计进行了全面的研究，对工业企业品牌文化的传播与管理提出了建设性意见，旨在为工业企业品牌文化建设提供过程参考与思路借鉴。

本书由产业发展专项基金资助，由朱永利、孙希波、司玉峰担任主编，高彩霞、李心慧、林金枫、韩国元、李欣、崔瑞敏、刘亚飞、皮若嫣参与了部分编写工作，哈尔滨工程大学对本书的出版给予了大力支持，在此一并表示衷心的感谢。

由于编者水平有限，书中难免有疏漏之处，敬请读者批评、指正。

编　者

2022 年 1 月

目　录

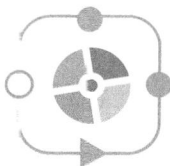

第一章
工业企业品牌建设素描

一、培育品牌是建设工业强国的必经之路

（一）大国工业造就大国实力

1. 世界第一工业制造大国

改革开放 40 多年来，我国已成为世界第二大经济体，世界第一工业大国。工业增加值从 1978 年的 1621.4 亿元增长到 2020 年的 313071.1 亿元，增长约 193 倍，年均增长 13.35%，成为驱动全球工业增长的重要引擎。

制造业作为工业的核心和支柱，是国民经济的主体和国家竞争力的体现。美国自 1895 年开始，稳坐世界制造业的头把交椅。制造业带来的钢铁洪流为美国赢得了两次世界大战的胜利，同样也是美国成为世界超级大国的基础。根据世界银行的数据，2010 年我国制造业增加值超过美国，成为制造业第一大国，开始执世界制造业之牛耳（见图 1.1）。2020 年，我国制造业增加值达 26.6 万亿元，占全球比重近 30%，已连续 11 年保持世界第一制造大国地位 [1]，这是中国付出了巨大努力得来的，创造了中国经济发展的新纪元。

2. 世界上唯一拥有全部工业门类的国家

中华人民共和国成立以来，特别是改革开放 40 多年来，工业结构在不断调整中持续优化升级，工业体系逐步向自动化、智能化、数字化迈进。在世界 500 多种主要工业产品当中，中国有 220 多种工业产品的产量居全

---

[1] 国务院新闻办网站. 工信部介绍推进制造强国和网络强国建设，助力全面建成小康社会有关情况 [EB/OL].(2021-9-13) [2020-04-20].

球第一①。其中，产量居世界第一的轻工产品有 100 多种。

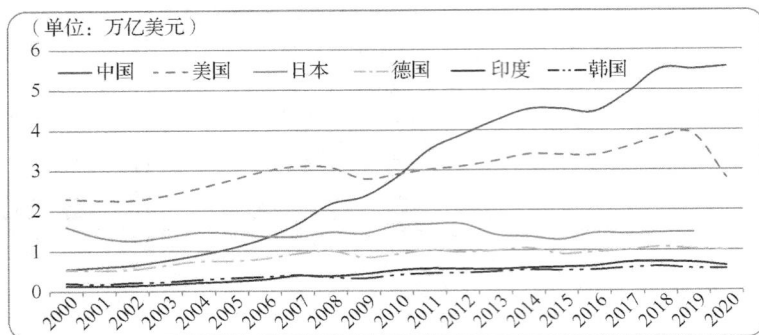

图1.1　世界部分国家工业增加值对比

目前，我国已形成独立完整的现代工业体系，是世界上唯一拥有联合国产业分类中全部工业门类的国家，拥有了当前可以与世界强国进行竞争的底气和实力②，"世界工厂"实至名归。

3.《财富》世界 500 强排行榜上榜企业数量居全球第一

作为全球著名的排行榜，《财富》世界 500 强排行榜直接体现了全球各国企业的规模和实力，反映了全球规模最大企业的兴衰变化。自 1995 年该榜单发布以来，美国企业上榜数量一直雄踞首位。2020 年《财富》世界 500 强排行榜中，中国共有 133 家上榜企业，位居世界第一，历史上首次超过美国 121 家上榜企业的数量（见图 1.2）。

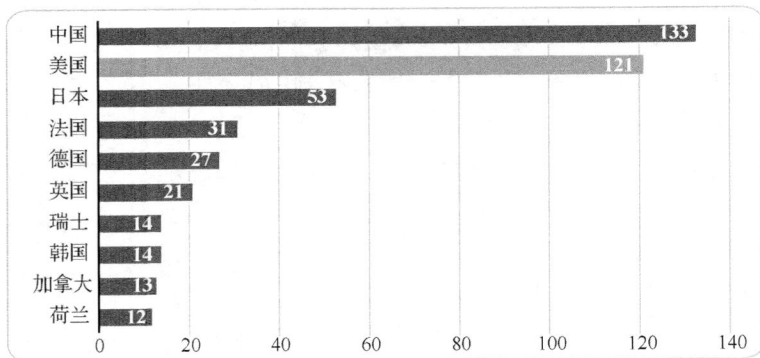

图1.2　2020年《财富》世界500强排行榜上榜企业数量前10名国家

---

① 新闻办网站.新闻办就新中国成立70周年工业通信业发展情况举行发布会 [EB/OL].(2019-09-20)
[2020-04-21].

② 许正林.中国品牌70年发展历程与主要成就 [N].中国社会科学报，2020-01-13（7）.

《财富》杂志 1995 年首次发布世界 500 强排行榜之际，中国内地只有 5 家企业上榜。虽然世界 500 强入选门槛不断提高，从 2000 年的 104 亿美元上升至 2019 年的 254 亿美元（见图 1.3），但中国上榜企业数量在 2020 年仍然位居榜首，其中居前 5 的行业分别是采矿和原油生产、金属产品、贸易、金融、工程与建筑。在《财富》世界 500 强排行榜 25 年来的发布历程中，中国是全球唯一一个企业上榜数量增长如此迅猛的国家。这个排行榜反映了中国工业的发展轨迹，见证了世界第一工业制造大国的成长历程。

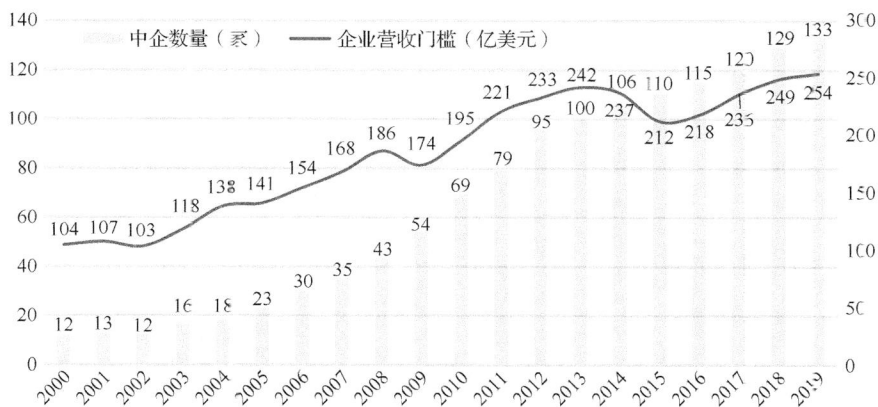

图1.3　近20年《财富》世界500强排行榜中国企业上榜数量变化

（二）品牌是工业强国的核心竞争力

在中国成为"世界工厂"之前，美国、日本都曾被称作"世界工厂"，德国则被称为"众厂之厂"，是世界工厂的制造者。它们的共同点是拥有大量生产制造基地和主要工业品的生产能力，不仅能为世界市场大规模地提供工业品，而且在世界市场中占据较大份额。

这些工业强国都有各自的优势。德国注重高质量，美国和日本强调高科技。与之相比，"中国制造"虽然遍布全球，但其主要优势是"高性价比"，在质量和技术上与工业强国还有一段距离。纵观这些工业强国的成长历程，我们可以发现，要想成为工业强国必须"顶天立地"。品质是"地"，既是品牌的基础，也是建立工业强国的必备条件；品牌是"天"，决定了工业强国的成长空间。

1. 品质是工业强国的基石

作为当代的工业强国，德国、美国、日本制造业的发展并非一帆风顺，都有着一段长时间的曲折发展历史。直到制造业增强了国家实力，对国家发展起到积极作用后，这些国家才注重制造业的发展，并推动制造业从量的增长转向质的发展。

在世界工业发展的历程中，全球制造中心经历了从欧洲向美国、日本、中国的几次大迁移。每一次迁移，无不是从模仿到自主创新，从关注产量到注重品质。在成长为工业强国的过程中，产品品质起到了举足轻重的作用。

2. 品牌决定工业强国成长空间

虽然"中国制造"遍布全球，地位不断上升，中国也成了"世界工厂"，但"中国制造"的口碑还有很大的提升空间。2017年，德国Statista公司发布Made-In-Country Index（MICI），用以衡量普通消费者对各国工业产品的使用感觉和推崇程度，MICI也成为各国制造业口碑的一个重要参考。根据对52个国家43000位民众的调查，德国、瑞士、英国、加拿大、意大利、日本、法国、美国等工业强国都名列前茅，中国则位居该榜单第49位。这从侧面反映了中国距离这些工业强国还有很长的一段路要走。

品质造就口碑，口碑造就品牌。在经济全球化的时代，品牌是国家综合国力的体现，是国家经济实力的标志，是国家进入国际市场的通行证，反映着国家的工业水平，代表着国家的国际形象，体现着国家的核心竞争力，承载着重构民族自尊心和自信心的历史责任。改革开放40多年来，我国经济发展的条件和环境发生了深刻变化，经济总量位居世界第二，工业增加值位居世界第一，货物贸易规模位居世界第一。"中国制造"遍及世界各地，中国产品出现在全球各地的商场和超市的货架上。

产品常有，但品牌难见。据联合国开发计划署统计，中国国际知名品牌在全球品牌中所占比例不到3%，进军国际市场的中国企业中，拥有自主品牌的不到20%，自主品牌在出口总额中的比重不足10%[1]。不少企业对品牌的认知还停留在形象和广告上，没有意识到品牌的文化价值。很多企业因品牌培育能力不足，难以把所具备的能力和优势转化为品牌价值。我国要由"制造大国"变为"制造强国"及"品牌强国"，需要将中国传统文化注入民族品牌，丰富品牌内涵，推进品牌国际化，创立国际知名品牌。

---

① 中国自主品牌100佳课题调查组. 中国自主品牌峰会的战略意义 [J/OL].(2016-07-01)[2020-05-20].

二、中国工业企业品牌建设的成就

（一）政府引领品牌发展

为了推进工业企业品牌建设工作，工业和信息化部（以下简称"工信部"）、原国家工商总局、原国家质检总局等部门先后出台了一系列指导意见（见表1.1），各部门根据部门职责切实推进文件中布置的任务，增强企业品牌意识、提高品牌质量，为中国工业企业品牌建设营造良好的政策环境。

表1.1　国家各部门颁布的品牌相关文件汇总

时间	部门	文件名称
2009 年 9 月	工信部、国家发展和改革委员会（以下简称"国家发改委"）、财政部、商务部、中国人民银行、原国家工商总局、原国家质检总局	关于加快推进服装家纺自主品牌建设的指导意见
2011 年 7 月		关于加快我国工业企业品牌建设的指导意见
2013 年 12 月	国务院国有资产监督管理委员会（以下简称"国资委"）	关于加强中央企业品牌建设的指导意见
2014 年 2 月	工信部	关于加快我国彩电行业品牌建设的指导意见
2014 年 2 月	工信部	关于加快我国手机行业品牌建设的指导意见
2015 年 1 月	工信部、原国家工商总局、财政部、国家知识产权局	关于加快推进我国钟表自主品牌建设的指导意见
2016 年 6 月	国务院办公厅	关于发挥品牌引领作用推动供需结构升级的意见
2016 年 12 月	原国家质检总局	质量品牌提升"十三五"规划
2017 年 5 月	原国家工商总局	工商总局关于深入实施商标品牌战略，推进中国品牌建设的意见

2011 年 7 月，工信部等 7 部委联合印发了《关于加快我国工业企业品牌建设的指导意见》（工信部联科〔2011〕347 号）（以下简称《意见》）。该意见是第一份以部门规章的形式推出的促进我国工业企业品牌建设的官方指导意见，自此拉开了国家各部门及地方各级人民政府助推工业企业品牌建设的序幕。

《意见》要求建立工业企业品牌建设工作会商机制，按照"统筹协调、明确责任、协同配合、整体推进"的原则，对 7 部委的主要工作提出了要求（见表 1.2）。

表1.2 《意见》中各部门任务清单

部门	主要任务和工作
工信部 商务部 原国家工商总局 原国家质检总局	1. 指导工业企业建立、完善品牌培育管理体系和评估体系； 2. 支持工业企业参与国际优秀品牌管理经验和标杆的交流与分享； 3. 鼓励地区和行业规范并推广与品牌培育相关的咨询和培训服务； 4. 加强对品牌工作的专业指导
商务部 原国家工商总局 原国家质检总局	1. 构建国内统一市场，打破地方保护，消除市场壁垒； 2. 加强对"家电下乡"等与市场有关的政策和要求的宣传； 3. 拓宽品牌产品的销售渠道，为国内外工业企业创同等品牌市场待遇； 4. 重点市场和新兴市场举办产品展览、推广、广告等活动； 5. 加强跨区域工业企业品牌保护工作的分工协调； 6. 投资合作过程中工业企业品牌的保护和管理； 7. 为工业企业商标境外注册、渠道拓展等工作提供相关服务； 8. 加强对工业企业商标境外注册、使用、保护的跟踪研究； 9. 分阶段建立工业企业海外商标纠纷预警机制和危机管理机制
国家发改委 财政部 中国人民银行	1. 支持工业企业利用品牌资产抵押融资，改进和完善有关金融服务； 2. 探索建立企业品牌信用担保制度，支持符合条件的工业企业通过上市融资和发行债券； 3. 鼓励企业以品牌为纽带进行并购重组
原国家工商总局 原国家质检总局 工信部	1. 加强质量监督、市场监管； 2. 组织开展专项整治活动，打击侵犯注册商标专用权违法行为； 3. 加大对工业企业行业商标专用权行政保护力度，保护商标持有企业合法权益
工信部 原国家质检总局	1. 在"质量兴业"和"质量兴企"活动中，重点抓品牌培育工作； 2. 通过组织质量攻关和提高供应链质量保证能力等工作，支持品牌建设； 3. 加快工业产品质量控制和技术评价能力建设； 4. 大力发展鼓励中小企业服务平台，发挥产品研发设计和品牌推广平台的作用

2014年5月24日，首届中国工业企业品牌竞争力评价结果在北京正式发布，共有398家企业登上四大榜单。该活动由工信部指导，中国工业报社主办，从企业创造品牌的素质和能力、企业培育品牌的市场认可和消费者认同两个方面入手，对我国工业企业品牌竞争力进行评价，旨在促进工业企业品牌建设，验证政府品牌培育工作成果。

"十三五"规划纲要明确实施制造强国战略，并将质量品牌建设作为其中的重要环节。规划提出开展质量品牌提升行动，从关键核心技术的突破，到质量检测和追溯能力的建设；从加强商标法的保护，到完善质量监管体系，以质量为基石，打造一批有竞争力的知名品牌。

为了进一步贯彻落实"十三五"规划纲要，国务院、原国家质检总局、原国家工商总局从各自职能出发，先后出台推进品牌发展的供需结构升级、质量品牌示范工程、集群品牌管理等规章制度。经国务院批准，自2017年起，将每年5月10日设为"中国品牌日"。"中国品牌日"的设立旨在凝聚品牌发展社会共识，营造品牌发展良好氛围，搭建品牌发展交流平台，提高自主品牌影响力和认知度。"中国品牌日"标识如图1.4所示。

图1.4 "中国品牌日"标识

为了顺应电子商务发展趋势，助力经济提质升级，自2019年开始，每年4月28日至5月10日，商务部、工信部、国家邮政局和中国消费者协会共同组织开展"双品网购节"，其标识如图1.5所示。该活动以"品牌消费、品质消费"为主题，组织发动生产、电商、物流企业广泛参与，旨在更好地激发市场活力，促进居民消费，赋能产业发展。2020年是"十三五"规划的收官之年。在各主办方的共同努力下，2020年第二届"双品网购节"实现总销售额1825.1亿元，较2019年增长1.37倍，带动同期全国网络零售额超4300亿元，同比增长20.8%，其中实物商品网络零售额超3800亿元，同比增长33.3%[1]，有效释放了消费潜力，为决战脱贫攻坚、决胜全面小康做出了贡献。

图1.5 "双品网购节"标识

加强品牌建设，不断提升中国产品和服务的质量与影响力，是坚定实施扩大内需战略、推动高质量发展的重要方面。

（二）中国品牌在世界上的地位

一个国家或地区经济崛起的背后，往往是一批品牌的强势崛起。通过不断的自主创新，中国已涌现出一批享誉国内外的知名品牌，中国品牌在国内经济乃至世界经济发展中显示了新的作用。

2020年3月，英国品牌金融咨询公司（Brand Finance）依据品牌影响力的3项关键指标——市场占有率、品牌忠诚度和全球领导力，对全球

---

[1]　王珂. 第二届"双品网购节"销售额达1825亿元 [N]. 人民日报，2020-05-15（7）.

知名品牌进行了价值评估，发布了《2020 年全球品牌价值 500 强报告》。中国共有 76 个品牌上榜，仅次于美国（206 个），位居第二，如图 1.6 所示。全球品牌价值最高的前 10 名中，美国占据 6 席，包括亚马逊、谷歌、苹果、微软、脸书、沃尔沃;中国占据 3 席，分别是中国工商银行、中国平安、华为。中国上榜的 76 个品牌中，26 个属于工业企业。

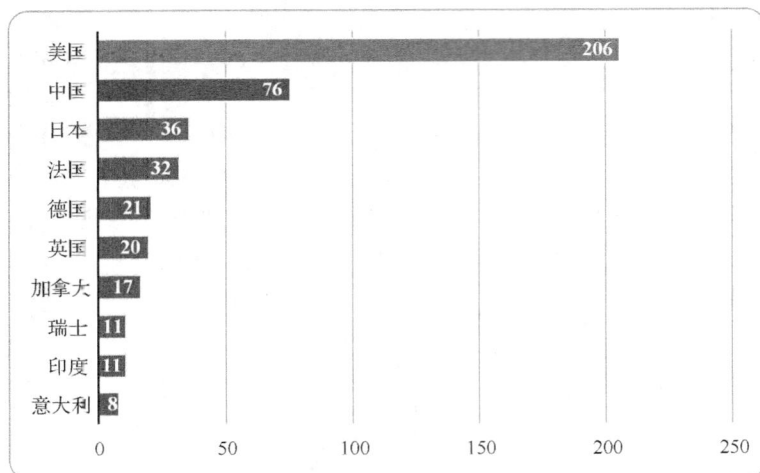

图1.6　Brand Finance全球品牌价值500强上榜公司数量前10名国家（2020年）

《财富》世界 500 强排行榜以企业收入为主要依据，中国上榜 133 家，占比为 26.6%；Brand Finance《全球品牌 500 强》以品牌影响力为主要依据，是对企业无形资产价值的评估，中国上榜 76 家，占比为 15.2%。很容易发现，中国企业在企业营收方面取得了长足的进步，但也应该看到，中国工业企业品牌建设才刚刚起步，企业品牌竞争能力亟待提升。

2020 年 11 月，商务部发布《中国外资统计公报 2020》。该公报显示，2019 年我国实际使用外资金额 1412.3 亿美元，规模居全球第 2 位。截至 2019 年 12 月，我国累计实际使用外资金额达 22904.7 亿美元。国际知名企业以资本开道，以品牌立旗，以惊人的速度抢占中国市场。面对国外品牌的强有力挑战，部分国内品牌表现乏力，甚至毫无还手之力，退出了历史的舞台。雀巢收购太太乐、银鹭、徐福记，高盛收购双汇，安海斯－布希（AB）收购哈尔滨啤酒，金佰利控股舒尔美，欧莱雅收购小护士，强生收购大宝，高露洁收购三笑，联合利华收购中华、美加净，法国赛博集团（SEB）收购苏泊尔，荷兰壳牌收购统一润滑油，太盟投资集团（PAG）

收购好孩子。除了这些耳熟能详的品牌被收购外，还有一些零部件或整机生产的工业企业也被外资吞并或控股。德国 FAG 并购西北轴承，美国铁姆肯并购烟台轴承，美国 Torrington 并购无锡轴承，约翰迪尔收购佳木斯联合收割机厂，美国凯雷集团入股徐工集团，西门子并购锦西化工机械集团……这些被并购或收购的品牌有的还在市场上拼搏，有的则被"卸载"，消失在人们的视野之中。

　　跨国公司纷纷将研发中心、区域中心迁至北京、上海、广州、深圳等城市。截至 2019 年，跨国公司在上海设立地区总部 720 家、研发中心461 家。越来越多的国外传统品牌、披着"国货"外衣的外国品牌涌现在国内市场上，占据越来越大的市场份额。对于国内众多企业，特别是工业企业来说，加强品牌建设，不断地培育和壮大自己的品牌，并使之在市场上成为知名品牌，在竞争中发展壮大，是摆在它们面前的紧迫任务。

（三）中国工业企业品牌建设情况

　　深化改革开放以来，从国家到地方、从企业到企业家，都在不断增强品牌意识，都把品牌建设作为丰富企业内涵、提升产品附加值的重要工作，并取得了明显成果。知名工业企业品牌不断涌现，如海尔、联想、华为、中兴通讯、三一重工、徐工等，在国内外市场竞争中取得了不俗成绩[1]。百度联合人民网研究院共同发布的《百度国潮骄傲大数据》报告显示，2009年与 2019 年，中国品牌的关注度占比由 38% 增长到 70%，2009 年与2019 年中外品牌关注度占比如图 1.7 所示。

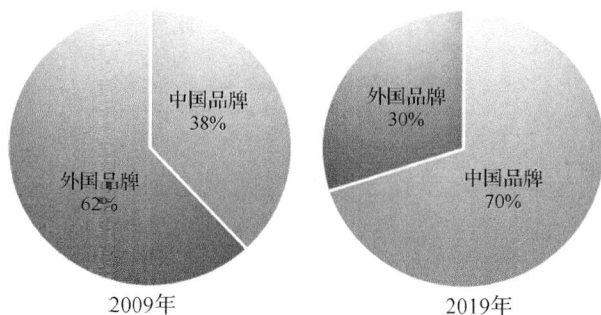

中国品牌
38%

外国品牌
62%

外国品牌
30%

中国品牌
70%

2009年　　　　　　　　　　2019年

图1.7　2009年与2019年中外品牌关注度占比

　　品牌价值是品牌的核心，也是品牌建设结果的直接体现。目前超过 20个国内外机构发布各类品牌价值排行榜，或针对全球，或针对某一国家，

---

[1]　杨国民. 加快推进工业企业品牌建设 [N]. 经济日报，2011-08-17（6）.

或针对某一行业，这些品牌价值排行榜在一定程度上反映了一个国家品牌建设的情况，品牌价值排行榜单汇总如表 1.3 所示。为了对中国工业企业品牌建设情况有一个了解，我们选取了面向中国、具有官方权威的中国品牌价值评价信息榜单进行分析。

表1.3　品牌价值排行榜单汇总（部分）

评选机构	榜单名称	评选范围	首榜时间
凯度华明通略	BrandZTM 全球最具价值品牌 100 强排行榜	全球	2006
Brand Finance	全球品牌价值 500 强	全球	2007
品牌观察研究院	中国品牌价值 500 强	中国	2007
Interbrand	中国最佳品牌排行榜	中国	2014
中国品牌建设促进会	中国品牌价值评价信息榜单	中国	2014
中国亚洲经济发展协会	中国品牌 500 强	中国	2017
北京大学经济学院	中国品牌价值百强榜单	中国	2018

为了从国家层面推进品牌建设工作，提高产品质量，原国家质量监督检验检疫总局（现国家市场监督管理总局）、财政部、工信部、中国国际贸易促进委员会、中央电视台等 5 家单位联合发起，于 2013 年 6 月在北京设立了中国品牌建设促进会，其下辖 16 个专业技术委员会，属于非营利性的全国性社团组织，隶属国家市场监督管理总局。中国品牌建设促进会会同相关机构，发布一年一度的中国品牌价值评价信息榜单。中国品牌价值2021 年度评价结果如表 1.4 所示。

表1.4　中国品牌价值2021年度评价结果

类别	个数	品牌总价值（亿元）	平均品牌价值（亿元）
能源化工	49	12574.85	256.63
机械设备制造	63	4500.91	71.44
电子电气	14	1919.58	137.11
轻工	34	9372.42	275.66
汽车及配件	6	1087.6	181.27
冶金有色	21	1581.33	75.30
纺织服装鞋帽	33	2677.78	81.14
建筑建材	22	2527.96	114.91
食品加工制造	22	1681.71	76.44

续表

类别	个数	品牌总价值（亿元）	平均品牌价值（亿元）
医药健康	34	2633.03	77.44
金融保险业	15	16896.07	1126.40
零售业	8	1541.64	192.71
交通运输业	7	712.01	101.72
其他服务	22	2562.06	116.46
农业	13	248.72	19.13
产品品牌	44	1427.73	32.45
自主创新	49	878.19	17.92
中华老字号	29	2464.55	84.98

本次发布品牌数量达 695 个，总品牌价值为 83746 亿元（不含 100 个地级城市），品牌价值均值比去年增长了 7.9%。其中品牌价值超过千亿元的有 16 家，包括中国工商银行、中国建设银行、贵州茅台酒、中石化、中石油、国家能源投资集团、中国建筑股份、中国中车股份、珠海格力、中国中信集团等，另有中国中化、中国华电、海康威视、山西焦煤、宁波舟山港、雅戈尔、洋河、潍柴动力、鲁花、娃哈哈、上汽、片仔癀、东阿阿胶、广药、洁丽雅等 90 个企业品牌和五常大米、武夷岩茶等 43 个区域品牌价值超过百亿元。

从全部上榜企业看，品牌总价值最高的是金融保险业，为 16896.07 亿元，占上榜企业总品牌价值的 24.40%。该组平均品牌价值为 1126.40 亿元，是整体平均品牌价值约 8 倍多。品牌总价值最低的是农业，为 248.72 亿元。平均品牌价值最低的是自主创新，为 17.92 亿元。

工业企业共分为 10 个组，品牌总价值最高的是能源化工，为 12574.85 亿元；平均品牌价值最高的是轻工，为 275.66 亿元，平均品牌价值最低的是机械设备制造，为 71.44 亿元。贵州茅台以 3090.15 亿元的品牌总价值位居工业企业品牌价值榜首位，品牌价值过千亿元的工业企业共有 7 家。只有能源化工、轻工 2 组工业企业的平均品牌价值超过全榜的平均品牌价值，其余 8 组均低于全榜的平均品牌价值，这从侧面反映了工业企业品牌价值整体偏低。

第二章
工业企业品牌文化勾勒

一、工业企业品牌为什么需要文化支撑

（一）文化是工业强国的基础

1. 文化决定了工业发展的水平

工业是强国之本，文化是民族之魂[①]。目前，我国作为世界第一工业制造业大国，工业大而不强的问题十分突出，这与工业文化发展相对滞后密切相关，严重制约了我国工业的转型升级和提质增效[②]。在西方发达国家的工业发展进程中，工业文化是重要的内在推动力。

以制造业为核心的工业，是实体经济的基础，是国民经济的主战场，是国家实力的根本保证，同时也是培育文化自信的重要载体。社会主义市场经济是独具中国特色的市场经济体制，社会主义核心价值观在工业发展进程中培育出别具一格的工业文化。作为建设工业强国的精神动力，工业文化既是塑造我国工业形象的重要手段，也是提升我国工业软实力的根本所在。没有强大的软实力，工业就很难真正硬起来。中国制造业要实现由大变强，不仅需要掌握前沿科技，更需要塑造先进的工业文化。

工业强国之间的较量，既有科技、产品、管理等外在的竞争，同样也有文化的较量。优秀的工业文化，在促进科技进步与创新、提高产品质量、完善管理制度和措施等方面，都能起到重要的作用。

伴随着制造强国战略的实施，我国工业进入依靠创新驱动实现转型升

---

① 王新哲，孙星，罗民. 工业文化 [M]. 北京：电子工业出版社，2018.

② 工业和信息化部 财政部. 关于推进工业文化发展的指导意见 [Z/OL]. （2017-01-06）.

级的关键时期。优秀工业文化作为科技创新的精神动力和文化基础，在工业发展由大到强的远程中不断衍生、积淀和升华，是支撑我国工业科技创造力、产品竞争力、制度影响力和可持续发展能力的基础，是确保我国工业逐步强大的根本。

华中师范大学中国工业文化研究中心先后出版了《富强求索——工业文化与中国复兴》《富强竞赛——工业文化与国家兴衰》两本著作，均从工业文化的视角，提出并验证了工业文化假说：一国的富强程度由其工业发展水平决定，而后者又由其工业文化的繁盛程度决定，因此一国的富强程度主要由其工业文化的繁盛程度所决定。书中指出，人类进入工业社会后，全球范围内技术经济范式的转换及工业和科技中心的转移，决定了国家的强盛兴衰。这种新旧技术经济范式转换过程涉及社会生活方式的转变，表现为旧范式下形成的"文化"对技术经济新范式的抵抗，它会阻碍或延迟新范式的发展，形成"反工业文化"。在以美国为代表的西方国家，企业受到资本的限制，为了实现上市后市值的稳定，往往实施重视短期而忽视长期的经营策略；工人因为收入和工作条件的改善，加速逃离制造业；公众因对绿色、低碳、安静生活环境的要求，会排斥或抵制周边工业项目的建设，引发"邻避"事件。因此，"工业文化的演进程度成为检验工业化水平的核心标尺，工业文化的发展史反映了以工业竞争为核心的大国兴衰史。"

2. 中国特色社会主义文化为我国工业发展保驾护航

中国特色社会主义文化是中国特色社会主义思想的重要组成部分，是社会主义现代化建设的重要内容，是伴随着中国近代政治变革、思潮更迭、工业进步、文化冲击而形成的。

创新是中国特色社会主义文化的生命。在实践中进步，在创新中发展，以创新思维驱动工业发展创新，既能实现理论突破，也能推进实践进程。通过追本溯源、着眼全局、古今结合的方法，工业企业可以不断促进创新思维的形成，提升创新思维能力。一是营造"万众创新""人人创新"的社会氛围，激发全民创新活力，为工业创新建立良好的社会机制。二是塑造工人创新精神，让工人成为充满创造性的个体，立足本职岗位，合理规划人生，以创新思维迎接新挑战、面对新局面。三是大力培育创新人才，大胆灵活选人才，不拘一格用人才，充分发挥创新人才的能动性。四是建立创新协同联盟，加强国家内部、国家之间的交流与合作，形成协同创新效应，提升创新思维能力。

中国特色社会主义文化为我国走中国特色工业发展之路保驾护航。发展工业是实现中华民族伟大复兴的必由之路和根本保证。"中华民族伟大复兴，绝不是轻轻松松、敲锣打鼓就能实现的。全党必须准备付出更为艰巨、更为艰苦的努力。"这要求我们不仅要坚定文化自信，更要带着豪情和信念，走稳、走好具有中国特色的工业发展道路。面对先进的技术，不迷失方向，面对取得的成绩，不迷失自己，我们才能充分展现中国工业精神面貌。

（二）文化是企业的精神支撑

1. 企业是工业文化的载体

改革开放初期，中国工业生产能力不足，大部分商品处于短缺状态，卖方主导着市场。工业企业发展一味依赖扩大生产规模、降低运营成本这种以自我为中心的生产制造方式，导致工业企业及其管理者形成了重视物质价值而忽视精神价值的经营理念。企业家们对容易理解和驾驭的办公环境、生产设备等外在的物质情有独钟，而对难以掌控的技术和品牌等不感兴趣。于是，企业家们宁可花费巨资去建造豪华的大厦、采购先进却无法发挥全部功效的生产设备，也不愿在产品研发、技术改进、品牌打造、人才培养等方面大方投资。

国内市场开放后，外资企业以资本当道，以技术围城，以品牌立旗，在市场竞争中轻而易举地取得胜利。而国内有些工业企业面对市场的变化、消费者的弃选则一脸茫然，手足无措。那些没有技术、没有品牌、没有人才的工业企业，要么坐以待毙，要么人财两空，这一残酷的现实迫使我国工业企业必须重视文化建设。

一方面，培育和传承工业文化是工业企业的现实选择。工业企业要想在市场竞争中获得发展，必须汲取各国工业文化的精髓，传承中华优秀传统文化，满足人民群众日益增长的美好生活需要，培育具有中国特色的工业文化，避免片面追求利润，而忽视企业文化建设。工业企业发展不能盲目追求"短平快"，竞争不择手段、产品推广不计成本、广告宣传不计后果等必将荼毒企业文化。工业企业要耐得住寂寞，静下心来体会"慢工出细活"的韵味。

另一方面，培育和传承工业文化是工业企业的历史使命。我国与世界工业强国相比，在工业文化的发展上存在一定差距。工业企业作为工业文化的载体，一旦形成按劳分配、全员创新、可持续发展等优秀的企业文化，就能推动企业高速前行，对工业文化的发展产生至关重要的影响。

2. 文化是企业精神的凝聚

2016年，全国两会的《政府工作报告》首次提出"培育精益求精的工匠精神"，在全国得到了积极响应。这是我国第一次在国家文件中，对企业发展提出精神方面的要求。除此之外，企业还要培育实事求是的科学精神、开拓进取的企业家精神、诚实守信的经营精神等，这些精神交织在一起，凝聚成企业文化。

企业文化对企业的发展和变革具有基础性、长期性、决定性的影响。企业文化如同企业组织中的灵魂一样，使企业中的员工、部门紧密地团结在一起，如臂使指。企业文化能培养员工精益求精、专注敬业的职业素养，激发员工的潜能和工作热情，为员工营造创新氛围，激发员工的创新活力。

文化是企业的核心，为企业赋予了生命和活力。没有文化的企业，如同一盘散沙，在市场的浪潮中将逐步停滞和消散，无法持续发展并创造价值。即便是小型企业，一旦具有强大的企业文化，就能有顽强的生命力。企业文化像号角，一经吹响就能唤起企业员工无穷的力量；又像护卫舰，围绕在企业这艘航母的周围，为其保驾护航。

（三）文化是企业品牌的灵魂

品牌的最高境界是信仰，是根植于价值观上的认同，而包括价值观在内的精神、道德、理想、审美情趣、思维方式等构成了文化的核心部分，即精神文化。它是企业伦理观、价值观、道德观生成、延续的主要途径和来源，在企业实践中不断丰富完善，不断推动物质文化进步。

作为一种非正式约束，文化与正式的制度体系相比，具有更强的稳定性和继承性。从企业产品的外观设计到产品包装，从制造工艺到操作流程，从产品销售到售后服务，每一个环节都渗透着文化的影响。因此，文化是企业品牌的灵魂，是品牌建设的关键所在。

综观世界知名品牌，无不是在品牌中对其价值观进行了充分的诠释。普世价值在众多品牌中得到认同，而品牌的壮大和成长又进一步影响和改变着普世价值。如"活着就是为了改变世界"的硅谷精神，在苹果、谷歌、英特尔等众多品牌中都体现得淋漓尽致，而这些世界知名品牌在各自的成长道路上，又形成了各自的价值观。以苹果公司为例，它的价值观体系包括"着眼全球、守护地球"的环境责任、"无论做什么，我们都以人为先"的供应商责任、"你常用的 App，都为保护隐私而精心设计"的隐私责任、"由你自定，助你尽情发挥"的用户责任，这些价值观在苹果产品的外观设计、生产材料的选择、销售模式的设定、用户体验的改善等方面都有体现。反过来，苹果公司的价值观对硅谷精神进行了进一步的扩充和完善。

然而，中国企业在快速成长中往往忽略核心价值观的建立。国内一些搜索引擎上充满了竞价广告，而不像谷歌"心无旁骛、精益求精""不做坏事也能赚钱"，精准地向用户提供搜索结果。丰田集团将其创始人的精神总结为"丰田纲领"，"上下一致，至诚服务，产业造福社会""切忌虚荣浮夸，坚持质朴刚毅"等成为丰田的价值理念，传承至今。而国内许多汽车企业在整体进步的同时，在企业核心价值观建立方面还有漫长的道路需要走。

企业必须践行普世的商业价值观，如遵纪守法、开诚布公、勇于担当、守信重诺等。只有这样才能更快地走向世界，打造"百年老店"，提升品牌的精神魅力。这些普世的商业价值观成为企业品牌的底线，是品牌建设的灵魂。在高质量的基础上，有信仰的中国制造才能走出国门，有价值观的品牌才能走向世界。

二、品牌文化是开启品牌成功之门的钥匙

品牌的本质是什么？从经济学角度看，品牌是一种知识产权；从社会学角度看，品牌是一个系统工程；从管理学角度看，品牌是一种文化。不同角度之间并不是孤立存在的，而是相互影响的。

品牌是一种文化现象。在打造品牌形象的过程中，将内涵丰富的文化融入品牌，使品牌更有意蕴与韵味，让消费者"流连忘返"，将品牌牢牢印入脑海，从而提高品牌的知名度与美誉度，提高品牌的市场占有率，这成为企业参与市场竞争的强有力手段。有人说："如果你想了解美国文化，那你只要吃一份麦当劳汉堡、喝一瓶可口可乐饮料、穿一件李维斯牛仔服足矣。"可见，麦当劳、可口可乐、李维斯等品牌，蕴含了丰富的美国文化，并成为美国文化的一部分。

所有品牌都有文化属性。具有良好文化底蕴的优秀品牌，能给人带来一种精神上的享受、心理上的满足。例如，消费者从某企业购买了一个紫砂壶，他不仅选择了该企业的产品、该企业的物流、该企业的客服，也选择了紫砂壶中蕴含的文化。紫砂壶集书法、篆刻、绘画于一体，集中展示了中国文化的精粹。泡一壶好茶，邀三五好友，遥想东坡当年，坐而论道，挥毫泼墨，文人的雅致生活被表现得淋漓尽致。

文化是品牌价值的核心要素。市场经济的实践表明，品牌的知名度高并不意味着其价值也高。"产品是暂时的，文化是永恒的，只有文化的，才是经典的。"由此可知，企业它意识到文化对品牌的重要作用。塑造品牌就是一个将文化渗透和充盈到品牌中，再精致而充分地展示出来，发挥其无与伦

比的作用的过程。发挥文化的作用是提升品牌附加值、提高产品竞争力的原动力。

中国传统手工业在漫长的发展过程中，将传统文化很好地融入手工艺品。油纸伞、剪纸、刺绣、汝瓷、唐刀等，无不集功能性与艺术性于一体，具有深厚的文化底蕴。中国现代工业发展突飞猛进，如何挖掘品牌深层次的文化内涵？如何将传统文化和历史文化融入产品？如何将产品中的文化元素作为卖点以吸引消费者？如何利用文化的深厚底蕴塑造百年的品牌形象？这是工业企业在自身发展、产品设计、品牌创建中需要深刻思考的问题。2019年飞利浦与故宫文化携手推出"大器天成"系列电动剃须刀，将国风之大气和技艺之匠心完美融合，能引发我们进行更深层次的思考。

（一）品牌文化及其内涵

作为品牌研究的一个分支，品牌文化融合了品牌学、文化学、管理学的知识和内容。当前，企业之间的竞争日益激烈，仅依靠技术上的优势推销产品的时代已经过去。文化理念越来越多地渗透到现代企业的竞争中，企业之间的竞争已由规模效益竞争转向企业文化和品牌文化的竞争。企业适应市场实际上就是适应消费者，适应市场竞争的变化就是适应消费者消费理念的转变，表现出来就是文化的沟通。

目前，品牌文化的定义有狭义和广义之分。狭义的品牌文化，指品牌被赋予的文化内容。这些文化内容通常指传统文化和历史文化。广义的品牌文化，指企业建立的、方便消费者识别自身产品和服务并将其与竞争者区分开来的、包括品牌要素（名称、符号、标记、设计等）及其组合的、沉积在品牌及其经营活动中的一切文化现象，以及它们所代表的利益认知、情感认同、动机抉择等价值观念的总和。

总结已有研究成果，本书对品牌文化做如下定义：品牌文化是企业构建的、面向消费者的、反映自身个性的品牌物质文化、品牌制度文化和品牌精神文化的总和。

1. 品牌上附着着特定的文化

品牌面向社会大众，通过获得消费者的认同，为企业带来较高的附加值和丰厚的利润，这种极富经济内涵的文化现象，是企业的一笔巨大财富。世界著名销售员乔·吉拉德在《把任何东西卖给任何人》一书中指出，"你要卖给顾客的，不是具体的商品本身，而是商品背后那看不见的东西。"

品牌文化是产品价值的外在体现。手表的主要功能是计时，为什么有人会花费数万元去购买劳力士？手提包的主要作用是盛放随身物品，为什么有人会购买昂贵的爱马仕？答案很简单，这些产品不仅让消费者拥有了成功的体验和感觉，也让其认同了产品背后的文化，可见产品价值的背后是品牌文化。

文化像包围着地球的大气层一样，影响着每一个人。生活在一定文化环境中的人们，会形成一定的思维方式和行为模式。文化同样蕴含在品牌中，既深藏在品牌和产品的内层，又显现在品牌的各种构成要素中。不同的品牌上附着着不同的文化，企业如果能够准确把握文化发展趋势，并及时以相应的产品与之契合，必然会拥有巨大的市场。

2. 品牌中蕴含着民族精神

世界知名品牌，如可口可乐、谷歌、三星、肯德基等之所以家喻户晓，除了因为它们实施了成功的企业形象策略外，还因为它们赋予了产品和品牌极丰富的文化内涵。这些企业在宣传推广中，凸显了"我们卖的不是商品，我们卖的是一种文化，是一种民族精神"，借助"文化牌"激发消费者的情感共鸣，激起消费者的购买欲望。

作为享誉全球的饮料品牌，可口可乐不仅是一种碳酸饮料，也是美国精神的象征。20世纪30年代的世界经济大萧条摧毁了美国人民的梦想，可口可乐借机为民众提供了一种只要拧开瓶盖就能获得的快乐，这种快乐尽管很短暂，却是苦难生活中唾手可得的甜美。在5美分的"快乐水"面前，贫富差距被无限模糊。可口可乐一跃成为美国民众心中的民族企业，开始融入美利坚的骨血，成为自由精神的代表，并在世界范围内扩张。1938年，社会评论家威廉·怀特声称："可口可乐是美国魂的精华象征，是货真价实、广为流传又能不断创新的生活伴侣。"1985年可口可乐新老配方更替的风波，使人们意识到可口可乐品牌及产品深处隐含着的文化，这些文化也正是其日后再度崛起的重要原动力。

3. 品牌中蕴含着企业经营理念

"世间兴废奔如电，沧海桑田几回变。"许多百年企业至今屹立不倒，究其根源是企业的精神恒久不变。沧海桑田，唯心不变。企业精神是企业文化的核心，也是企业的灵魂，而这个灵魂是企业经久不衰的理念支柱。成功的企业都有科学的、契合时代的、符合战略目标的企业经营理念和特色鲜明的企业文化。

丰田是一家同时在东京证券交易所、名古屋证券交易所、纽约证券交易所、伦敦证券交易所上市的日本跨国汽车制造商。2020年，丰田乘用车销量位列世界第一，在《财富》世界500强排行榜的车辆与零部件行业中排在第一位。作为日本制造业的代表，丰田是怎样一步步走向世界制造业顶峰，成为世界知名的制造业公司的？是如何在世界上成本较高的地方生产出质量优良、价格实惠的产品的？

提起丰田汽车，消费者马上会想到油耗低、性价比高、结实耐用、故障率低等，广为流传的"开不坏的丰田"就是最好的佐证。让丰田闻名于世的是基于"顾客至上"的经营理念而构建的丰田生产体系（Toyota Production System，TPS）。通过自动化确保高质量、零缺陷；通过准时化生产实现零库存，降低生产成本；通过"5S"管理提高管理效率和生产效率……各个作业活动紧密相连，如一条川流不息的河流。有形的组织背后是无形力量的支持，丰田的运作能够达到如此境界，离不开丰田经营理念的内在力量。文化的力量决定了一个组织的基本行为方式，是引领组织永续长存的灵魂。[①]

尼采曾说过，当婴儿第一次站起来的时候，你会发现，使他站起来的不是他的肢体，而是他的头脑。对品牌而言，如果说名称、标志、质量、价格等要素是肢体，那么，蕴含在品牌中的文化则是品牌的头脑。正是因为内含特定的文化，品牌才能独一无二，个性鲜明。品牌正是凭借其文化力去赢得消费者对其标定的产品的认同感，进而提升品牌形象，促进产品销售。

（二）品牌文化的特点

世界管理学大师彼得·德鲁克认为，管理是一种文化现象，世界上不存在不带文化的管理。对 IBM、可口可乐、华为、通用等世界知名品牌的分析表明，品牌是一种文化。世界知名品牌无不蕴含丰富的文化内涵，品牌文化主要有以下 3 个特点。

1. 持久性

品牌文化需要企业长期的投入，经过多年的积淀才能慢慢成形。特别是其中的精神属性，更需要诉求一致的主题内容和表现风格，才能逐渐形成别具一格的品牌文化。品牌文化发挥作用也是一个长期的过程。知名企业遇到挫折后，可以依靠品牌走出困境，特别是依靠品牌文化在企业与消费者之间建立沟通桥梁。也许当下消费者不需要某类产品，但是在未来的某个时间点，当他决定购买这类产品的时候，他购买哪个品牌的产品就取决于他对品牌文化的认同。

---

① 郭威. 丰田文化：为百年企业奠基 [J]. 销售与市场（评论版），2011（8）：70-74.

2. 个性化

塑造品牌文化，必须赋予其鲜明的个性特色。在产品同质化的情况下，差异化营销是将企业品牌与竞争对手区分开来的重要方式。实行差异化营销就必须进行产品的差异化宣传，产品要么性能先进，要么包装新颖，要么设计精巧，才能在琳琅满目的同类产品中脱颖而出，长此以往，必将逐步形成具有独特识别价值的品牌个性特色，如以技术精湛闻名于世的瑞士钟表、以大吸力见长的老板抽油烟机、以安全著称的沃尔沃汽车等。企业文化的精神层面是企业实施品牌战略的原动力，因而要形成特色，就必须从上述方面入手，从而最终使品牌文化具有鲜明的个性特色，以特色为支撑，以特色制胜。

3. 创新性

品牌文化是与时俱进的，在企业的不同发展阶段具有不同的内涵，并随着社会的变迁和人们消费理念的更替、消费习惯的改变而相应调整。当今时代，各种文化冲突不断，涉及不同地区文化之间、中国传统文化与中国现代文化之间、中国文化和外来文化之间等的矛盾。"问渠那得清如许？为有源头活水来。"品牌文化的生命正是品牌文化在对每个时代的先进文化、先进理念进行不断吸收后，调整自身并与之相适应而形成的。

（三）品牌文化营销

1. 内涵界定与阐释

与以有形产品为中心的传统营销不同，品牌文化营销是指以有意识地发掘、创造、培养某类核心价值观这一无形的文化内核为中心，将文化渗透在品牌设计、创建、生产的全过程，利用品牌文化来提升品牌竞争力，实现企业的长期可持续发展。它是产品文化营销的延伸和拓展，是市场营销发展到一定阶段的逻辑必然。

品牌文化营销的核心是有意识地构建的核心价值观。菲利普·科特勒曾经对故事营销做过解释："故事营销是指通过讲述一个与品牌理念相契合的故事来吸引目标消费者。在消费者感受故事情节的过程中，潜移默化地完成品牌信息在消费者心智中的植入。""一个与品牌理念相契合的故事"，强调的正是"品牌的核心价值观"，品牌故事传播内核的建立过程，正是寻找品牌核心价值观的过程。

作为世界知名的糖果集团，费列罗源自意大利的经典工艺、精挑细选的原材料、用金箔纸包裹的独立包装、心形的礼盒外观等无不体现着它的核心价值观——忠诚与信任、尊重与责任、正直和清醒以及对研发与创新的热情、创业精神。费列罗严格的配料选取、复杂而精确的制造工艺、质量和可追溯系统的采用等体现着对消费者的忠诚，并确保消费者购买时对产品的信任；费列罗努力避免对消费者的任何歧视，通过水资源、原材料、材料和能源的可持续利用，改善和保护环境；宣传如何正确使用产品，并提倡健康生活方式。如 2009 年引入中国的"健达 + 运动"青少年运动推广社会责任项目，已覆盖北京、上海、广州、杭州等多个城市，影响人数高达 153 万余；费列罗首创多层式用料，开发各种各样的新型产品，体现了企业研发与创新的热情；费列罗保持着创业的激情和采取行动以最大化结果的冲动。费列罗在中国每 2 年发布一次《企业社会责任报告》，展示其在企业社会责任领域所采取的重要战略及最新成果，加强与所在地区消费者的互动和联系。

核心价值观的构建是品牌文化营销的关键。企业只有密切关注消费者，了解其价值取向，在加以甄别后将其价值取向培养成企业价值观的一部分，或者创造符合市场需求的价值观，才能取得品牌文化营销的成功。如科大讯飞"让机器能听会说，能理解会思考；用人工智能建设美好世界"的理念顺应了智能语音和人工智能发展的潮流，保持了国际前沿技术水平，仅用 20 年的时间就成长为营收超 100 亿元的科技巨头。

企业在顺应和创造某种价值观的过程中，还要注重消费者的满意度，判断消费者是否认同这类价值观。通常来讲，被消费者认同的价值观会从根本上提高消费者的满意度。美国麦斯威尔咖啡在 20 世纪初推出速溶咖啡，认为方便、省时、省力的速溶咖啡能将美国家庭主妇从烦琐的咖啡制作过程中解脱出来，并以此为广告诉求点向美国家庭主妇宣传，但是市场反应平平。经调查得知，在美国家庭主妇的观念里，制作咖啡的烦琐过程正是体现她们勤快的标志，而购买速溶咖啡则成了懒惰的表现。

2. 营销的层次结构

按照营销的递进层次，市场营销分为产品营销、品牌营销和企业形象营销；按照营销围绕的核心是有形的还是无形的，市场营销分为物化营销和文化营销，二者密不可分，反映的是一个问题的两个方面。在不同层次的营销上，二者的比例不尽相同。产品营销更多的是物化营销，企业形象营销更多的是文化营销，品牌营销介于二者之间，三者相辅相成，如图 2.1 所示。

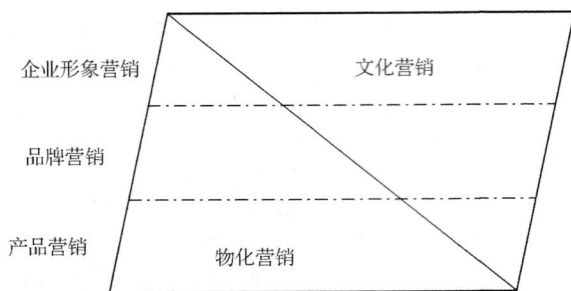

图2.1　营销的层次结构

企业在实施文化营销的过程中表现出3个层次：产品文化营销、企业形象文化营销、品牌文化营销。

产品文化营销以产品为核心，是在产品包装、设计、生产、使用的过程中，满足的某种需要或欲望的实体或价值观念的综合体现。

企业形象文化营销以价值观为核心，通过顺应或创建消费者所接受的价值观，引起消费者对企业及其旗下品牌的认同。在福布斯《2020全球品牌价值100强》排行榜中，苹果公司位列第一。作为全球典型的科技公司，苹果公司创始人乔布斯曾经说过："我们有优秀的人才，他们每天都在互相鞭策以制造出最好的产品。这就是你在这里的墙上看不到任何写着使命宣传的大海报的原因。我们的企业文化非常简单。""制造出世界上最完美的产品"是乔布斯以及苹果公司的追求，也成为苹果公司的企业文化。完美主义促使苹果公司打造出一件件优秀产品，这些产品为众多消费者所接受。几乎每款新一代苹果手机的推出，都会引发"果粉"争相购买。

品牌文化营销介于产品文化营销和企业形象文化营销之间，是产品文化营销的进一步发展。企业在创建品牌之初，不断探索品牌的具体定位，直到其契合消费者的价值观。在品牌竞争日趋激烈，企业难以在质量、价格、服务等硬性要素上具有优势的时候，给品牌注入文化内涵不失为良策，这种无形的软性要素会发挥更大的作用，使品牌竞争上升到更高层次的较量。

在未来的市场竞争中，文化将替代价格、质量等，成为重要的竞争要素。融入了文化意义的市场营销是企业未来发展的方向，即以文化吸引消费者，以文化推销产品。在文化营销活动中，吸收和利用传统文化、突出民族文化特色、挖掘历史文化内涵将使企业形成市场竞争优势。同时，企业只有创新文化概念，赋予文化新的内涵，发掘文化的精神象征，才能在市场中以文化制胜。

三、品牌文化发挥作用的介质

对于工业企业而言,品牌文化代表了企业的深层形象,界定了行为边界,规范了行为秩序,如同一只"看不见的手",将企业不同层级、不同岗位、不同职责的员工、团队等有效地组织起来,凝聚成巨大的力量,推动企业为实现自身使命和愿景,进行长期的奋斗和拼搏。这只"看不见的手"无处不在、无时不在,如同高强度的黏合剂,将员工凝聚成"同呼吸,共命运"的团队,使他们在潜移默化中被"同化"。

"看不见的手"要想发挥作用,必须有所依托。企业家的人品、精神风貌、自身形象体现着企业的价值理念。有担当的领导、优秀的员工,他们的一言一行、一举一动,无不体现着企业的精神面貌和良好形象;先进科学的规章制度、人性化的管理方式都是企业文化的外显;独具匠心的产品体现着企业对精益求精的追求。人品、企品、产品都是品牌文化的载体,三者的有机结合是建立品牌文化的核心。

(一)品牌文化与企业家

品牌文化作为品牌的软实力,是品牌价值的重要组成部分。在福布斯《2020 全球品牌价值 100 强》排行榜中,苹果、谷歌、微软位列前 3,中国企业只有华为入榜,位列 93。榜单中超过 70% 的品牌与其创始人(或 CEO)有关联[①],说明品牌文化与企业家之间有很强的联系。企业家深刻影响着企业文化,尤其是品牌文化。一个企业有什么样的企业家就会产生类似的品牌文化,品牌文化同样对企业家提出了更高的要求,因此二者要相互融合、相互提升。

1. 品牌文化对企业家的要求

一个地区的品牌数量与该地区的企业家数量和素质成正比。成功的企业家们推动着品牌走向市场、走向成功,他们是构建企业品牌文化的基础和保证。品牌文化打造的过程是企业内外兼修的过程,在企业的不同发展阶段,品牌文化对企业家有着不同的能力要求。

企业家肩负着做强做大企业的使命,除了需要具备基本的经营、管理、创新等业务素质外,还需要具备良好的其他素质。在企业刚刚有起色,或者扭亏为盈时,企业家必须帮助大家树立强大的自信,这是企业文化存在的前提。当企业业绩大幅增长时,企业家要亲力亲为地培养人才和打造团队,通过塑造团队文化来提升队伍凝聚力,通过培养人才来提升企业的产品研发能

① 翁团伟. 创始人领导力特质对企业品牌文化的影响分析 [J]. 品牌研究. 2020,4:73–77.

力和市场销售能力。新产品的推出使差异化竞争成为可能，这就要求企业家具备对品牌传播资源进行整合和精细化管理的能力。在企业内部，优秀的管理和资源整合可为企业巩固好阵地；在企业外部，寻找资深媒体人可推动品牌传播，因为企业成长到一定阶段后，通常需要引入外部资本。企业将市场做大做强可以有效支撑品牌，品牌可创造资本并通过资本运作得到进一步的提升，因此，资本运作可以提升企业的市场占有率和品牌知名度。

企业在不同发展阶段对企业家的能力和素质有不同要求，有些要求不是只在某个阶段应具备的，而是贯穿始终的。例如，产品研发和标准化是任何时候都要做的，媒体资源也需要企业家长年累月积攒，不是说有就有的，而是贯穿全程的，甚至会随着品牌的发展而发展，以前的资深媒体人可能会被替换掉，而产品也在不断更新换代。

2. 企业家对品牌文化的作用

经济学家罗斯托在《经济成长的阶段》中指出，"在经济起飞的准备阶段和起飞阶段，都需要有一批企业家。"创新理论的提出者熊彼特在《经济发展理论》中提出，企业家的创新行为是经济发展的根本原因，资本主义发展的推动者是"企业家"。将技术转化为生产力，将品牌与商品转化为"增了值的货币"，实现"惊险的跳跃"[1]，必须依靠企业家。改革实践证明，没有企业名人就没有企业品牌。工业企业创造强势品牌，在某种程度上就是培养一批具有雄才大略的企业家，这是塑造品牌文化，实施品牌战略的核心。

（1）企业家造就品牌文化

纵观世界著名企业及强势品牌成功的足迹，无一不是那些胸怀大志、奋发图强、叱咤风云的企业家用人格、情操、品德、知识、意志、行动等一步一步走出来的。[2] 凡知名品牌云集的地方，大多是企业家活跃并受重视的地方。作为品牌文化的塑造者，企业家的一言一行都对品牌文化的建设具有极大的影响，对企业文化的形成具有直接作用。在品牌拟人化的过程中，受企业家个性影响而产生的独特风格造就了企业之间、行业之间风格迥异的品牌文化。世界船王包玉刚稳健、谨慎的风格，烘托了安全、可靠的品牌文化；海尔总裁张瑞敏对产品质量近乎苛刻的求严态度，造就了"海尔品牌＝零废品"的品牌文化；克莱斯勒汽车公司总裁李·艾柯卡以锲而不舍的精神，

---

① 这是马克思在《政治经济学批判》和《资本论·政治经济学批判》中对商品向货币的转化的形象比喻。意思是生产出商品最多只是成功的第一步，售出商品从而使商品转换成货币才是更为关键的一步。

② 董常亮. 中国本土化品牌成长机理研究 [J]. 黑龙江对外经贸，2009（3）：77-78.

从破产边缘拯救了企业，打造了克莱斯勒坚韧不拔的品牌文化。每一个成功的企业背后都有一个巨人屹立，即企业家品牌。"名家竞风流，名企率潮流"，企业家是塑造品牌文化的第一主体，企业家品牌造就了强势的品牌文化。

（2）企业家精神影响着品牌文化

品牌文化是人为打造的，必然留有雕琢的痕迹。正所谓"兵熊熊一个，将熊熊一窝"，作为企业的领导者和掌控者，企业家与企业息息相关。企业家自身的精神可以通过亲身示范、营造氛围、宣传教育等方式传递给员工，对企业品牌文化具有不可忽视的影响。

苹果公司创始人乔布斯是一个偏执于创新的发明家，每年都会花时间进行禅修和冥想。他将从中得到的启发和个人习惯运用到了苹果手机的开发中，苹果产品的简约和极致的设计理念体现了乔布斯"专注"的特质，也给苹果手机注入了真正的灵魂。苹果公司不仅引领了手机的变革，同时也造就了其品牌精神，体现了乔布斯的美学追求。乔布斯的专注与极致理念，铸就了苹果公司的伟大传奇。库克接管苹果公司后，在产品升级和更新换代上表现得差强人意。同样一棵"苹果"树，结出了不同的果子，企业家对品牌文化的影响显而易见。

（3）企业家形象左右着品牌文化

企业家作为企业品牌文化的第一缔造者，其自身形象左右着品牌文化的发展方向。企业家性格迥异，不同的企业家在为人处世上各有不同，因而，企业品牌文化也会有所不同。

Brand Finance 发布的《2020 年全球最具价值品牌 500 强报告》中，中国的华为集团以 650.84 亿美元的品牌价值位列世界第 10 位。华为从"不为人所知"到"家喻户晓"，与其总裁任正非的特质密不可分。任正非深居简出，低调行事，一张他深夜现身上海虹桥机场的照片就能瞬间成为社会话题，为华为"吸粉"无数。2014 年，华为发布深意广告，用伤痕累累的芭蕾舞者的脚，形容企业走出去的无比艰辛，广告如图 2.2 所示。

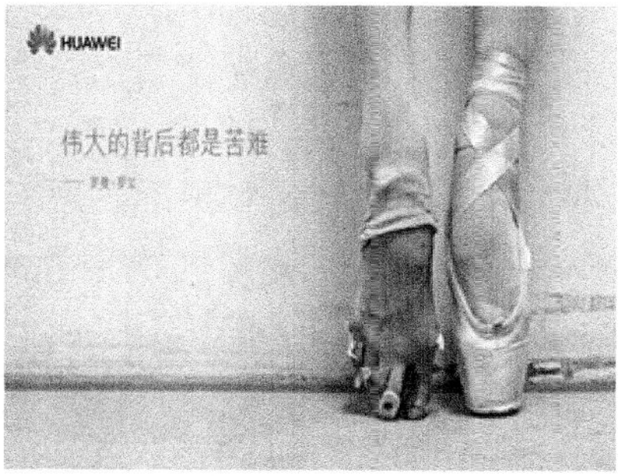

图2.2　华为公司广告与企业品牌文化

这些广告宣传的背后，是军人出身的任正非历经磨难、坚韧自信的个人品质在华为集团的具体表现。特别是在华为被美国制裁后，任正非多次接受采访,幽默的谈吐、敏捷的思维无不展现了他宽广的胸襟和过人的智慧,而这些品质也体现在华为的品牌文化中。任正非的形象时刻左右着华为的品牌文化,折射出"不经历风雨怎能见彩虹"的真谛。

（二）品牌文化与企业员工

1. 品牌文化对企业员工的要求

创建品牌文化需要一流的员工、一流的团队。有了高素质员工的支持,品牌文化的形成就有了坚实的基础,品牌文化的发展就有了持续的动力。

数字经济时代,万物相连、兼容并包,对这一时代的人才提出了更高的要求。因此,工业企业要建设品牌文化,必须善于发现人才、精心培养人才、合理使用人才。企业要让这批高素质、高能力人才快速成长,发挥应有的作用,推动品牌文化形成和发展。美国女企业家玛丽·凯·阿什曾说过:"公司和员工是一个整体,你研究任何一家大公司都会发现,使该公司超过别的公司的是该公司的人才。"[1]首屈一指的公司里更是有数一数二的人才。

拨开竞争的迷雾,我们能够发现:知名企业都拥有大量的各类专业人才,他们规模强大、阵容整齐。企业通过组织力量,培养经营人才、管理人才和创新人才。阿里巴巴从1999年创业初期仅有18人,历经20余年的发展,成长为今天的中国互联网巨头之一。截至2020年年底,阿里巴巴拥有员工25.2万人,在2020年中国上市公司市值500强排行榜中雄踞第二。阿里巴巴的创始人大都成长为著名的"十八罗汉"。阿里巴巴的成长告诉我们,只有人才才能帮助企业取得独一无二的竞争优势。2000年,阿里巴巴对"一八罗汉"的重新启用,说明"最好用的人才,是内部培养起来的优秀员工"。同样,苹果公司成长为世界巨头也不是仅凭几个人的力量就做到的,而是依靠一支支优秀的团队。乔布斯先后打造过Lisa团队、麦金塔团队、反克斯团队、iPod团队、iPad团队、iwatch团队、iPhone团队等,这些团队为苹果的发展做出了卓越的贡献。

可以说,品牌文化培养了企业人才,企业人才反过来进一步推动了品牌文化的塑造和维护。高素质人才对品牌文化的建立与发展有着重要作用,在他们的支撑下,企业才能打造出独具特色的品牌文化。品牌文化对人才的要求主要包括德、能、学、识、健5个方面。

（1）德,即基本的道德品质。它包括4个方面:①社会公德,体现为对国家忠诚、对民族热爱、对社会有贡献,拥有爱国主义情怀和民族自豪感,

① 乔春洋. 品牌是人的思想与品德的汇聚 [J]. 中国纤检, 2009（11）: 1.

拥有科学的世界观；②伦理道德，体现为遵守公序良俗，拥有高尚的品德、情操，具有诚实、正直、善良、谦虚等优良品质；③人格道德，也就是个性倾向或个性心理品质，体现为拥有良好的兴趣、正确的动机、伟大的理想和稳定的气质性格；④职业道德，体现为对企业忠诚，遵守特定的职业道德规范。

（2）能，即基本的才能智慧。它是指人们在认识世界、改造世界所进行的各种活动中必须具备的能力，既包括基本能力，如感知能力、思维能力、记忆力等，也包括专门能力，如逻辑推理能力、分析判断能力、创新能力、沟通能力、管理能力等。

（3）学，即基本的知识素养。它包括4个方面：①知识的广博性，企业经营涉及多方面知识，如政治、经济、管理、技术等，企业员工要不断学习知识，提升综合实力；②知识的专业性，在每一个工作领域，企业员工都要倾注大部分精力，对其进行深入的了解和认识；③知识的实用性，企业员工对学习到的各种知识必须经常运用，不断强化对有助于工作的知识的学习；④知识的更新性，科学的发展和技术的进步不断催生新的知识，企业员工要不断更新知识，建立知识的"补给站"和"加油站"。

（4）识，即基本的见识、经验。企业员工在工作、生活中会接触很多人和事，应"三省吾身"，使自己对这些人和事的认识由浅入深、由表及里，形成自己的看法。企业员工经历得越多，阅历越丰富，对事物的理解越深入。企业员工只有抓住主要问题，认清方向，勇于开拓创新，才能为企业的发展做出更大的贡献。

（5）健，即强健的体魄。身体是革命的本钱，健康是事业的资本。企业员工要想在工作岗位上发挥作用，必须保持强健的体魄。正如品牌文化常常以产品为依托，一个人的才干智慧则以身体为载体，健康的身体是品牌文化对企业员工的基本要求。

工业企业品牌文化的塑造与维护，必须依靠一批在德、能、学、识、健等5个方面都符合要求的人才团队的支持，在他们爱岗敬业、拼搏努力的"加持"下，充分发挥他们的才能，创建品牌文化，推动企业发展。

2. 高素质企业员工推动品牌文化建设

品牌文化建设需要企业全体员工共同努力，特别是需要直接与顾客接触的一线员工的努力。作为一家川菜火锅店，海底捞从四川简阳走到北京，再从北京走向海外并于2018年在香港证券交易所上市。2020年，海底捞全球门店数量达到1298家，实现营收286.1亿元。海底捞的成功在于口碑营销，用"服务至上，客户至上"的服务理念去撬动市场。"什么是好的服务？就是让顾客满意。什么是更好的服务？就是让顾客感动。"海底捞很好地诠释了这一点。在这里，顾客在排队等候的时候，可以享用水果、饮料，可以上网、打扑克，可以享受擦皮鞋、修指甲等服务；在享受美食的时候，会收到擦眼镜的绒布、扎长发的皮筋、防水的手机套；在过生日的时候，能享受海底捞工作人员唱的《祝你生日快乐》；喜欢的零食还能外带；等等。所有的服务都超出预期，细致到让人感动，吸引顾客心甘情愿地排队去海底捞就餐。海底捞的"感动服务体系"的建立靠的是人与人之间的互动，靠的是全体员工的努力付出，正是员工的辛勤劳动，推动了海底捞情感型品牌文化的建设，促进了海底捞的快速成长。

（三）企业文化与品牌文化

企业文化与品牌文化在内涵上是一致的，都以企业的产品和经营为依托，都要为企业的发展服务，二者的核心含义具有一致性和共通性。没有企业文化，品牌文化就难以为继；没有品牌文化，企业文化的外部延展就会逐渐与社会发展脱节。

二者的区别主要体现在建立的基础、目的、环境不同以及具体构成、形成方式和目标人群上的差异。企业文化建立在企业管理与运营之上，主要面向企业内部，为了明确企业的生存原则与发展方向，形成一套以企业核心价值观等为核心的、相对封闭的规范体系，包括企业形象识别、行为规范、制度章程等。企业文化用来凝聚企业员工，同时支撑企业品牌的塑造，确保企业战略的顺利实施。品牌文化建立在企业销售之上，主要面向企业外部，是由品牌建立、品牌传播、品牌维护和品牌提升等构成的开放系统。品牌文化通过品牌将消费者引入企业，使企业文化不断与消费者文化协调一致，为消费者提供一种情感归属，同时不断提升企业对市场发展的驾驭能力。二者的具体差别如表 2.1 所示。

表2.1　企业文化与品牌文化对比[①]

项目	企业文化	品牌文化
建立基础	管理与运营	销售领域
建立目的	解决企业生存原则和发展方向的问题	解决与消费者的关系问题
建立环境	相对封闭	完全开放
构成	形象、行为、制度、价值观	品牌建立、推广、维护、提升
形成方式	由少数人倡导和实践，不断总结提炼	可自发形成，但最终需要精心策划
目标人群	企业员工	目标消费者及相关人群

① 焦洋. 企业文化与品牌文化关系的研究 [D]. 北京：首都经济贸易大学，2009：13.

1. 企业文化对品牌文化的作用

（1）企业文化是品牌文化的基础。品牌文化体现了企业与消费者之间的互信关系，这种互信关系必须时刻进行维护。企业要关注市场动态、紧跟社会潮流、汇总消费者信息，将对企业品牌和产品有一定认知的消费者作为目标客户，以目标客户的体验和感受为参考标准，尽力获取相关信息并据此对产品进行相应调整。企业建立以消费者为中心的价值体系，并紧密围绕它开展工作，必将提高消费者的品牌忠诚度，使双方之间的互信关系越来越牢固。

卓越的品牌文化要以多维体系的文化为基础，这个多维体系就是企业文化。品牌的精神力量源自文化，企业文化是以企业精神、价值理念为核心的思维模式、行为规范的具体表现。企业文化是品牌文化的基础，是品牌文化发展壮大的原动力。

（2）企业文化可以加深消费者对品牌文化的理解。作为企业的思想和灵魂，企业文化中蕴含了企业核心价值观，由一个个在企业成长历程中发生的感人故事构成，如海尔的砸冰箱事件、松下的水库理论、埃尔德集团与小鞋匠的故事等。故事中蕴含的哲理被消费者所感知，引起他们心灵的触动、精神的震撼、思想的洗礼，使他们产生强烈的共鸣，进而吸引他们关注和认可企业的品牌，并提高其品牌忠诚度。企业成长到一定规模的时候，必须确立传承企业生命的基因，而这就是企业文化。它能够帮助企业在竞争中赢得胜利，激励企业员工努力拼搏，加深消费者对企业品牌文化的理解。

作为企业文化的缔造者，企业家应汲取传统文化的丰富营养，结合企业实际发展情况，把握消费者的需求，为企业树立良好的品牌形象，做大做强企业品牌。企业应对目标市场进行准确定位和细分，选取一定的文化范围以满足该市场中消费者的需求，将蕴含该文化的品牌定位在这一细分市场。以宝洁洗发水为例，宝洁将其目标市场分为美发造型市场和大众市场，沙宣针对前者，飘柔、海飞丝、潘婷针对后者。宝洁还对大众市场进行了进一步细化：海飞丝针对去头皮屑，飘柔针对柔顺头发，潘婷针对滋养头发。世界知名企业总是不惜耗时费力，塑造和维护企业文化，通过名人代言、品牌宣传，树立良好的品牌形象，赢得公众支持，提高企业凝聚力和向心力，从而确保品牌文化的形成、巩固与发展。

2. 品牌文化对企业文化的作用

（1）品牌文化是企业文化的组成部分。企业文化是企业在长期生产经营活动中形成的，为企业全体人员遵守和奉行的价值观念、行为准则、经营理念的综合反映[①]。企业文化包括企业理念文化、企业制度文化、企业行为文化和企业物质文化。企业理念文化是企业文化的核心，包括价值观、信念等精神层面的内容，表现为企业经营哲学、使命、愿景。企业制度文化是企业办事流程、规章的制度化，表现为领导干部选拔制度、绩效考核制度、生产管理制度等。企业行为文化是企业员工、团队、部门、领导的反应方式和交往方式等，表现为优秀员工、先进班组、卓越企业家体现的行事风格。企业物质文化是以物质形态展现的企业形象、产品标志等，具体表现为产品外观、产品质量、统一着装、厂容厂貌等。

品牌文化以品牌名称、品牌标志、产品包装等为载体，传达着企业的经营理念。正是品牌中蕴含着理念，品牌才可以创造文化，品牌文化才能形成。

（2）品牌文化是企业文化的具体体现。作为一个抽象概念，品牌文化是以品牌为载体的。文化是凝结在品牌上的企业精华，渗透于品牌塑造、设计、管理的全过程。品牌文化蕴含了企业文化的诸多内容，它的塑造与维护需要企业文化的支持。

企业价值观、经营理念是无形的，无法让人直接感知，不能直接传递给消费者。企业必须通过品牌使消费者产生黏性，增强消费者的品牌认识和企业文化感知。也就是说，企业将文化这一虚无缥缈的东西和产品捆绑到一起，将这一整体传递给消费者。消费者在选择、购买、使用、评价和处置产品的过程中，感受附在产品上的特有的文化内涵，满足自身的精神需求。

（3）品牌文化是企业文化的标志。品牌是企业文化与品牌文化的契合点，是品牌文化的载体，是提升企业文化的工具。从经济角度看，品牌是市场；从管理角度看，品牌是文化。作为市场核心，消费的本质就是文化。人们在消费品牌的同时，也在消费品牌中蕴含的文化。文化渗透于企业品牌管理的全过程，只有品牌蕴含的文化与消费者文化相适应，才能引起彼此的共鸣[②]。消费者对品牌文化的接受，也就意味着他对品牌的认可。品牌文化深刻影响着消费者的消费欲望和购买行为。

第一，品牌宣传彰显特定企业文化。广告宣传是企业推广产品的主要手段。随着信息技术的发展，产品推广手段变得多种多样，并由原来的电台、报纸转向新媒体，如通过抖音短视频、社区平台、微信朋友圈等进行推广。广告宣传的作用不仅是让消费者接触产品，更重要的是让消费者感知品牌，

---

① 祁永寿，等. 关于企业品牌与品牌文化的基本理论问题 [J]. 青海大学学报（自然科学版），2004（6）：90−92.

② 谭新政，褚俊. 企业品牌评价与企业文化建设研究报告 [J]. 商品与质量，2012（28）：7−30.

从关注有形的产品本身转向关注无形的品牌文化。

第二，品牌文化建设彰显企业文化魅力。简单的平面图像或几个字很难给消费者留下深刻印象，而一个故事、一段传说、一种风俗就会引发消费者思考。自媒体和短视频的流行使故事、传说、风俗鲜活起来，更能吸引消费者的注意力。其中，企业价值观、理念等文化核心都隐含其中，对消费者起到了潜移默化的作用。当品牌文化建设处处体现企业文化魅力时，品牌文化则真正诠释了企业文化。

（四）品牌文化与产品

1．品牌文化以产品为载体

（1）品牌文化以产品为载体是品牌文化建立的前提。不是所有产品都需要品牌，但每个品牌均有产品。全球第一家广告公司智威汤逊大中华区的总裁唐锐涛（Tom Doctoroff）曾说："老鼠是一般商品，很多，但人们不一定喜欢。米老鼠就不一样，虽然都是老鼠，但它可以给人们带来快乐，可以获得人们的热爱。米老鼠就是品牌。我们的目标是把老鼠变成米老鼠。"没有好的产品，用于标志产品的品牌就无从存在。依托于产品之上的品牌若要存活，就必须得到消费者的接受、认可，在与消费者的频繁互动中建立起消费者对品牌的信任。

（2）品牌的双重属性建立了文化与产品的连接关系。品牌具有两种属性：一种是物质属性，以产品为载体；另一种是精神属性，代表着企业的价值观和经营理念。菲利普·科特勒强调："品牌能使人想到某种属性是品牌的重要含义。"品牌作为企业与消费者之间的桥梁，在给消费者带来产品的同时，也有能使消费者识别该品牌产品与其他品牌产品差别的最本质特征。例如，奔驰意味着"工艺精湛、舒适耐用、信誉好"等。"工艺精湛"的属性可转化为"质量上乘、安全可靠"的功能性和情感性利益；"舒适耐用"的属性可转化为"配置高档，乘坐舒适，可以使用很多年"的功能性利益；"信誉好"的属性可转化为"不用担心企业欺诈，可以放心购买"的功能性利益等。正是因为奔驰有如此令人称赞的属性（质量、特色、设计等），才成为被广泛赞誉的有良好口碑的品牌。

2．品牌文化助推产品成功

品牌文化是企业对品牌的凝练，它给冷冰冰的产品披上温暖的外衣，让人们感受到产品的生命力，并贯穿于企业品牌管理活动的全过程。舍弗勒集团是全球生产滚动轴承和直线运动产品的领军企业，旗下 INA、FAG、LuK 三大品牌活跃在汽车制造、工业制造和航空航天领域。2020 年，舍弗勒集团的销售额为 126 亿欧元。舍弗勒集团的企业文化和核心价值观是"质量为本、速度求胜、恪守诚信、员工关爱",其创始人乔治·舍弗勒博士被誉为德国机械企业工匠精神人物。舍弗勒集团对产品的质量和可靠性有着近乎严苛的要求,这成为其品牌文化中重要的一部分。

作为大型轴承制造领域的领军企业,舍弗勒德国工厂有一款专为高负荷应用设计的产品,用于风力涡轮机、重工业及采矿业。该产品为球面滚子轴承,直径达 1250 毫米。其产品加工过程中有一道珩磨加工工序,采用的是"超精加工"工艺,用来消除最细微的形状误差。加工后工件的粗糙度值达到 0.12 微米以下,而人们的一根头发的测量值为 50 ~ 100 微米。

在品牌文化的形成过程中,企业将闻名于世的元素,如文化名人、地理山川等融入品牌,收效显著。苍茫夜空中,7 颗排列成勺形的星星,被古人赋予一个诗意的名字——北斗七星。古人白天靠太阳来辨别方向,夜间靠北斗七星来辨别方向。斗柄的指向还能体现季节变换,"斗柄东指,天下皆春;斗柄南指,天下皆夏;斗柄西指,天下皆秋;斗柄北指,天下皆冬"。北斗七星是中国古代人们用作定方向、定季节等的标尺。中国自主研发设计的卫星导航系统,就以"北斗"命名,寓意光明和方向。北斗这一品牌,不需要大规模宣传即可做到妇孺皆知、家喻户晓,不需要详细解释人们就能知道它是用来做什么的。2019 年,我国卫星导航与位置服务产业总体产值达 3450 亿元,可见其凭借"北斗"之名在市场中快速推广,最终实现了市场占有率的迅速提高和经济效益的持续增长。

3. 品牌文化丰富产品的内涵

中国 5000 多年的灿烂文化,是塑造品牌文化的不竭源泉。当人们选用了某些独特的文化元素并将其融入品牌文化时,浓厚的文化底蕴就赋予了品牌产品灵魂和内涵。这些品牌产品如同精灵般散发魅力,吸引人们的目光和注意力,令被"俘获芳心"的消费者竞相购买。

汾酒集团就以"牧童遥指杏花村"中的"杏花村"作为其独特的商标。杜牧《清明》一诗具有极高的酒文化价值,不仅在清明时节,每当人们思念先人或心有感伤的时候,"一杯浊酒,万事世间无不有"。李自成立书:"醇香汾酒献英雄,万民拥戴起义军。闯王留得题辞在,尽善尽美杏花村。"这也为"杏花村"这一品牌增添了英雄气概和壮怀豪迈之意。

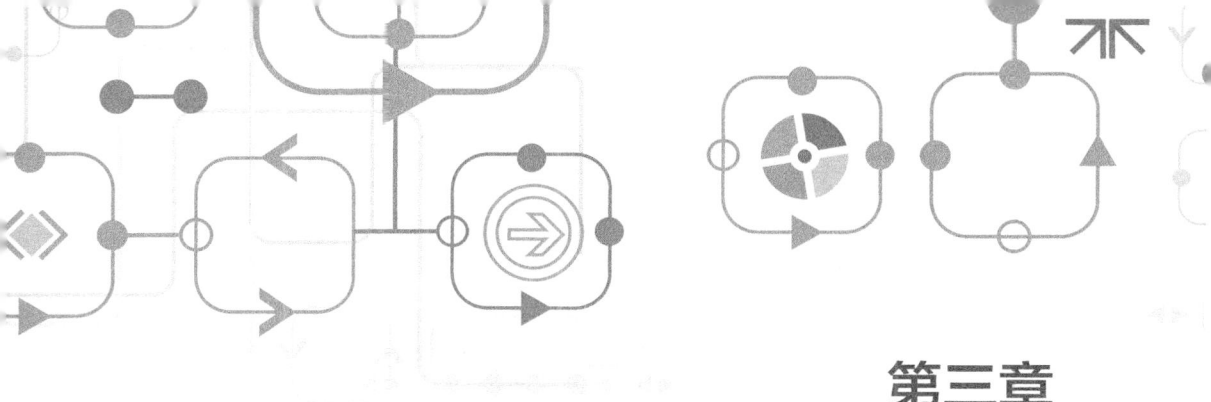

第三章
工业企业品牌文化建设动因

一、品牌文化中蕴含着丰富的附加值

品牌最初是区分产品的一种标志，后来逐步与产品分离，发展成为一个独立的市场概念。企业除了关注品牌外显的名称、标志外，也越来越注重其内在含义，即基于一定文化的、具有哲学意义的、能引起消费者情感共鸣和价值认同的文化。

品牌文化和中国传统文化的结合是中国品牌的独特竞争力。中国工业在未来发展中要想利用好这一优势就不能简单地在产品中植入文化因素，而应推动品牌内核与大众审美、文化深度融合。

（一）品牌文化的经济价值

1. 品牌文化是品牌价值的主要源泉

第一，品牌文化决定消费者对品牌的认知。品牌认知是品牌的重要组成部分，是消费者对品牌内涵及价值的认识和理解。消费者购买产品时，会花费时间成本和承担因不熟悉产品所带来的风险。消费者通常凭借自己或他人以往的消费经验，根据对品牌的熟悉程度来决定购买行为。优秀的品牌文化会使消费者形成良好的品牌认知，消费者通过经验积累或信息交流，更愿意选择该品牌产品。而负面的品牌认知，如某某手机容易发热"死机"、某某汽车质量不行，即使只是偶发现象，也会伴随着品牌被放大。正如乔·吉拉德所说，"每一位顾客的身后，都有250位潜在的顾客"。[①] 被品牌的负面影响拖累的企业数不胜数。

---

① 乔·吉拉德. 如何成交 [M]. 北京：经济日报出版社，2001.

第二，品牌文化维系企业与消费者之间的关系。与产品购买协议这种纸质契约不同，品牌文化建立的是企业与消费者之间的心灵契约。双方之间不仅是交换关系，还包括情感联络等社会关系。美国营销大师米尔顿·科特勒曾说过："在消费者与产品之间建立一种'爱'的忠诚，需要一个传递情感的平台，这个平台就是品牌。"企业发展品牌文化是为了建立企业与消费者之间稳定的、长期的乃至终身的关系。企业将消费者视为长期合作伙伴，消费者将企业视为可信赖的朋友，二者相辅相成，互相制约和引导，结成一种利益共享、风险同担的共同体，为企业产品创造价值提供了平台和纽带。

第三，品牌文化反映企业对消费者的承诺。品牌是一种要约承诺，企业作为要约人，通过品牌宣传向消费者发出要约，对品牌做出承诺。消费者作为受要约人，购买产品，之后，企业应当按照宣传的内容兑现承诺。品牌培育的过程就是企业不断践行自己承诺的过程，因此企业在宣传时不能夸大其词，否则会伤害品牌的美誉度。从这个角度看，品牌属于消费者，是对企业的一种约束。[①] 诚信企业独特的品牌文化折射出企业对消费者的责任和承诺，反映了消费者对企业品牌文化的信心和对企业的信赖。

2. 品牌文化是无形资产的增值

品牌是一种无形资产。无形资产是企业资产的一部分，无形资产价值是企业价值的重要组成部分。即使企业破产清算，品牌仍然是有价值的。2009年通用汽车公司正式递交破产申请，成为依法破产的美国第一大制造业企业。一年半之后，通用汽车公司完成了改革和重组，重新上市。通用汽车公司之所以能"起死回生"，靠的就是品牌。品牌能为产品带来附加值，且被消费者所接受。普通快餐店的汉堡大约8元一个，而肯德基的一个汉堡要20元左右，除了店面租金和人员工资等成本外，其余的都是品牌带来的附加值。

品牌文化是一种特殊的无形资产。品牌文化的内涵越深，为企业创造的无形价值越多，越能为产品带来巨大的增值空间。品牌文化增值的过程就是使消费者从关注产品的功能内涵向关注文化内涵、从对产品忠诚向对品牌忠诚转变的过程，进而产生重复购买、自觉推广、主动维护等行为，以增加品牌资产。因此，企业在塑造和维护品牌的过程中，要随时掌握品

---

① 吴波虹. 企业实施品牌文化建设浅析 [J]. 湖南财经高等专科学校学报，2008（5）：118-119.

牌的发展状况，定期追踪品牌的成长轨迹，及时修正品牌的发展方向，因地制宜地调整品牌管理策略，保证品牌健康发展，通过逐步积累实现品牌文化的增值。

3. 品牌文化是产品经营中的附加值

品牌为消费者提供了实现自身价值诉求的途径。马斯洛按从低到高的顺序，将人的需求分为 5 个层次：生理需求、安全需求、社会需求、尊重需求、自我实现需求。为了满足人们不同层次的需求，品牌为企业和消费者建立起连接的桥梁，针对这些消费者，品牌以独特的方式使其感到与众不同，从而实现自身价值。

产品在为消费者书来使用价值和价值的同时，也承载了企业的经营观、价值观、审美观，给消费者带来心理满足，在其心目中留下深刻印象、美好感觉，并带来附加值。影响消费者行为的文化因素纷繁复杂，并随着社会的发展不断变化，企业必须及时了解和把握消费行为在这些文化因素的作用下的变化，引导品牌文化创新并与之契合，形成独特的品牌文化，提升其在企业经营中的特殊地位，增加品牌文化的附加值。

（二）品牌文化的管理价值

1. 品牌文化有利于提高企业凝聚力

企业品牌文化属于经营管理文化的一部分，体现着企业的精神内涵，其核心是企业价值观，它左右着企业经营管理的运行和价值取向。品牌文化有利于提高企业凝聚力，培育和发展企业品牌文化，能将企业凝聚力的打造转移到企业使命、宗旨、价值观的落实上，建立企业文化认同感，增强员工的归属感和成就感。

企业凝聚力的形成有一个过程，不能一蹴而就，需要全体员工紧密配合、互相打磨、彼此适应。在此之前，全体员工必须形成统一的价值观。统一的价值观就是全体员工价值取向一致、思想意识统一，并且表现出来的言行要与之匹配。它是全体员工做事的准则、行动的规范、努力的方向，大家"心往一处想，劲往一处使"，拧成一股绳朝着目标努力前行，共同助推企业发展。

2. 品牌文化有利于强化企业精神

企业精神和企业品牌文化紧密交织在一起。企业精神体现着一个企业的灵魂与精髓，代表着企业的价值观，规定着员工的基本思维模式，是指导员工行为的方针、评价员工行为的标准，能将企业的职责和使命完全融入品牌文化，并以此来推动组织变革和企业文化发展。企业精神是内化的、深层次的东西，是潜移默化的东西，是员工不假思索就能脱口而出的东西，是一旦形成就会刻到骨子里的东西，是一旦违背就会令人忐忑不安的东西。它规范和引导企业的各项经营活动以一种相对稳定的态势发展。

3. 品牌文化有利于激发员工的积极性

企业之间的竞争也是人才的竞争，企业管理的实质是对人的管理。企业要想获得竞争优势，必须吸引高素质人才，将人才安排到合适的岗位并激发其积极性。管理学家麦格雷戈曾在《企业的人性方面》中指出："在每一个管理决策或每一项管理措施的背后，都必有某些关于人性本质及人性行为的假定。"国外提出了经济人、社会人、自我实现人、复杂人等管理上的人性假设，中国自古也有"人性本善"和"人性本恶"的争论，这些假设和争论对管理实践活动产生了巨大而深远的影响，极大地推动了管理的发展。

传统的激励理论很少重视品牌文化作为"无形之手"在企业内的激励和约束作用，而那些围绕品牌文化构建激励机制的企业，能有效增强员工的自觉意识和对企业的责任感，提高员工对企业的贡献度。以华为公司为例，华为公司的"狼性文化"广受推崇，成为华为企业文化和品牌文化的一部分，其核心是敏感性、团队性和不屈不挠性。正是一直保持对市场的敏感性，华为公司才能未雨绸缪，显示其居安思危的战略远见。面对市场竞争，华为员工怀揣对胜利的强烈渴望，集体作战，只为获得更高的市场占有率。面对产品研发，华为员工同样不屈不挠，坚持坐"冷板凳"，坚持从一点一滴做起，把研究项目做深做透并依靠科技产品抢占市场。华为员工夜以继日的辛勤工作换来了企业的持续发展，2020年，华为公司营业收入达8914亿元，同比增长3.8%，员工人均年薪也上涨到70.6万元。

（三）品牌文化的社会价值

1. 品牌文化的诚信价值

诚信，顾名思义就是诚实守信，属于道德层面的问题，是对内在价值观的主观判断。在经济层面，多用"信用"一词对外在行为进行客观表述。古人云："人无信不立，业无信不兴，国无信则衰。"莎士比亚说："失去了诚信，就等同于敌人毁灭了自己。"美国前总统富兰克林在《给一个年轻商人的忠告》中说："切记，信用就是金钱。""影响信用的事，哪怕十分琐屑也得注意。如果债权人清早五点或晚上八点听到你的锤声，这会使他半年之内感到安心；反之，假如他看见你在该干活的时候玩台球，或在酒馆里,他第二天就会派人前来讨还债务,而且急于一次全部收清。"①古今中外,无论达官显要,还是寻常百姓,无一不重视诚信。对企业而言,诚信关乎声誉、形象和实力;对品牌文化而言,诚信关乎感情、依赖和寄托。

品牌文化搭建的是企业与消费者之间沟通的桥梁,这座桥梁是以诚信为基础的。《诗经》云:"投我以木瓜,报之以琼琚。……投我以木桃,报之以琼瑶。……投我以木李,报之以琼玖。"企业应开诚布公地对待消费者,赢得消费者信任,将沟通变为一件乐事,使双方成为朋友,让品牌成为具有特殊意义的象征。正如宝洁公司前董事局主席雷富礼所说:"品牌就是我们与顾客进行高价值交流的平台。一个品牌的本质就是一个承诺。当品牌强大时,顾客会与它建立起感觉和经验的联系,他们能够充分感受到品牌带给他们的是实惠、可靠和愉快。"对企业而言,诚信比任何策略或手段都更能提升沟通效果。

市场经济下,企业不仅要奉公守法、遵守商业道德,还必须恪守承诺,为自己赢得忠诚用户。知名品牌往往是"口碑良好""质量过硬""服务到位"的代名词,诚信能够帮助企业快速建立品牌忠诚,打造高效的品牌文化,最终提高企业效益。2020年8月28日,长城汽车股份有限公司因拖车钩问题宣布召回7万余辆长城皮卡汽车。与某些汽车企业对车辆隐患问题视而不见不同,长城汽车接到用户反映后快速响应,秉承着为产品和消费者负责的态度主动召回。长城汽车的责任与担当体现了其"秉承契约精神,诚实守信"的核心价值观,为中国汽车企业树立了典范,展现了中国诚信。这次召回不仅没有影响长城皮卡的销售,反而为长城汽车赢得了更好的口碑。2020年,长城皮卡全年销量225002辆,同比增长51.2%,市场占有率近50%。

2. 品牌文化的社会形象价值

美国经济学家W.C.弗莱德里克认为,"现代企业所面临的社会挑战就是要寻找一条使经济与道德相统一的途径"。这条途径就是为企业树立优秀的社会形象。优秀的社会形象是企业的一笔巨大财富,从团队风貌到员工素养、从产品质量到管理制度、从市场营销到物流配送、从环境建设到产品设计,无不渗透着浓郁的文化因子,无不体现着企业的核心价值。塑造优秀的品牌文化,能展现企业优秀的社会形象,传递先进文化理念,弘扬企业文化精髓,以品牌赢得社会公众的支持,顺应市场发展潮流。

① 王志红,吴丽兵. 诚信、做人与高校德育——哈佛考官择人之道对我国高等教育的启示 [J]. 合肥工业大学学报（社会科学版）, 2007（2）: 62-64.

从消费者的角度讲，附加价值不仅是品牌产品中包含的技术、质量、服务等内容，更是能带给自己心理满足感的东西。研究表明，消费者会根据自己的偏好，将特定的品牌与特定的精神内涵关联起来。消费者在购买某品牌产品时，通过对特定关联的体验，就能满足其特定的精神和文化需求。例如，男士穿上报喜鸟西服，会认为该品牌能够带给他休闲、时尚、有魅力的男士形象；女士开上宝马 MINI COOPER，会觉得品牌能够带给她俏皮、可爱的形象特征。消费者感受着品牌中文化积淀的魅力，这些品牌文化能满足消费者追求个性和时尚的价值诉求，更能满足消费者追求与自身地位相匹配的心理需求。

随着企业规模的不断扩大和实力的不断增长，其社会影响力日益增大，企业有义务承担一定的社会责任，维护商业道德。道德村协会宣布，全球135 家组织荣获"2021 年全球最具商业道德企业"的称号，这份第 15 届年度榜单表彰了那些坚持合乎道德的经营行为的企业。与其他企业相比，上榜企业以各项举措积极影响企业员工、文化和社区，拥有明显的"道德溢价"优势，从而带来更好的股票业绩。"这种优势的持续存在充分证明了道德会利及企业的发展。"因此，现代工业企业要树立良好的品牌形象，并将道德规范融入企业品牌文化，这样不仅能顺应社会发展的趋势，推动市场经济良性发展，更能在纷繁复杂的环境中赢得尊重，提升企业在道德层面的竞争力，获得可持续的长期经营业绩，以及更强劲的财务业绩。

二、品牌文化提升品牌溢价能力

（一）品牌溢价让企业获取高额利润

世界知识产权组织在《2017 年世界知识产权报告：全球价值链中的无形资本》（以下简称"报告"）中指出，在 20 世纪 90 年代宏碁集团创始人提出的制造业微笑曲线中，产品生产前端（研发的设计）和生产后端（品牌的售后服务）这两个阶段的价值占比在 2017 年明显增大（见图 3.1）。《报告》揭示，全球销售的制成品中，近三分之一的价值源于品牌等无形资本。它们隐藏在我们所购买产品的外观、功能和整体吸引力中，决定了产品在市场上成功的概率，决定了企业的命运和财富。从实际工业发展中也可以印证，以美国为代表的西方发达国家，将中低端制造业转移至国外，而将产品生产的前端和后端牢牢控制在自己手中。通过控制品牌、核心技术标准和专利获取大部分利润，掌控全球工业发展进程。

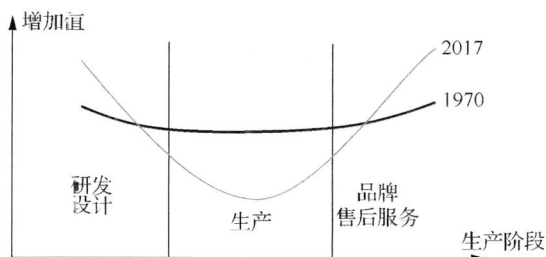

图3.1　制造业微笑曲线

品牌文化在赋予品牌经济、管理、社会等方面附加值的同时，进一步提升了品牌溢价能力。所谓品牌溢价，对竞争品牌而言，是指一个品牌的同一种产品可以卖出更高的价格；对消费者而言，是指消费者愿意用更高的价格购买同档次的产品。同样一双运动鞋，代工厂自营销售只能卖一两百元，冠以知名品牌就可能卖到几千元，中间的价格差距一目了然，这就是品牌溢价。

品牌溢价能力，最主要的体现就是价格。消费者选择某个品牌并为此支付费用，是基于自身对不同品牌价值比较的结果，包括功能价值、情感价值和其他价值，从而选择了对他而言"物有所值"的品牌。对比不同品牌的销售价格，可以看出以下内容。

第一，品牌溢价能力不依赖于品牌知名度。品牌溢价能力的高低与品牌知名度的大小并不相关，如家喻户晓的国产男士护肤品"大宝"受到众多男士的喜爱，其售价非常亲民，一般为十几元；而朗仕虽然知名度不高，但是其部分产品售价高达数百元，是大宝售价的数十倍。

第二，价格高于同档次产品是高溢价产品的典型特征。以汽车为例，品牌溢价能力强的汽车普遍有过硬的产品质量、良好的市场口碑和深厚的文化底蕴。溢价能力最强的汽车品牌，如法拉利、兰博基尼、宾利、劳斯莱斯、迈巴赫、布加迪等，无不是高端汽车品牌的代表。除了上述汽车品牌，奔驰、宝马、奥迪等汽车品牌同样具有品牌溢价能力，其产品售价普遍高于同档次其他产品的售价。消费者之所以购买溢价能力强的产品，是因为消费者从这些产品中不仅获得了功能性利益，还获得了情感性利益。

（二）品牌文化是高溢价品牌的核心

从表面上看，高溢价品牌能够在目标客户心中建立独特的区隔，使目标客户产生品牌联想和认知。从深层次看，这种联想和认知是唤起根植于目标客户的价值观、人生理念、时尚品位、情感诉求、生活追求等的深层文化的东西。品牌文化将产品的实物形态与精神追求高度统一，给目标客户带来更高层次的满足、心灵的慰藉、精神的寄托。消费者购买产品不仅能满足自身的功能需求，更能体现其个性、品位、价值观、生活态度，进而对产品产生情感上的依赖和心理上的信赖，形成品牌忠诚。品牌文化在整个品牌价值中处于中心地位，它与品牌设计、品牌营销、品牌创新、品牌联想等内容紧密关联，是品牌溢价能力的核心支撑。品牌价值构成如图 3.2 所示。

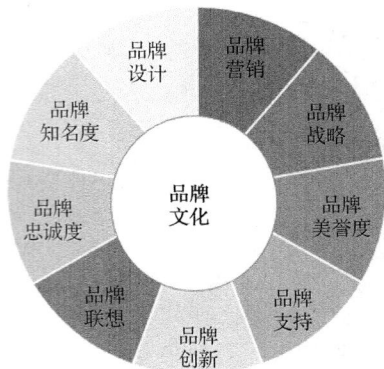

图3.2　品牌价值构成

面对消费降级和审美升级的严峻局面，依靠价格战在同质化市场中脱颖而出已经鲜有出路。企业要想获得可持续发展，必须为产品和品牌赋予深厚的文化气息，从满足消费者的功能需求转变为满足其情感需求，使消费者与品牌产生共鸣。

1. 文化营销为品牌注入灵魂

只有通过文化营销的方式，企业才能诠释品牌独特的个性，挖掘品牌深厚的内涵，对接市场需求。将文化注入品牌，如同将思想注入大脑，能提升品牌附加值，增加品牌好感度，拉长品牌生命周期。

百雀羚是我国历史悠久的护肤品牌，其产品曾作为向外宾赠送的"国礼"。2018 年，百雀羚携手中国紫禁城学会举办"致美东方·生活美学论坛"，推出"雀鸟缠枝"美什件限量版彩妆三件套。所谓"什件"，是一种以配坠联结，悬挂成串的饰品，集装饰性和实用性于一体，常用作衣裳的点缀物。套装融入了故宫的珍贵宫廷元素、设计和风格：口红"外管娇俏如六角宫灯状，中有一只金花雀回首顾盼，风姿绰约，而三色替芯分别名为朱砂、珊瑚、绾绾，朱砂意喻庄重，珊瑚意喻祥瑞贵重和吉祥福绥，绾绾意喻'长发绾君心，白首不相离'"；气垫 BB 霜"形为八瓣铜镜，上有一枚雀鸟缠枝凭云间的錾金花样，取'当窗理云鬓，对镜贴花黄'之意"；眉笔"形似金镶玉秤杆，有称心如意的兆头，意喻'眉如远山含黛，肤若桃花含笑'"。百雀羚将典型的东方文化和东方审美融入化妆品，让东方美成为一种生活潮流。这种跨界的整合，将东方文化融入品牌，为品牌注入了文化内核、赋予了灵魂。

2. 情感营销推进文化营销

文化营销的核心是满足消费者由感性差异产生的不同需求。情感营销源于消费者的感性消费，以消费满足消费者的这些情感需求。现代市场营销理论将消费者的需求分为 3 个阶段，即"量和价的满足时代""质的满足时代""感性的满足时代"。在感性的满足时代，产品必须以有感染力的情感为基础，用风格化替代机械化，用个性化替代标准化，用时尚化替代简单化，用情感化满足消费者追求美好生活的需求，才能赢得消费者的心理认同，从而使消费者产生消费欲望与购买行为。正如澳大利亚小说家朱迪丝·赖特所说："情感，是值得尊重的通用语言。"

可口可乐前全球营销副总裁拉米拉斯在其专著《情感驱动》一书中，以"内部人士视野"分享了可口可乐进行情感营销的大量技巧，披露其品牌营销核心法则："围绕产品建立情感、理性设计情感营销、促成用户为情感支付溢价等方法。"可口可乐商业"帝国"的情感营销之所以如此成功，在于其拥有才华出众的个人、优秀的广告团队、雄厚的资源，以及可以在最短的时间内拿出更优质、高效的营销策划方案。它认为，"品牌能够稳固地占据用户心智，是最为稳定的流量池，而建立品牌最有效的方式，是影响人脑中的情感区域。唯有如此，才能通过理念使用户对产品建立情感，进而通过情感驱动行为。"

针对消费者需求的变化，菲利浦·科特勒将消费划分为量的消费、质的消费和感性消费。感性消费指消费者在购买产品时，注重情感体验、精神愉悦和个性满足，以个人喜好作为做出购买决策的依据。满足这些要求的个性化、差异化、多样化的产品被称作感性产品。感性消费是当今社会公众所刻意追求的，已成为市场上的热门话题，感性消费时代已经到来。

3. 文化是消费欲望的主宰

在漫长的生存发展过程中，人类会产生各种各样的行为，如祭祀、婚嫁，也会出现千差万别的需求，如衣食住行。人类创造了文化，文化又主宰了人类的消费欲望。文化会引导行为的方式方法，影响需求的内容。文化通过满足人们的心理需求、精神需求、个性化需求，为人们提供生存法则、生活指南、社会活动规范。以就餐为例，文化为何时就餐（早上、中午、晚上）、和谁就餐（家人、同学、同事）、就餐形式（野餐、冷餐会、宴会）、就餐食物（中餐、西餐）等提供了一系列的行为规范和准则，供人们遵守和沿袭。

人们对这些行为规范和准则的遵从度，取决于文化内核如价值观、信念满足其自身需要的程度。否则，人们就会修正原有规范或创造新的行为规范。以服装为例，改革开放后，穿西装、打领带是身份和地位的象征；2001年APEC会议掀起了唐装热潮，之后商务装、休闲装成为男士服装的主流。

在中国，西方文化伴随着改革开放不断涌进，中国文化与西方文化、传统文化与现代文化之间冲突频繁，这对人们的价值观和精神领域产生重大影响，使消费者的消费心理与购买行为变得越加复杂。品牌经营者必须高瞻远瞩，紧跟时代潮流，注重现代文化理念，利用品牌文化营销，丰富产品内涵。打"文化牌"，是对企业和品牌在规划、设计、生产、销售等方面提出的一个更高层次的要求。

三、文化是影响消费行为的根本

消费是人的本能行为，无论是生产消费还是生活消费，都是人类社会经济活动的重要组成部分，都是人类生存与发展的基本条件。消费者都在一定的文化环境中生活，受文化的熏陶和影响，从属于一定的文化模式。消费者的文化背景不同，拥有的价值观念不同，选择和购买产品的标准不同，形成的消费习惯也不同。以各国的面包为例，从形状上看有法国的长棍面包、比利时的圆形面包、英格兰的圆锥面包、苏格兰的扁面包；从颜色上看有俄罗斯和丹麦的黑面包、以色列和意大利的白面包；从原料上看有以马铃薯粉为原料的新西兰毛利人传统面包、采用大量葡萄干和蜜饯果皮的威尔士传统水果面包、表面涂上米糊的荷兰老虎面包、夹有多种葡萄干的爱尔兰葡萄干面包、使用很多糖或蜂蜜的葡萄牙甜面包。各个国家的消费者对面包的外观、口感、原料等的消费偏好，受到各自国家文化的影响。

1. 传统文化对消费行为的影响

（1）消费中体现着传统文化。各个国家和民族在漫长的发展历程中形成各自独特的文化，上到热爱祖国和人民的家国情怀，下到衣食住行的生活习俗，这些都会影响消费行为。以各国酒类消费市场为例，乌佐酒是希腊的"国酒"。希腊人喜欢单纯地喝酒，最多配以干果和橄榄，而且把喝得微醉视为一种社交风尚；俄罗斯盛产伏特加，俄罗斯人随时随地都能饮酒，大杯烈酒一饮而尽，伴随着喉咙发出的阵阵"咕噜"声，已经成为一种传统；法国人喜欢喝香槟，会通过细品慢饮感受酒的香醇，讲究"白酒配鱼，红酒配肉"，香槟作为"胜利之酒"出现在法国的每个重要场合，法国也是世界上的香槟消费大国；意大利人离不开葡萄酒，饮酒时讲究配菜，什么酒配什么菜都有一套标准；英国被外媒评选为"世界上最爱喝酒的国家"，英国人将威士忌称作"流动的阳光"，喜欢在室温下"纯饮"；德国人喜爱啤酒，啤酒已经成为德国人生活中不可或缺的一部分，他们即便在工作时也可饮用啤酒；中国的酒文化源远流长，从酒桌的座位次序到配菜上菜的顺序，从饮酒时的歌舞娱乐到饮酒后的吟诗作对等，无不是一套标准的流程。

（2）传统文化制约着人们的消费行为。在一定文化环境中成长的人们，其言行举止必然深受影响。儒家提倡"和"的思想，受此思想影响的人们在购买产品时就容易从众，与其他人保持一致，不过分凸显自己，避免显得自己与众不同。中国人讲究"礼尚往来"，因此，在回礼时往往很用心并且能使对方接受和认同所回之礼。中国人常说"勤是摇钱树，俭是聚宝盆"，勤俭节约的美德表现在消费行为上就是注重产品的实用性和耐用性。

2. 地域文化对消费行为的影响

不同地域的国家和民族有各自独特的风俗习惯，即便是同一地域的同一国家、同一民族，在衣食住行等方面也有不同的消费特点。受自然环境和当地历史传统的影响，不同地域会形成不同的文化。这些文化表现在经济领域，就是产品的材料选取、外观设计、包装款式、消费习惯具有浓厚的地域特色，由此形成某个地域的特产，如中国的丝绸、刺绣、陶瓷，瑞士的钟表、军刀，马来西亚的橡胶、蜡染，韩国的化妆品、皮衣，日本的游戏机、陶瓷刀，印度的地毯等。同样是服装，各个国家的服装却各具特色，如中国的汉服、日本的和服、韩国的韩服、越南的奥黛、印度的纱丽、德国的巴伐利亚服饰、法国的洛可可服装等。各具风情的服装不仅体现了地域特色，也给产品带来了很强的竞争力，服装在被销售的同时，也在全世界传播和弘扬地域文化。

不同地域的消费习惯都是在各自传统文化的长期影响下形成的。深入了解地域文化有助于企业在不同的时间生产出满足不同地区和民族需求的产品。例如，西方部分国家过圣诞节，消费者会在圣诞节前夕购买圣诞树、圣诞糖果、蜡烛、火鸡等商品；中国过农历春节，消费者会在春节前购买新衣服、鞭炮、春联等商品。

文化类型影响着消费行为。文化类型不同，人们的行为方式不同，决策过程和结具不同，形成的消费行为也不同。

从构成来看，文化分为严密文化和松散文化。严密文化对规范有明确要求，不允许个体违反规范。美国人类文化学者艾沃认为："如果文化既是集体价值，又是严密型的，那么最容易形成集体自我，因为这种文化要求个体必须按照社会所允许的准则行动，否则就会受到惩罚，甚至集体的排斥。"① 在这种情况下，个体的自我要么隐藏起来，要么归顺集体，很难形成自我。松散文化对个体的约束力则较弱，形式标准也不统一，能使个体较自由地选择自主的行为标准，容易形成个性化的消费行为。

与部分长辈节衣缩食、争相购买耐用品的趋同消费不同，"80后""90后"经历过时代大变革，接受了市场经济、互联网经济的洗礼，拥有新的价值观和消费观。他们规模庞大，超过4亿人，是当今社会的消费主体。随着消费升级，他们由对价格敏感转变为对价值追求，从实用型消费转变为享受型消费，从选择大众化、实用型产品转变为选择小众化、个性化、高端化产品，开始追求具有服务溢价的品牌和产品。

从复杂程度来看，文化可以分为简单文化、中等复杂文化、复杂文化。一般来讲，文化越复杂，社会的同一性越弱，间接产生作用的文化对个体行为的约束力越弱，越难以确定某一行为规范或价值观念的统治地位。在复杂文化中，个体行为具有多样性、易变性和不确定性。简单文化则直接影响人的思想与行为，对个体行为的约束力更强。中等复杂文化对个体行为的约束力介于二者之间。

从外在表现来看，以着装为例，在简单文化环境中，人们倾向于选择同样的服饰；而在复杂文化环境中，人们着装风格迥异，尽量避免撞衫。从内在原因来看，以不穿鞋为例，简单文化环境中的人们光脚，是生活习惯，这是文化直接教化的结果；复杂文化环境中的人们光脚，是出于个人舒适、方便或表现个性等原因，而不是行为规范要求他们这样做的。同样是观看《建国大业》这部电影，在简单文化环境中，人们观看的原因是大家都去看，因此自己也要去看；而在复杂文化环境中，人们观看的原因有很多，可能是对历史和政治感兴趣，可能是对战争场面感兴趣，可能是对导演或演员感兴趣，也可能是对一起看电影的人感兴趣。

---

① 百科知识.营销的心理文化_企业文化 [J/OL].[2020-06-12].

3. 社会时尚与文化差异对消费行为的影响

作为文化的一个重要方面，社会时尚既是一种心理现象，也是一种行为活动。它是各个社会阶层广泛传播的风潮，或共同追求的某种生活方式。在消费上表现为连锁型传导，出现盲目购买的"一窝蜂"现象。不同时期的社会发展水平不同，生产力与生产关系不同，表现出来的社会时尚不同，消费行为也千差万别。每一次社会时尚的转变，都是从社会意识形态和人们生活观念的转变开始的。

（1）政治经济影响着一定时期内人们的消费行为。中华人民共和国成立之初，面临百废待兴、内忧外患的局面，生产力低下，经济文化建设薄弱。我国采取了抑制消费的"高积累、低消费"政策，"人们消费什么、消费多少和如何消费，在很大程度上受到国家有关消费制度安排的影响"[1]；改革开放之后，市场经济逐步登上历史舞台，人们能够根据自己的爱好和向往购买物品；市场经济确立之后，我国生产力极大提高，物质供给更加丰富，消费主义文化逐步形成。"四大件"这一内涵的调整，就是我国消费变迁最好的缩影：20世纪70年代，"四大件"是"手表、自行车、半导体收音机、缝纫机"。20世纪80年代，"四大件"变成了"冰箱、电视机、洗衣机、录音机"。如今，汽车、计算机、手机都成为生活必需品，人们也不再谈论"四大件"了。

维克多·威斯科夫认为："现代社会的人们陷入商品消费之中，因为购买的行为不但被权力结构允许，而且受到文化的鼓励，成为令人愉快的行动。"[2]市场监测和数据分析公司尼尔森发布的《2019年中国年轻人负债状况报告》显示，"目前中国年轻人的平均负债超过13万元，总体信贷产品的渗透率为86.6%。其中，消费类信贷是占比最高的信贷类型，互联网分期消费产品的渗透率达到60.9%，信用卡的渗透率为45.5%。"消费类信贷占比最高也意味着部分年轻人对超前消费观念的认可。

（2）生活方式影响着人们的消费行为。生活方式与文化密切联系，是文化赋予的一种社会活动方式。文化规定了人们的生活方式，如穿衣打扮、婚丧嫁娶、待人接物等。在不同文化背景下，人们由于生活方式差异较大，会形成不同的消费心理与购买行为。

以饮食为例，西方发达国家的人们生活节奏快，快餐是午餐甚至晚餐

---

① 王宁. 消费社会学 [M]. 北京：社会科学文献出版社，2001：17.

② 迈克尔·所罗门，卢泰宏，杨晓燕. 消费者行为学（第10版）[M]. 北京：中国人民大学出版社，2013.

的首选，麦当劳、肯德基正是响应这种快节奏生活而迅速发展，闻名于世的。即便是在家中就餐，人们也多是购买半成品食品进行再加工，所以快餐食品、速溶食品、半成品食品的市场需求旺盛；在中国人民步入快节奏生活之前，饮食在中国颇受重视，有"治大国，若烹小鲜"的说法，人们都是自己准备食材，自己烹饪，既经济又能合口味。随着经济发展，人们的生活节奏不断加快，中国的快餐业蓬勃发展。特别是在信息技术不断进步的背景下，美团、饿了么等公司加快了人们的生活节奏。易观发布的《中国餐饮商超数字化实践洞察 2020》显示，2019 年全年互联网餐饮外卖交易规模超 7274 亿元。由此可见，点外卖成了中国人生活的一部分。

当人们的生活方式发生变化时，消费行为也随之改变。实行计划生育之前，2 ～ 3 个孩子几乎是每个家庭的标配，家庭对孩子们普遍采取"散养"的方式，衣食住行也并不十分讲究，一件衣服孩子们轮换着穿，"新老大，旧老二，缝缝补补破老三"。实行计划生育之后，一家只有一个孩子，孩子的衣食住行变得颇有讲究，这在引发大量消费的同时，也让孩子养成了讲究品质生活的习惯。

4. 审美观对消费行为的影响

审美观与价值观、地区风俗、宗教信仰关系密切，是文化深层次的东西。文化不同，审美观的内涵不同，在相应文化环境中的产品表现出来的美自然有着极大的差异。工业产品的美有两个特征：一个是产品外在的"形式美"，另一个是产品内在的"技术美"。消费者对产品的审美感受是在使用产品时，基于产品外观造型、做工材料、颜色搭配、工艺性能等建立起来的心理感受。审美观的不同会带来不同的审美感受。

目前中国市场面临着"消费降级""审美升级"的双重变化。消费者审美观的变化，对企业而言，会影响产品设计、市场定位、品牌规划、广告宣传等核心工作；对市场而言，会直接影响产品需求的变化，从而形成特定的产品流行现象和一定的变化规律，带来消费结构的改变。

为了应对国际形势的影响，中国提出了"内循环为主、内外双循环"的发展战略。国内市场是中国企业的首要市场，国内消费者特别是年轻人的审美观必须受到重视。从市场消费主力和未来发展趋势看，中国消费者的审美观具有年轻化、小众化和跨界审美等特点。

（1）年轻化

10 年前，各大品牌基本以 30 ～ 40 岁的群体作为主力消费群体，因为处于这个年龄段的消费群体具有较强的支付能力。但是作为时尚的主要推手和传播者，20～30岁的消费群体才是重点，他们虽然收入不高，但可支配收入却较高。波士顿咨询公司与腾讯合作发布的《2020中国奢侈品消费者数字行为洞察报告》（以下简称《报告》）表明，30岁以下消费人群的奢侈品消费占比首次过半，支出贡献从42%上升至47%，年轻一代成为奢侈品消费的主力。《报告》认为，"在经济水准和审美素养比较低的时代，整个社会缺乏自我意识，个体对于财富、成功有着极大的渴望，会不由自主地模仿和盲从经济水平较好的阶层的生活方式。"

随着经济水准和审美素养的提升，作为审美观年轻化的关键词，自由、活力、有趣逐步成为主流。年轻消费群体的审美喜好成为产品外观、色彩搭配、功能设计的基础标准。为了让自己显得年轻，任何一代消费者都在关注下一代的审美喜好，"70后"看"80后"，"80后"看"90后"，各代都在下一代的时尚潮流中选择适合自己的元素。

（2）小众化

年轻消费群体尊重自己内心的真实感受，部分还热衷于通过参与和电玩、国风、cosplay等相关的亚文化社群和组织来寻找归属感。文化内核是这些亚文化社群和组织的标签和象征，它们是群体成员审美的一部分，也影响着群体成员的审美观。经济发展为社会带来了多元化和包容性的特征，使各种审美观有了充分的发展空间，构成了丰富多彩的人类社会。小众群体具备极强的凝聚力，是优质的垂直市场。

与只在小众群体内部参与行动和释放热情不同，亚文化观念和审美趣味也在小众群体活动之外的日常生活中展示，并被广泛接受。在社会三流价值观之外，很多人都会有自己的亚文化取向，有的人表现明显，有的人则隐藏得很深，怕被别人当作"异类"。这种取向既不是"奇思怪想"，也不是离经叛道，而是人们因精神自由和心灵真诚而产生的表达方式。经济的发展带来人们思想和精神的多样性，也同样促进了亚文化审美观的产生，如汉服文化圈的人大多喜欢民族传统服饰，喜欢洛丽塔的女生多数会钟情具有浪漫童话趣味的时装。因此，品牌经营者应以主流审美观为背景，全方位表达自身品牌的亚文化审美观，建立起自己的垂直核心消费群体，给予该消费群体最大限度地心理满足和情感满足，并以此形成细分的消费市场。

（3）跨界审美

信息时代下，后现代主义盛行，加之《跨界喜剧王》《跨界歌王》《跨界冰雪王》《星跳水立方》《星厨驾到》《跨界见真章》等跨界类娱乐节目的助推，打破常规、多元融合、跨界整合的思想和行为随处可见，由此产生了很多新颖的跨界审美观。越来越多的跨界产品随之产生，如娃哈哈营养快线彩妆盘、Windows 主题毛衣、农夫山泉故宫瓶、迪士尼推出的具有饕餮纹样的米老鼠等。从一开始的感到惊讶、不解、新奇，到现在的习以为常、见怪不怪，这种跨界审美观几乎已经融入整个社会的审美观，成为我们内心理所当然的一种审美视角。

市场经济条件下，文化应该与产品和消费相结合，将产品带入更高的层次，为产品带来形象生动的品牌联想。市场不仅把蕴含文化的产品变成了产品出售，而且把创造和使用这些产品的人变成了"产品人"。影响产品销售的文化因素纷繁复杂，文化本身也在与时俱进、不断创新发展。品牌经营者必须充分考虑文化因素对品牌的作用，精准把握消费行为在文化发展趋势下的变化，因地制宜，设计研发符合消费者消费倾向的产品，制定满足消费者消费欲望的营销策略，提高品牌效益，提升市场竞争力。

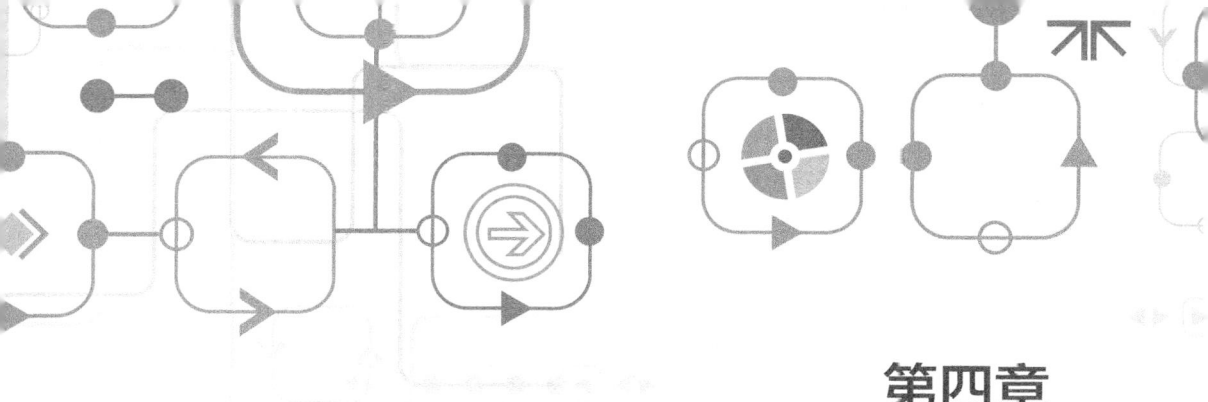

第四章
工业企业品牌文化定位

一、品牌文化将去往何方

（一）品牌文化定位的内涵

1. 定位的概念

1969 年，杰克·特劳特在《工业营销》杂志上发表论文，首次提到了"定位"的概念，他用这一概念描述了人们如何应付头脑已经被一个规模更大、资格更老的竞争对手占据了地位的过程。[①]

1981 年，杰克·特劳特和艾尔·里斯合作完成了《定位》一书，该书对传统的营销观念进行了变革，并对定位做了解释："定位要从一个产品开始，这个产品可能是一种商品、一个机构，甚至一个人。定位不是你对产品要做的事，而是你对预期客户要做的事。换句话说，你要在预期客户的头脑里给产品定位，确保产品在预期客户头脑里占据一个真正有价值的地位。"10 多年后的 1996 年，杰克·特劳特和史蒂夫·瑞维金又出版了《新定位》一书，该书对定位的概念重新进行了挖掘，强调消费者在定位中的重要性，即将传统的"消费者请注意"的视角扭转到"请注意消费者"的新视角，这是对定位概念的一次重大革新，这一基本立场也一直沿用至今。[②]定位理论是在 20 世纪 90 年代中后期，与经典的营销与传播理论一起传入中国的，如菲利普·科特勒的营销管理理论、唐·舒尔茨的整合传播理论，都深刻地影响着国内相关学者与专家。于是学院派和实战派学者、专家结

---

① 周鹍鹏. 品牌定位与品牌文化辨析 [J]. 山东社会科学，2011（1）：117-120.

② 艾·里斯，劳拉·里斯 定位 [M]. 北京：机械工业出版社，2011.

合本土实际，对定位理论开展了深入的研究，使定位理论获得了发展。

2. 品牌文化定位

定位理论经过几十年，尤其是最近 40 年的发展和完善，逐渐从开始的广告传播策略演变为品牌定位策略。[①] 国内外学者和营销专家从外延和内涵两个方面对品牌定位进行了不断完善，形成了比较完整的理论体系，并逐渐引入文化内涵，极大地拓展了定位理论的应用空间。斯科特·戴维斯认为，品牌定位实际上是我们的品牌在消费者心中所处的地位——当顾客联想起我们的品牌时，我们期望他们联想到利益和价值。[②] 消费者获得价值的多寡，更多地取决于这些价值如何与消费者的生活方式进行关联，以及关联程度的高低，同时品牌定位必须以消费者感知为基础，而这种感知的效果往往不能由企业来决定，它与消费者的人生经历、价值观念、生活方式密切相关；品牌定位与文化密不可分，文化已经成为品牌定位的基础要素，要想与消费者产生共鸣，企业在进行品牌定位时必须打"文化牌"，否则品牌就很难得到消费者的认可，就无法满足消费者的精神文化等高层次需求，最终导致品牌定位失败。

品牌的终极使命，从企业的视角看，是让消费者对品牌产生忠诚感，让品牌升华为消费者的一种信仰，引导消费者的需求。"品牌的背后是文化"，不同品牌上附着着不同的特定的文化。品牌文化定位是通过建立一种清晰的品牌定位，在此基础上，利用各种内外部传播途径，使受众在精神上对品牌高度认同，并由此形成一种能保持消费者忠诚度的文化氛围。简单来讲，品牌文化定位就是将某种文化内涵注入品牌，从而形成品牌在文化上的差异。

实际上，消费者往往需要依赖品牌特定的文化背景来理解企业品牌文化定位。在此过程中，这种特定的文化背景还展现了品牌自身的独立性与市场对品牌的认知造成的先入为主的影响。品牌文化定位往往根植于民族传统文化、地域文化、流行文化、名人文化等中，许多国内外的知名品牌定位都充分反映了这些文化的特征，如同仁堂的传统中医文化定位星巴克的"第三空间"文化定位等都体现了丰富的文化内涵和意趣，能与消费者产生共鸣，既能得到消费者的认可，也能获得良好的市场效果。

一个大品牌要想成长并最终走向成功，必须实施品牌战略，将品牌文化作为品牌战略的切入点，从文化的宏观视角塑造品牌。

---

① Philip Kotler, Kevin Lane Keller. Marketing Management（15th edition）[M]. Boston: Pearson Education, Inc., 2016.

② 斯科特·戴维斯. 品牌资产管理 [M]. 刘莹, 李哲, 译. 北京：中国财政经济出版社, 2006.

品牌能否真正获得消费者的认同和忠诚，关键是看品牌所传递的文化内涵能否与消费者的价值主张相契合。只有独具特色、个性化的品牌文化定位，才能使品牌产品有别于同类产品，才能真正对消费者产生强大的吸引力，这种吸引力能够经受市场的惊涛骇浪，使企业在品牌竞争中获得主动。品牌定位往往涉及特定的目标消费群体，即涉及产品要卖给谁、谁是"我"的消费者。品牌文化定位能够提高品牌的品位，这对提升品牌形象尤为重要。品牌文化定位与品牌的关系如表 4.1 所示。

表4.1　品牌文化定位与品牌的关系

品牌名称	品牌文化定位
哈根达斯	高品质，目标顾客为注重感官享受的、宠爱自己的、喜欢愉快感受的成熟且富有的成年消费者
斯沃琪	高品质，时尚、有趣、充满朝气、刺激和欢乐的时装表
星巴克	优秀品质，独特的咖啡文化气息，愉快时光，第三空间
哈雷－戴维森	个性、自由、叛逆、与众不同、个人主义
劳斯莱斯	高贵、显赫

（二）品牌文化定位的原则

1. 消费者导向原则

品牌文化定位虽由企业组织实施，但由消费者需求决定，即不是由生产主导而是由消费主导。品牌文化定位绝非企业的一厢情愿，消费者与品牌的关系主要由他们的态度决定，所以说消费者是品牌文化定位的主导因素。良好的消费者与品牌关系主要依赖于消费者如何理解品牌文化定位的内涵。那些品牌文化定位失败的企业往往都缺乏对消费者导向原则的理解和贯彻。

企业是品牌文化定位的发起者和维护者，消费者是品牌文化定位的主导者。消费者不会主动构建品牌，因为在他们的眼中这是企业自己的事。企业根据自身对内外部环境的评估，确立了自身的品牌文化定位战略。企业确立品牌文化定位战略并进行品牌文化传播时，应该站在消费者的角度，分析、研判消费者对品牌会有怎样的认知，并进一步分析这样的认知是否有助于消费者对品牌产生好感，激发消费者的购买欲望。因此，企业在品牌文化塑造的过程中，要重点考虑如何让消费者对品牌产生积极的联想，以及如何让这种积极的联想得以强化和持续。

由此说明，消费者往往会决定品牌文化定位的走向，品牌的价值不在于品牌这一有形符号本身，而在于消费者对品牌的认可，它是消费者价值的体现。

2. 个性化与差异化相结合原则

过去，企业往往习惯于通过品牌的物理性能和功能利益进行品牌文化定位；但现在，人们逐渐发现并开始重视品牌所包含的属于心理或精神的成分。目前的消费特征已经发生了根本性的变化，人们已经进入感性思维主导的时代，消费者会依据理性考虑产品的使用功能。但更为重要的是，消费者会对不同品牌所表现的不同个性进行评估，而品牌个性恰恰是通过品牌文化来集中表现的，它以品牌的精神为依托。个性化原则要求品牌文化定位新颖、独特、有创意，但不是简单地标新立异，最为关键的是要得到消费者的认同，只有这样，品牌文化定位才能成为企业战胜对手、赢得消费者的有力武器。

社会大发展、大繁荣带来了社会物质层面的极大富裕。对于企业而言，要在众多的品牌中脱颖而出，需要独树一帜的品牌文化作为支撑。因此，创造差异化的品牌文化才是品牌发展的关键①。成功的品牌文化定位必须凸显品牌的差异性，这种差异性是吸引消费者注意力的关键。与竞争对手的差别越多，品牌形象就越突出，企业就越容易掌握市场主动权。

3. 动态性与延续性相结合原则

传统的静态定位思想认为，定位本身具有一定的稳定性，具体表现为企业支撑定位的内外部要素具有稳定性特征，同时消费者对某一品牌的认知也表现出稳定性特征。现代社会瞬息万变，技术、产品、竞争对手和消费者等时刻发生着变化，企业对周围环境要时刻保持高度敏感，要及时评估当前品牌定位的环境基础是否发生改变，且这种改变是否动摇了品牌定位的基础②。一旦这种基础发生动摇，企业必须及时调整品牌文化定位策略。尤其是在移动互联网飞速发展的大背景下，新产业、新业态、新商业模式层出不穷，企业品牌文化定位要主动适应外在变化。坚持动态性原则是品牌文化定位成功的有力法宝。

当然，动态性原则并不否定品牌文化定位的延续性，毕竟定位的调整要付出一定的成本，既涉及企业，也涉及消费者。不断改变品牌文化定位，容易造成消费者流失、市场丧失、竞争力降低。因此，企业的品牌文化定位必须具有延续性，实现动态性与延续性的统一。例如，面对环境的飞速变化，企业可以从产品开发策略入手，对品牌文化定位策略进行局部调整，以确保品牌文化定位具有延续性。

① 陈朝. 论以企业品牌管理提升企业品牌文化的战略意义 [J]. 品牌，2015（8）：42-43.

② 汲剑磊. 挑战者品牌的突围之道 [J]. 领导文萃，2009（9）：112-115.

4. 兼容性原则

无论是从制度层面还是从文化层面分析，中国与外国尤其是西方国家之间都是有差异的，其意识形态色彩也难免会附加到各自的品牌文化口。品牌要崛起，企业首先要放平心态，就事论事，就品牌做品牌。在品牌输出等品牌国际化运作中，企业始终要把文化整合放在重要位置，认真对待。基于兼容性原则，在进行品牌文化设计时，企业首先要增强自身的跨文化意识，树立对不同文化的理解意识和尊重意识，提升管理者的跨文化沟通能力，借鉴其他先行者的文化整合经验。

国家文化作为文化的核心层次，是不可能改变的。商业文化处于文化的中间层，也是很难改变的，企业应该"了解差异，在适应对方与坚持自我两方面寻求平衡"[①]。企业要事先做好文化差异评估，找出不同国家文化的共同点和差异点，衡量差异度及其融合难度，提出解决方法，通过彼此都能接受的行为方式来尽可能地消除彼此之间的差异，寻找品牌文化的兼容点。

5. 伦理与责任原则

企业伦理与责任意识和责任文化已成共识，在品牌崛起的路线图中，它是另一条隐线：底线。很多问题都由忽视责任引起。品牌和平崛起是从企业到国家的任务，责任亦应是从企业到国家的责任。

社会营销观念认为，企业在满足消费者需求并取得企业利润的同时，也需要考虑社会的长期整体利益。单纯地强调利润或消费者需求都是不可取的，利润是企业生存的手段，不是目的。同样，消费者的需求也不都是合理的，或者不都是应该得到满足的，如消费者对网络游戏的过度需求。尤其随着新兴技术的发展和一些全新产品与服务的出现，一些伦理问题也由此产生。因此，企业在制定品牌文化定位战略时，必须超越企业和消费者的一般维度，必须从社会伦理和责任视角对品牌文化定位进行重新评估。企业要有崇高的社会责任意识，要建立以"责任"为核心的企业价值观，不断提升品牌文化的影响力。

二、工业企业品牌文化定位战略

（一）品牌文化定位战略的内容

品牌文化定位是将某种文化内涵注入品牌形成文化上的品牌差异，通

---

① 刘小荣. 上汽并购双龙的跨文化分析 [J]. 经济研究导刊，2011（12）：9-11，95.

过实施品牌文化定位战略，建立品牌信誉度（或美誉度），最终提高品牌忠诚度的过程。品牌的价值不在于品牌的知名度，而在于品牌的美誉度和忠诚度，是品牌所形成的顾客价值。杰斯帕·昆德认为："对于一个品牌来讲，仅仅有较高的认知度和偏好是不够的，它还必须符合个人将其金钱花费于某一特定产品的特殊需求、追求和愿望，而只有当该品牌的个性化特征真正迎合个体消费者时，这种愿望才会产生。"①

品牌文化定位战略关系到品牌的发展方向。工业企业的品牌文化定位战略必须以对企业品牌建设环境的分析为基础，同时要从消费者和竞争者两方面考虑品牌定位。品牌定位也要切合企业实际，必须是企业能够驾驭的，是符合产品和业务特征的。

工业企业在制定品牌文化定位战略时，首先要确定品牌文化的愿景。品牌文化的愿景确定后，要对实施品牌文化定位战略的环境进行分析。不同工业企业面临的环境是有差异的，同样的外部环境，不同的愿景、产品、业务特征和自身条件，都会使企业对环境分析的侧重点产生差异。环境分析服务于企业品牌文化的愿景，进而使企业选择适合自身的品牌文化定位战略。环境分析一般包括对外部环境的分析和对内部环境的分析。外部环境包括社会文化环境、行业文化环境、消费者文化环境、竞争文化环境等。内部文化环境包括企业的内部文化资源、企业形象和整体素质等。

（二）品牌文化定位战略环境分析

1. 外部环境分析

（1）社会文化环境分析

在特定时期，人们的消费行为具有鲜明的时代特征。因此，品牌文化的塑造也要随着时代的变迁而变化。例如手机，20 世纪 90 年代，"大哥大"是身份的象征，如图 4.1 所示。而进入 21 世纪，手机已经大面积普及，手机的象征性功能则更为丰富。社会文化环境是指在一种社会形态下

图4.1　曾经的"大哥大"是身份的象征

已形成的信念、价值观念、宗教信仰、道德规范、审美观念以及世代相传的风俗习惯等被社会所公认的各种行为规范。

---

① 　朱立. 品牌文化战略研究 [D]. 武汉：中南财经政法大学，2005.

企业存在于一定的社会文化环境中，而企业所处的社会文化环境会对企业品牌建设产生影响和制约。随着全球化进程的加快，企业需要根据目标市场进行品牌文化定位。为此，企业必须深入分析和了解自身所处的社会文化环境，针对不同的文化环境制定不同的品牌文化定位战略。具体来说，对社会文化环境的分析一般可以从教育状况、宗教、价值观念、消费习俗、民族文化等几个方面入手。受教育程度直接使消费者对品牌文化内涵需求产生差异，而且通常文化教育水平高的国家或地区的消费者对产品的档次、品位要求更高。宗教对人们的消费需求和购买行为的影响也很大，不同的宗教有自己独特的节日和宗教礼仪、商品使用的要求和禁忌。价值观念在不同文化背景下往往差异巨大，因为消费者对产品的品牌文化要素都有自己褒贬不同的意见和态度。消费习俗是指人们在长期的经济与社会活动中所形成的一种消费方式与习惯，不同的消费习俗令消费者具有不同的商品需求。民族文化的影响包括两层含义：第一，品牌在诞生之初就不可避免地被打上所在地民族文化的烙印；第二，品牌被推广到某个地域时会受到当地民族文化的影响。越是强势的品牌，越让人们难以忘记它的民族性。

（2）行业文化环境分析

不同的行业，由于行业特质、历史积淀不同，会展现自己独特的文化特征。同样，行业文化环境也会随着整体环境的变化而变化。企业在进行品牌文化定位时，不仅要满足行业文化的一般特征要求，更要对行业文化内涵进行挖掘，确立自己的文化突破点。例如，从行业文化差异上看，汽车行业品牌文化定位与食品行业品牌文化定位的侧重点就有明显区别，前者强调技术创新和生活理念的传达，后者强调安全与健康。同样是汽车行业，越野车的品牌文化定位强调的是冒险精神，而跑车的品牌文化定位强调的是速度和激情。

（3）消费者文化环境分析

消费者文化反映消费者与商品之间的关系模式与价值遵循。品牌文化的形成是一个动态的过程，品牌与消费者在不断交换、沟通信息，进行文化交融。品牌文化反映了企业与消费者的品牌价值理念。消费者对自身与商品以及商品所代表企业的关系会有不同的期待和愿望，如平等的关系、自身处于优势地位的关系、自身处于劣势地位的关系、冲突的关系等。在卖方市场，尤其是在计划经济时期，消费者在与商家的关系中往往处于劣势。而随着由卖方市场转向买方市场，消费者的地位空前提高，消费者对企业的要求从产品层面上升到精神价值层面，消费者在需求得到满足的同时，开始寻求话语权，寻求与企业在交易活动中的平等地位，参与感增强。消费者是品牌文化形成的主导因素，消费者的态度决定了他们与品牌的关系。

（4）竞争文化环境分析

所谓竞争文化，可以理解为全社会形成的维护竞争机制、尊重竞争规则的一种共识和氛围，这是对理想的竞争文化的描绘。当然，与这样的价值追求相反的就是落后的或需要摒弃的竞争文化。竞争文化有着丰富的表现，如价格战就是一种竞争文化，竞争的同时关注合作的价值是一种竞争文化，"市场不相信眼泪"也是一种竞争文化[①]。

2. 内部环境分析

（1）内部文化资源的梳理

对企业的内部文化资源进行梳理是制定品牌文化定位战略的重要环节。企业在进行品牌文化定位时，既要考虑企业的资源条件能否为战略的制定与实施提供足够的支撑，又要考虑定位是否能够赢得消费者的认可。同时，企业也要考虑自身能力素质是否能够满足品牌文化的运营要求。企业应按照品牌文化要素，分析、评价目前企业内部文化资源现状、其他资源利用现状、存在的问题，同时按照企业品牌战略的指导要求，初步确定企业内部文化资源优化利用的方向、指导方针。

对企业的内部文化资源进行梳理，首先需要企业对其外在物质文化要素，如企业名称与标识、商标、商品名称、产品包装等进行全面的梳理，重点考察这些外在物质文化要素的产生和设计过程，分析不同的文化要素在传达品牌文化价值理念方面是否存在不一致或者冲突。其次，企业需要对其内部可作为精神文化载体的要素进行梳理、挖掘，如梳理企业建立初期的创业故事、企业发展过程中的重要历史事件、企业中出现的英雄模范人物等，并重点发掘和提炼故事、事件中及英雄模范人物身上所展现的企业精神，这些精神往往是企业重要的品牌文化资源，经过进一步加工，就能够用于重新凝练企业的品牌价值观。最后，企业需要对企业形象和整体素质进行调查，从外部视角考察公众对企业形象的认知情况，进而研判可能的品牌文化定位。

（2）对企业形象和整体素质的调查

第一，对企业形象的调查。调查的基本内容是企业的美誉度和知名度，目的是了解公众对企业的认知程度和对企业的评价。通过对公众的调查，企业可以了解自身的美誉度和知名度及其社会影响的广度与深度。

---

① 王馨莹. KB 公司高端服装品牌文化国内市场传播策略研究 [D]. 长春：吉林大学，2014.

第二，对企业整体素质的调查。企业整体素质在一定意义上决定了企业品牌文化定位的高度，很难想象一个素质不高的企业如何支撑一个高文化定位水平的品牌。对企业整体素质的调查可以从企业决策者、企业员工、企业运营状况、企业视觉识别系统 4 个方面展开。

第三，对企业决策者的调查。工业企业的品牌文化建设模式、品牌形象导入会充分体现企业决策者的意志，因此品牌文化理念的导入和品牌文化设计的具体操作首先是企业决策者自身的课题。企业要对企业决策者的思路、思想和意向进行事先掌握，可能一个品牌文化定位战略是完美的，但如果其不符合企业决策者的意图，这个战略就不可能得到实施。

第四，对企业员工的调查。通过对企业员工的调查，企业一方面可以多角度了解企业的现状，另一方面可以了解员工对企业各个方面的看法，还可以征集员工对企业品牌文化定位的意见和看法[1]。这一调查有利于激发全体员工参与品牌文化建设的积极性。

第五，对企业运营状况的调查。对企业运营状况的调查内容广泛，涉及企业经营理念与战略、企业生产管理尤其是质量管理情况、市场营销情况、企业行为规范性，与当前行业与市场要求是否匹配，是否具有可实施性，更为关键的是，是否能够体现行业特色和个性等。

第六，对企业视觉识别系统的调查。如果单纯分析企业视觉识别系统的各个要素，如前文所述，就可以把这些要素作为企业的内部文化资源进行调查。从企业视觉识别系统的角度，则要调查企业是否从系统的视角全面、综合地管理企业的识别要素，是否能够较好地反映企业品牌管理的水平。企业视觉识别系统的内容单纯从要素角度来看，包括企业名称、标识、标准色、标准字、包装、商务用品等；从识别系统传达角度来看，包括各个要素的展示方式，交通运输工具、商务用品等各种视觉传播媒介的设计及其表现形式，视觉要素在企业的营销活动、公关宣传活动、广告和产品包装中的应用情况等。因此，企业应对视觉识别系统进行重新评估，评估其是否符合新的品牌文化定位要求，并分析如何进行调整。

三、工业企业品牌文化定位策略

相对于战略从方向上指引品牌文化定位，策略则表现为为实现战略而

---

[1]　刘文意. 中国企业品牌文化战略研究 [D]. 哈尔滨：哈尔滨工程大学，2004.

采取的具体行动或措施。本部分将阐述几种典型的品牌文化定位策略。

（一）以传统民族文化为核心的品牌文化定位策略

1. 传统民族文化与品牌文化定位

对一个国家、一个民族而言，最深刻、最久远、最具生命力的就是历经千百年积淀下来的文化。中华文明作为传承了几千年的优秀文化，已经深深地融入中华民族的血液。我国是统一的多民族国家，丰富的各民族文化都是中华文明的重要组成部分，有着经久不衰的生命力，深深地植根于民间大众中。这些民族文化不仅具有宝贵的人文精神价值，而且蕴含着重要的商业价值。文化是重要的资源，它有着广泛的群众基础，而且具有对外扩展的趋势、特性。对于品牌而言，它们往往植根于特定的历史土壤中，从丰厚的民族文化中汲取养分，所以品牌往往带着民族文化的基因。因此，很多品牌的差异性恰恰体现了其背后的民族文化的不同。将优秀的传统民族文化融入品牌文化，以自己民族博大精深的文化为底蕴，更易让大众产生共鸣，从而站稳中国市场，进而走向世界[①]。品牌中沉淀的传统文化成分，是唤起人们心理认同感、民族自豪感和历史责任感的核心所在，是品牌中最宝贵的无形资产，是品牌形象塑造的内在原动力。经济全球化背景下，文化的交融使对其他国家及民族文化的了解成为不同国家和民族的民众较为普遍的愿望。品牌不仅代表了其产品，还代表了一种本国、本民族的文化。品牌不仅反映着其产品的优劣，更象征着一种文化的传播。代表国家形象的民族品牌肩负着传播中国文化、树立国家品牌形象的重任。此外，对于一些特定的产品，品牌要实现在目的地的本土化，往往也需要将目的地传统文化作为品牌文化定位的关键要素。

2. 以本国民族文化为核心定位

一个知名的品牌必然包含丰富的文化内涵，而这些无形的要素很多来自品牌所属国家的民族特性，品牌文化并不是孤立于企业整体的组织文化，而企业组织文化的构建往往受一个民族的大的文化背景的影响[②]。以德意志民族为例，人们可以通过德国的产品认识到这个民族的特点，如德国宝马汽车、奔驰汽车、西门子电器等，如果再进一步了解这些产品所属的企业，就会发现它们无不具有严谨、理智而精于做工等优点。

每个国家和民族都有自己独特的文化，这种文化及其所包含的风俗习惯、形象、咯调等要素，能使本国、本民族或者有类似文化背景的国家、

---

① 李少博. 塑造民族品牌形象的文化策略 [J]. 前沿，2010（3）：89-91.

② 李志龙. 国有企业文化传承与创新的管理研究 [D]. 福州：福州大学，2015.

民族产生认同感和归属感。对于其他国家和民族而言，有时则体现着新鲜感、神秘感和异国情调。因此，那些蕴含国家和民族特色文化的品牌，往往更能吸引消费者。当这种包含着自身民族文化特征的品牌进入国际市场时，其所要面对的便是民族文化的国际化[①]。企业品牌国际化是一个跨文化传播行为，这就要求企业品牌文化建设者要有国际化视野，努力以本国民族文化为核心，进行品牌文化定位。当然，品牌营销一方面要通过本国民族文化体现自己的定位与特色，另一方面也要考虑跨文化的适应性，因为文化具有独立性、差异性、排异性，对于那些非强势文化，其拓展并非易事。民族品牌的战略核心是文化的本土化，品牌影响力的提高是逐过品牌文化的本土化来完成的。

近年来，中国文化在全球的"能见度"不断提升。作为传播中国文化的载体，一些品牌为世界各地的消费者打开了一扇了解中国、体验中国文化的窗户，独特的品牌文化和品牌体验使海外消费者在消费过程中对中国文化产生认同。"飞跃"运动品牌与中国武术文化结合后推出的"少林精神""螳螂拳""虎爪"等特别款，将这个体现中国历史和文化的品牌推向国外，如图 4.2 所示。

图4.2 "飞跃"特别款

3. 以目的国民族文化为核心进行定位

文化差异是一把双刃剑。一方面，企业可以通过文化差异开发品牌的个性定位；另一方面，在市场开拓或品牌国际化的过程中，文化差异又可能带来阻碍。由此可见，文化差异是影响品牌国际化成败的重要因素。文化对品牌国际化的影响主要表现在品牌名称、产品包装、品牌定位、市场营销、管理沟通等各个方面。作为儒家文化的发源地，我国与传统的欧美

---

① 阴雅婷. 中国当代品牌文化传播变迁研究 [D]. 上海：华东师范大学，2017.

国家在语言、教育水平、审美观、价值观、风俗习惯等方面存在巨大的差异。我们要让中国品牌为欧美国家的消费者所认知、了解和接受，必须全方位地研究文化对品牌的影响，想方设法克服巨大的文化障碍[①]。

对于文化差异，试图规避往往会适得其反。实施以传统民族文化为核心的品牌文化定位战略，并不是指仅以本国传统文化为核心进行品牌文化定位。实际上，企业在品牌国际化的过程中，往往可以考虑以目的国民族文化为核心进行定位。以目的国民族文化为核心进行品牌文化定位，比较适合本国民族文化特征不明显的产品或品牌，或者适合特定产品线的产品以及在目的国开发的新产品线。在品牌的文化融合上，品牌的本土化是企业国际化进程的必经阶段，是企业发展成跨国公司，顺利进入全球化经营阶段，在全球范围内配置和使用资源，并最终在全球范围内实现企业利润最大化的基础[②]。我国企业只有顺应国际形势发展的需要，转变经营方式和经营思路，走"本土化"经营的道路，才能在国际竞争中稳操胜券。

（二）以创新文化为核心的品牌文化定位策略

1. 以创新文化为核心的必要性

在现代社会，变化是一种普遍的特征。科学技术日新月异、市场需求瞬息万变、产品更新速度日益加快、企业间竞争不断加剧，这些在为企业的品牌培育、品牌发展带来机遇的同时更带来了挑战。在此形势下，企业要发展壮大品牌，必须不断地壮大自己的实力，提升自己的核心竞争力。技术创新是企业培育其核心竞争力的关键环节，也是树立企业品牌的原动力。技术是工业企业竞争制胜的可靠武器，企业为了持续保持自身的技术领先优势，必须依靠科技创新，追求技术进步，不断开发新产品，不断提高产品质量和性能，不断提高劳动生产率。如果仔细观察那些享誉世界的品牌，它们背后的企业无不具有出类拔萃的人才与管理团队、雄厚的科研实力、先进的管理理念与创新精神。这些企业通过大举投入，独立开展技术研发工作，建立研究中心，抢占高新技术制高点，努力保持企业在行业的领先地位，取得了竞争优势。

从产品创新的角度来讲，只有重视创新、依靠创新，才能保持品牌长久的发展，这一点是适合任何企业的。创新是企业的生存之本，而缺少对研发的投入和重视一直以来都是很多中国企业的短板。此外，就品牌而言，

① 赵寰. 中国企业品牌国际化传播研究 [D]. 武汉：武汉大学，2013.

② 李杰. 中国企业的全球化竞争——基于商业生态系统视角 [J]. 上海管理科学，2019，41（6）：1-11.

创新也并不仅仅指技术创新，还包括产品品牌文化内涵创新、选择新的目标消费群体、创新营销手段等。21世纪是创新的世纪，创新观念已经成为品牌营销的法宝，使产品成为某种新文化的象征，包括创新企业的核心价值观。随着以5G技术为代表的移动互联网技术的飞速发展，未来人们的生活方式、生活观念将发生更多的、新的变化，人类社会必将更加进步，而且随着科技的日益发展以及相应的技术伦理问题的不断涌现，人们的价值观念也发生了巨大的变化，越来越多的人开始突破人类中心主义的观念，变得更珍惜生命、更注重提高生活质量、更关注环境的价值。企业如能生产恰当的产品来顺应这种变化趋势，并用新的观念进行表达，那么企业的品牌将会成为文化的象征，在消费者心中产生深刻的印象。

2. 以创新文化为核心的可行性

在环境经常变化的大背景下，企业品牌的生命周期往往会较以前大为缩短。企业在品牌文化建设上，要将产品创新作为延伸品牌生命力的重要措施，如丰富产品的内涵和改进产品的质量，让产品更加符合消费者的需求等。同时，我们不得不注意的一个现实问题是，有些产品在技术上已经趋于成熟，在质量上也获得了可靠的保证，产品在传统意义的品质上的提升空间已经不大，而就改善服务而言，只要企业有意识地去做，效果就会比较明显，其也会为企业带来丰厚的回报。也就是说，服务创新是很多企业都可以做到的。做好服务创新，就需要创新服务过程、服务理念、服务内容等，让服务更加贴近人心，满足消费者不同的需求。服务创新要求企业更加重视消费者的反馈，针对反馈进行改进和完善。

立意于传统，挖掘历史蕴意只是品牌文化营销的方向之一。时代是发展的，人们的观念是不断更新的，若想更多的产品在将来的市场中以文化取胜，企业就必须创新观念，赋予产品新的时代精神气息。过去，在国内市场，中国的企业并不能充分理解与消费者的关联的重要性[①]。随着中国企业技术水平的不断提高，市场运作经验的不断丰富，国家各方面政策的有力推动，越来越多的企业已经展现卓越的创新能力，培育了自身独特的创新文化。从客观上来看，这为以创新文化为核心的品牌文化定位策略提供了有益的经验借鉴和多种可能性[②]。企业一方面可以通过抓住新科技革命带来的有利条件，加强自主技术创新体系建设，提高产品质量，提升科技创新能力，形成自己的核心技术与能力，提升品牌的市场竞争力；另一方面

①　阴雅婷. 中国当代品牌文化传播变迁研究 [D]. 上海：华东师范大学，2017：147-157.
②　毋宏. 钢铁企业品牌文化凝练及品牌文化建设 [J]. 现代国企研究，2017（8）：272.

可以通过不断增强品牌意识，以品牌文化的传播推动品牌的发展。不管是在无形的关联上还是在情感的关联上，和消费者建立非常紧密的联系和关联，打造品牌的价值、延伸品牌的生命力都是非常重要的。因此，中国企业可以通过创新、实施以创新文化为核心的品牌文化定位策略，不断满足人们日益增长的美好生活需要，助推产品走向世界。当然，观念的创新并非随意，更非刻意，只有在洞察人们的生活方式、生活观念的变化趋势的基础上进行创新，才能使观念成为文化的象征。

（三）以国家文化为核心的品牌文化定位策略

国际市场存在所谓的品牌"原产国效应"。作为营销学概念，"原产国效应"指在对品牌进行国际化推广时，企业品牌总表现为国家品牌形象的子项目和衍生品，产品原产国的国家形象往往会影响消费者对该品牌的认知，进而影响消费者对该品牌产品的购买意愿和决策。具体而言，由于国家形象成为该国企业产品或品牌形象的重要背景因素，人们通过认知品牌原产国的国家概念，会将该国的一些强势品牌展现的或好或坏的特征投射到该国所有同类品牌上，即一旦一个国家的品牌总体印象在消费者心目中形成便很容易被固化，从而让消费者带着这一刻板印象来看待这个国家生产的所有产品，并由此做出自己的购买决策。良好的国家形象有利于消费者对产品品牌做出正面评价，而欠佳的国家形象可能会给产品品牌带来不利影响。尤其是人们在面对一个并不熟悉的产品品牌时，往往会搜集关于该品牌的各种信息，其中品牌的原产国则会成为人们判定品牌价值的重要标准。

许多大品牌往往成了国家文化的代名词，尤其是在美国等西方发达国家，如迪士尼、哈雷－戴维斯、可口可乐、麦当劳等，这些品牌不仅在美国十分出名，在世界各地也以各种形式源源不断地输出美国的文化和价值观念。这些品牌通过将美国的多元文化完美地植入品牌基因，无时无刻不彰显着品牌的独特个性和勃勃生机。同时，它们通过各种传播手段，使完整、成熟的品牌象征性符号等同于其表现的文化本身。如美国的各种知名品牌不只向世界传递着美国文化，它们本身也是美国文化的重要载体，在一定意义上就代表着美国文化。

以国家文化为核心的品牌文化定位策略，实际上需要国家文化和品牌文化互为依托：品牌文化以国家文化为背景和资源，国家文化通过品牌文化得以传承、发展、对外传播，品牌文化甚至成了发展国家文化的主要力量。例如，一提到瑞士，人们马上会联想到瑞士的钟表业。而"钟表王国"的美誉也丰富、发扬了瑞士的文化。一提到那些耳熟能详的工业企业品牌，如西门子、奔驰、宝马、博世（博世视频监控产品见图4.3）、卡尔蔡司，人们会自然地将其与德国联系起来，甚至直接把"精工制造"等同于德国制造。实际上，德国制造完美体现了德国的文化精神，德国政府积极协助一些本国品牌的建设推广，以其为基础建立和不断强化"德国制造"的形象[①]。

图4.3 博世视频监控产品

要想中国品牌走出去，企业就要不断提高品牌影响力，必须想方设法突破巨大的障碍和挑战。主流文化的外部沟通不足也是制约中国国家形象构筑的一个重要因素。如今，国家文化资源优势还没有被充分发掘、利用，一些能够体现中国文化特色的代表性产品市场份额还不大，在世界上的影响力还不强，与成为国际著名品牌还有很大距离。为了加快中国工业企业品牌的国际化进程，我国应该积极推行国家营销战略，在政府的主导下，主动塑造和传播国家形象，建立国家品牌，向世界呈现一个清晰、完整、积极、正面的国家形象。随着中国制造业的不断崛起，伴随着文化的传播和国家形象的提升，以国家文化为背景元素培育品牌文化已经具有一定的基础，尤其是一些具有一定世界影响力的品牌，正在成为构建"中国创造"的良好品牌形象的重要力量。以国家文化为核心的品牌文化定位必定会有很大的发展空间。

（四）以区域文化为核心的品牌文化定位策略

"区域文化"是在特定的区域经过一定的历史积淀所形成的，为当地所特有，并成为某一区域的特有品格象征，展现了一定区域的灵魂和特有内涵的文化[②]。一个国家的行业发展往往依附于特定的条件，这些条件涉及地理层面、文化层面、工业企业布局要求等，有些行业会表现出地域性特征，

---

① 赵寰. 中国企业品牌国际化的传播历程及发展路径探析 [J]. 渤海大学学报（哲学社会科学版），2015，37（2）：133-137.

② 沈致远，袁炜婷，胡琬卓. 区域文化认同视角的本土品牌发展策略研究 [J]. 今传媒，2016，24（3）：57-58.

尤其是一些产业集群。由此说明,企业及其产品中蕴含的文化要素在一定程度上都可以于区域文化中体现出来。区域文化可以赋予品牌深刻和多角度的文化内涵,从而使品牌定位更加清晰。中国幅员辽阔,地域文化特色鲜明,内容丰富。中国的一些品牌可以充分利用地域文化,发掘地域文化特色与企业品牌文化的结合点,努力把区域文化打造成品牌文化的基础。尤其是那些具有区域文化优势的品牌,要使品牌文化变成区域文化的一部分,这样品牌在对外传播的同时,区域文化也得到了很好的传播。品牌文化与区域文化相辅相成,共同繁荣。

以区域文化为核心的品牌文化定位策略有着独特优势。从经济层面来看,其对地方经济发展和财政收入具有重要的支撑作用,采用此种策略的企业,往往会得到当地政府的政策支持。

企业在以区域文化为核心进行品牌文化定位时,要充分考虑地理标志在现有社会结构中的符号意义,重点对区域文化进行细致的挖掘,找出那些具有符号意义表达效果的素材,根据这些素材进行差异化定位,同时做好品牌传播;否则区域文化赋予品牌的差异化特征就无法被表现出来,品牌文化就无法被有效和准确地传递给消费者,这种定位的目标也不可能实现。以区域文化为核心的品牌文化定位,不仅可以避免和其他地理标志形象的重叠,而且还可以更好地适应社会结构变化发展的需要[1]。多年来,那些具有远见卓识的品牌无不密切注视和深入研究消费者的心理变化与时尚潮流,并试图通过一些文化要素的融入,努力迎合外在变化,更好地满足消费者的心理需求,进而促进人们对自己品牌产品的消费,扩大市场需求,提高品牌的社会影响力[2]。中国历史悠久,地大物博,形成了独具特色的区域文化,企业只有把品牌文化与区域文化结合起来,选择最利于表达的媒介方式,以故事吸引人、以趣味愉悦人、以情感打动人,才能使品牌焕发勃勃生机。2019年5月,由新华社、经济日报社、中国国际贸易促进委员会、中国品牌建设促进会、中国资产评估协会等单位联合开展的2019年中国品牌价值评价信息发布活动在上海举行,在出炉的区域品牌(地理标志产品)前110家榜单中,烟台葡萄酒位列第三,连续4次进入榜单前5名。早在1892年,爱国华侨张弼士先生就在烟台投资建设了中国近代第一家,也是当时远东地区最大的新式酿酒公司——张裕酿酒公司,拉开了烟台葡萄酒产业的序幕。烟台葡萄/葡萄酒文化的

---

① 何清. 我国地理标志品牌文化内涵探讨 [J]. 商业经济研究, 2016 (23): 60-61.
② 杨艺. 故事化传播与传统品牌形象重塑研究 [D]. 上海:华东师范大学, 2018.

起源、发展和形成，浸染着古今中外葡萄／葡萄酒文化的精髓，是烟台自然地理、气候、悠久历史、灿烂文化，以及开埠以来经济发展等诸多因素共同凝聚的结果。迄今，烟台葡萄／葡萄酒文化远播大江南北，享誉海内外。烟台张裕酒文化博物馆如图4.4所示。

图4.4　烟台张裕酒文化博物馆

（五）以企业经营理念为核心的品牌文化定位策略

企业都有自己的战略愿景、经营目标、管理制度、资金运作、技术服务、行为规范等，并逐步形成了具有特色的企业经营理念。企业经营理念是企业在长期的生产经营过程中形成的，是企业全体员工信奉的经营哲学、企业精神、价值观念、行为准则和审美理念的综合反映①。它反映了企业对发展的认识程度及企业的社会责任感，反映了企业在经营方面的有序化和一体化，是一种团队精神和价值观的集中体现。企业经营理念是品牌的灵魂。所有成功的企业都有非常科学的符合企业发展战略和目标的企业经营理念以及具有强烈特色的企业文化。企业文化就是企业精神，也就是企业的灵魂，而这个灵魂是企业永远不衰的理念支柱。很多品牌文化是企业经营理念在品牌中的体现，其内涵包括了企业经营理念的方方面面。品牌文化的物质基础是产品，其精神力量是企业经营理念。

很多著名的工业企业和品牌把企业经营理念作为一种重要的品牌文化。例如，京瓷公司的经营理念，"在追求全体员工物质和精神两方面幸福的同时，为人类社会的进步发展做出贡献"。为了贯彻这种理念，"在最尖端领域不断创造新价值（The New Value Frontier）"是京瓷公司向社会传递

---

① 王海. 中小型信息企业与发展战略规划及实施 [D]. 长沙：湖南师范大学，2013.

的能够展现其经营理念的一种企业文化和品牌文化。京瓷公司通过对集团综合能力的运用，用独有的技术和视野开辟和构筑时代与市场所需的价值形态，并以其独创性和高品质为人类和社会的进步与发展不断地创造新价值。

京瓷公司外景如图 4.5 所示。

图4.5　京瓷公司外景

海尔在刚成立时还是一个极为普通的加工制造厂，其之所以能够向现代经营模式转变，关键是其凝练了清晰的经营理念，并一以贯之。海尔率先实施了"先服务，后制造"的经营理念，也就是把为消费者服务放到了最为重要的位置。当然，企业经营理念不是口号，重要的是把理念化为行动。为此，海尔推出的"市场链"经营模式突出了"先服务"的重要经营思想，而"真诚到永远"是海尔的服务理念。海尔从 20 世纪 90 年代就围绕着"真诚到永远"的服务理念，对企业运营进行全面梳理，目的是全面贯彻企业经营理念。正是这种以企业经营理念为核心的品牌文化定位策略，为海尔赢得了强势的品牌竞争力，赢得了消费者的认可。海尔的服务与"真诚到永远"的服务理念深入人心，对消费者进行了强有力的认知引导，从而影响了消费者的品牌忠诚度，这使海尔不断做大做强并跻身家电行业国际品牌行列。

雀巢的经营理念是"Good food，Good life（好食品，好生活）"，无论何时何地，人们看见母鸟喂小鸟的商标时，就会联想到安全、责任、温暖、母爱、自然及家庭等含义。这就体现了雀巢的经营理念，即"通过提供优质的食品，为人类的健康生活做出贡献"。正是这种以企业经营理念为核心的品牌文化定位策略，使雀巢成为一个很难被竞争对手超越的食品企业，创造了诸多品牌神话。

（六）以塑造兼容性为核心的品牌文化定位策略

由于各国的经济发展水平差异巨大，同时受到各自传统民族文化影响，各个国家对文化的需求存在着差异[①]。经济全球化强化了世界各地人们之间的联系。在古代，丝绸之路连接欧亚大陆；而如今，"一带一路"不断地将沿线和周边国家重新联系在一起，进一步加强了国家之间在政治上、经济上、文化上和生活上的联系，建立起国家之间良好的相互依存、互补、交融的关系。在信息技术日新月异的今天，互联网和物联网大行其道，正在实现着万物互联，将形形色色的人和物连接到一个个平台上和空间中，使得各种信息、各种思想、各种文化空前地混杂在一起，彼此融合、互相影响，形成一种全球化的、互相兼容的、和谐共处的、被普遍接受的精神财富和普遍的行为准则。以住房为例，人们对住房的共同要求是宽敞、明亮、舒适、布局合理。但这种要求在不同国家则衍生为不同层次的需求：这些需求虽然因为生活水平的差距而存在区别，但都在朝着相同的方向发展。物质需求的趋同，必然在一定程度上引起文化需求的趋同。文化需求的趋同则使企业在品牌国际化过程中融合不同文化观念成为可能。企业可以将不同文化观念融合在一起，形成企业自身的品牌文化，这种具有兼容性的品牌文化，也会使企业在未来的竞争中处于优势地位。

品牌国际化是经济全球化的必然趋势，而以塑造兼容性为核心的品牌文化定位策略是品牌国际化的必然选择。走向世界的品牌文化首先是民族文化，如好莱坞电影和可口可乐是美国文化的代表、奔驰是德国文化的代表、丰田是日本文化的代表。同时，国际化的品牌必须跨越地域、国家、民族、意识形态的差异，为不同社会、经济、文化背景下的消费者所接受。企业塑造的品牌文化必须能够与不同文化相兼容，这就要求企业必须整合品牌国际化的各种要素[②]。首先，企业要整合跨国经营理念和战略规划；其次，要整合具有通用性的管理制度、研发设计方案、教育培训流程、市场营销措施；最后，要将整合的文化通过广告宣传、陈列展示等表达出来，以满足不同社会形态或文化背景中特定人群的心理预期，达到与目标人群的有效沟通。

（七）以可持续发展理念为核心的品牌文化定位策略

可持续发展是一种注重长远发展的经济增长模式，最初于 1972 年被提

---

①　曹靖. 关于提升品牌文化的思考 [J]. 中国有色金属，2013（23）：70-71.
②　王小萌，意大利服装品牌 MOSCHINO 营销策略研究 [D]. 苏州：苏州大学，2017.

出，指既满足当代人的需求，又不损害后代人满足其需求的能力 ①。

当前，可持续发展理念越来越深入人心，人们不再只关注物质消费给自己带来的满足，而开始关注自身活动对自然、环境、他人、后代、未来的影响。例如近年来，全球越来越多的国家探讨并实践责任投资，将环境、社会和公司治理（Environment，Social and Governance，ESG）因素纳入投资考量已成为监管机构及市场各方的共识。据全球可持续投资联盟（Global Sustainable Investment Alliance，GSIA）的数据，欧洲的资管市场已有近半采纳 ESG 投资，美国的资管市场也有约 1/4 采纳 ESG 投资。可以看出，ESG 投资逐渐趋于主流化。

企业可以采取多种方式进行以可持续发展理念为核心的品牌文化定位。例如，倡导品牌设计中的绿色文化概念、实施品牌行为上的森林法则概念、加强品牌营销中的公益文化概念等。

1. 倡导品牌设计中的绿色文化概念

随着社会的发展和人类文明的不断进步，在实施品牌文化定位策略时树立绿色理念，倡导环保文化已经越来越从企业的外在约束变为企业的自觉行为，无论是绿色包装、绿色食品，还是绿色服务都能提高人们的满意度，对绿色消费的追求无疑已成为现代的一种消费潮流。因此，践行这样的理念，能够为企业赢得社会尊重，也自然会使企业获得市场的相应回报。企业在实施品牌文化定位策略时，可树立绿色理念，倡导环保文化，在品牌形象的设计中积极导入绿色文化概念。例如，杉杉品牌标识的设计紧扣"环境保护、生态平衡"的现代性主题，见图 4.6。杉杉品牌目前使用的标识，在保持原有杉树外形的基础上，采用了 3D 形象，使杉树更加立体、饱满。标识以绿色为主打色，不仅体现了杉杉的活力和生机，更加契合了今天人们所倡导的低碳、环保和健康生活的新主张。

图4.6 杉杉品牌的标识无时无刻不传递着绿色理念

2. 实施品牌行为上的森林法则概念

过去，人类的工业化进程是以牺牲自然环境为代价的；而如今，环保、低碳减排、可持续发展已经成为人类社会发展的一个主题。企业在品牌发

---

① 刘春香，高亚岚. 高端制造业可持续发展研究 [J]. 合作经济与科技，2020（20）：4-6.

展的过程中，将环境保护和节能减排的思想观念融入企业的经营管理和生产活动，企业和品牌的行为也从追逐利益向担负社会责任转变。例如，5G时代已经到来，华为的技术、产品、解决方案与以前一样，持续追求节能、环保。5G Power 解决方案支持太阳能供电接入，配置华为自行研发的高效太阳能模块，大大提升了光能转化率，实现了节能环保。另外，华为利用高集成芯片和高效功放以及 5G 节能"关断"技术，使 5G 设备实现了15% 的功耗下降。此外，华为还积极联合运营商制定 5G 能效评估标准，完善 5G 能效指标定义和评估方法，引导 5G 能效的持续提升。

3. 加强品牌营销中的公益文化概念

由于公益文化的不断兴起，企业可以把可持续发展理念与公益文化相结合，融入自己的品牌文化定位。品牌在营销传播的过程中应达到"润物细无声"的效果，这就要求企业把一部分广告预算用于公益服务。大到支持有影响力的国际赛事，或积极投身于救灾扶贫、环境保护、文化教育、社会建设和无偿献血等社会公益活动，小到主动支持社区创造良好的社区环境，以此提高品牌在公众心目中的美誉度。

四、以百雀羚的品牌文化定位为例

百雀羚是上海百雀羚日用化学有限公司旗下品牌，该品牌标志见图 4.7。1931 年，百雀羚的前身——富贝康化妆品公司正式成立，标志着中国第一代护肤品的成功问世。百雀羚是国内屈指可数的历史悠久的化妆品厂商。早年，百雀羚出现在消费者的视野中，深受消费者的喜爱。但是随着经济全球化，越来越多的国际化妆品品牌涌入中国市场，

图4.7　百雀羚草本品牌标识

百雀羚的销量直线下降，逐渐淡出人们的视线。2000 年，百雀羚开始重新崛起，打造了崭新的品牌形象，主推草本系列产品，成立汉方本草研究所，专注于技术的研究。2008 年，百雀羚获"中国驰名商标"称号，此前已连续两次获"上海市著名商标"称号。百雀羚先后与美国迪士尼、日本阿童木等国际公司合作，推出了迪士尼、阿童木等儿童护理产品系列。百雀羚多次被国家领导人作为"国礼"赠予外国友人。2020 年，百雀羚成为首个跻身"2020 全球最有价值的 50 个化妆品和个人护理品牌"榜单前 20 的

中国品牌，排名第十九，甚至高于宝洁集团的 OLAY、SK-Ⅱ。随着国产化妆品品牌国际地位的提高，百雀羚已经成为全球化妆品行业的"引领者"，开启了东方美学引领全球美学的时代。

作为第一国货美妆品牌，百雀羚进行了全新的品牌文化战略定位升级，明确品牌产品的特色、优势和方向，以让品牌在下一阶段的竞争中立于不败之地。这不仅是百雀羚在中国市场达到一定高度后的全新出发，更是中国美妆品牌在世界舞台上的创新突破。

（一）在传承经典中塑造品牌文化

1. 中国草本，东方之美

作为化妆品的老字号品牌，百雀羚运用中国传统文学、医药文化元素塑造品牌理念，深得消费者的信赖。传承经典、开拓创新、与时俱进，百雀羚致力于为消费者创造天然安全、健康的优质护肤品，完美地演绎了"中国草本，东方之美"。

"天然不刺激，百雀羚草本"，品牌的口号反映了百雀羚鲜明的个性主张，是其品牌文化的精髓。中医理论博大精深，是我国的文化瑰宝，用植物入药与调理副作用小的观念深入人心。随着消费者健康意识的提升与对护肤品自然、安全的关注，天然草本的品牌理念受到消费者的欢迎。中国北纬30 度地区以其独特的地理气候，孕育了众多珍稀的草本植物，北纬 30 度也成为适合草本植物生长的黄金纬度。百雀羚将自身拥有的文化和地理优势有效结合，从《本草纲目》和《神农本草经》等医家圣典中，探寻现代草本护肤应用之法，通过传统与现代科技的完美结合，打造天然护肤品牌。

中国对女性美的描写和歌颂古已有之，并在几千年来逐渐形成了独特的审美观念和评价标准，即东方之美。"手如柔荑，肤如凝脂。领如蝤蛴，齿如瓠犀。螓首蛾眉，巧笑倩兮，美目盼兮"是东方之美的经典形象。百雀羚不断追求东方之美的独特魅力，满足消费者对美的想象。为此，百雀羚从歌颂中国女性美的中国古典文学中寻找灵感，并将其运用到品牌的设计中，展现东方独有的审美理念。从 20 世纪 30 年代引领一个时代的芳华，20 世纪 80 年代风靡全国，到草本系列华丽上市，2013 年作为"国礼"走出国门，百雀羚的传奇，是一个关于美的传奇；百雀羚的故事，是一个对传统东方之美创新演绎的故事。

2. 将中国传统民族文化元素与品牌完美融合

二十四节气是干支历（太阳历）中表示季节变迁的 24 个特定节令，已有几千年历史，在国际气象界被誉为"中国的第五大发明"。2016 年，二十四节气被正式列入联合国教科文组织人类非物质文化遗产代表作名录。百雀羚的品牌文化核心是"弘扬现代东方文化,创新现代东方美学"。2016年至2018年,百雀羚连续推出二十四节气插画(见图4.8),得到社会的广泛关注。二十四节气作为中国传统文化的重要内容,是百雀羚这一经典国货品牌理应去继承和发扬的,而二十四节气插画结合现代插画手法、以现代视角对二十四节气的重新演绎,让传统文化焕发出新的活力。

百雀羚无论是在产品外包装还是宣传文案设计上都注重将中国传统民族文化元素完美地融入品牌,如其与敦煌博物馆合作推出的联名款、三生花系列产品、与故宫合作推出的联名款礼盒等(见图4.9~图4.11)。

图4.8 2018年百雀羚二十四节气插画之立夏

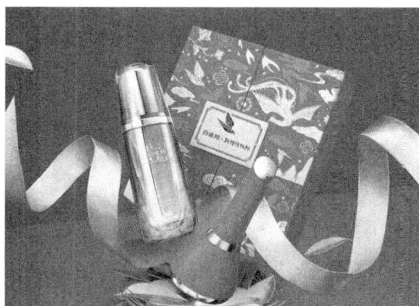

图4.9 百雀羚与敦煌博物馆合作推出的联名款

图4.10 百雀羚三生花系列产品

图4.11 百雀羚与故宫合作推出的联名款礼盒

（二）在进取革新中创新品牌文化

任何事物只有与时俱进、开拓创新，才能不被时代和社会抛弃。品牌也是如此，只有不断创新、超越，才能在竞争中愈挫愈勇，立于不败之地。以百雀羚为列，"传统""草本""国货"是消费者赋予这一品牌的主要标签。多年来，为了激发品牌活力，吸引年轻消费群体的注意力，百雀羚通过现代理念创新、传播渠道创新、产品科技创新 3 种策略为品牌文化注入新的活力。

以产品科技创新为例，百雀羚从突出重围到成为第一国货美妆品牌，历经百"战"后来到了新的战略起点。百雀羚已经将品牌文化定位升级为"科技新草本"，重新定义中国式草本护肤，并且与多年的合作伙伴——全球生物科技亘头德国默克集团正式签署了战略合作协议，这也是百雀羚进行"科技新草本"升级的第一步。除了与德国默克集团的战略合作之外，百雀羚还与欧洲最大的医疗机构莱德曼教授实验室建立了持续多年的科研合作伙伴关系，研发出了全球独创的抗光老化技术，并与德国默克集团联合创新"新生代高科技生物保湿抗衰老技术"，与意大利 ISPE 实验室合作开发了感官评估实验室体系，并将其实际运用到百雀羚护肤品的评估和实验测试中，与包括法国图尔大学、东京工业大学等在内的国际知名科研院所建立了基础科研合作伙伴关系等，为科技创新、产品研发、高效安全夯实了基础。

国际化妆品科技联盟（International Federation of Societies of Cosmetic Chemists，IFSCC）在业内通常被称为"全球化妆品科技界的奥林匹克"，已经有 60 多年的历史。欧莱雅、资生堂、宝洁、联合利华、雅诗兰黛等国际化妆品集团早早就加入了 IFSCC，它们每年都会向 IFSCC 积极选送科技论文参与评奖。但在百雀羚之前，中国化妆品企业一直缺席 IFSCC。直到 2017 年，成为第一国货美妆品牌的百雀羚代表中国化妆品企业受到 IFSCC 的赞誉。正是从那一年，百雀羚开始连续获得 IFSCC 奖项。据悉，2017—2019 年，百雀羚先后成为 IFSCC 的中国首个金牌会员企业、亚洲唯一荣誉金级战略伙伴，并获得科研创新金奖和青年科学家奖。2020 年，百雀羚还成为唯一跻身"2020 全球最有价值的 50 个化妆品和个人护理品牌"榜单前 20 的中国品牌，代表民族品牌登上了国际舞台。

综上而言，草本为核，科技"加持"，百雀羚旨在以现代科技赋能东方草本，这不仅是为了强化品牌价值，更是为了加固第一国货美妆品牌的"护城河"。毕竟，对于现阶段的百雀羚而言，其进一步展示品牌价值的力量便是"科技新草本"带来的品质力，而这最能打动人心。

五、以中铁装备向世界品牌奋力迈进为例

中铁工程装备集团有限公司（以下简称"中铁装备"）为世界 500 强企业——中国中铁股份有限公司旗下工业板块的重要成员企业。中铁装备已发展成为隧道掘进机、隧道机械化专用设备、地下空间开发三大产业有机联动、以地下工程装备综合服务统领多元发展的综合性企业集团，并于 2020 年 4 月入选国家"科改示范行动"企业名单。图 4.12 所示为中铁装备生产车间内工人对盾构机进行施工的场景。

图4.12　中铁装备生产车间内工人对盾构机进行施工的场景

敢于比肩世界，"中国品牌"的市场影响力与日俱增。"这种产品，我们想到过，但没有付诸实践，你们敢于创新并做到了，这太棒了！" 2016 年 4 月，德国慕尼黑宝马展上，面对中铁装备的矩形盾构模型，全球盾构机生产的标杆企业德国海瑞克的高管啧啧称赞。

中铁装备始终坚持创新驱动发展战略，高度重视以科技创新为核心的全面创新，建立完善了"五院三站三中心一平台"的科技研发架构：通过设计研究总院、专用设备研究院、地下空间设计研究院、智能工程研究院、重大专项研究院，对产品设计与研发、配套工法研究、智能制造进行统筹协调；通过博士后科研工作站、河南省掘进机械院士工作站、河南省盾构装备协同创新工作站，聘请了杨华勇院士、杜彦良院士等著名学者进行合

作共建，搭建了高端的人才集聚和科研平台；通过河南省地下工程装备技术创新中心、河南省盾构产业公共技术研发设计中心、河南省盾构成套装备工程技术研究中心，为盾构关键技术的基础研究提供了试验条件；通过国家工业强基工程项目——"盾构/TBM 主轴承减速机工业试验平台"，助力盾构/TBM 关键部件国产化。

中铁装备成立 10 余年来，在实现从"追赶"向"引领"转变的过程中，行业影响力不断增强，品牌价值获得了社会各界的广泛认同。中铁装备的产品应用于国内 40 余个省市地区，国内市场占有率连续 8 年保持第一。打造"中国品牌"，推动"中国制造"走出去，中铁装备始终走在前列，其产品远销法国、意大利、丹麦、奥地利、阿联酋、新加坡、马来西亚、黎巴嫩、以色列、越南等 21 个国家和地区，有效服务了"一带一路"沿线建设；公司秉承"专业制造、专业服务"的企业方针和"产品是人品，质量是道德"的品质观，采用"全生命周期质量管理"措施，以"人品""产品""企品""三品合一"为品牌核心，实现产品价值、顾客价值和社会价值的有机统一。近年来，中铁装备先后荣获"河南省省长质量奖""中国质量奖提名奖""中国工业大奖表彰奖""服务型制造示范企业""国家技术创新示范企业""国家制造业单项冠军示范企业""国家企业技术中心"等荣誉或认定，成为国内首批隧道掘进机企业特级生产资质企业，其强大的研发实力和制造能力广受认可。

作为中央企业，中铁装备肩负着振兴民族装备制造业的光荣使命，企业自身的发展历程也是中国盾构产业的缩影。

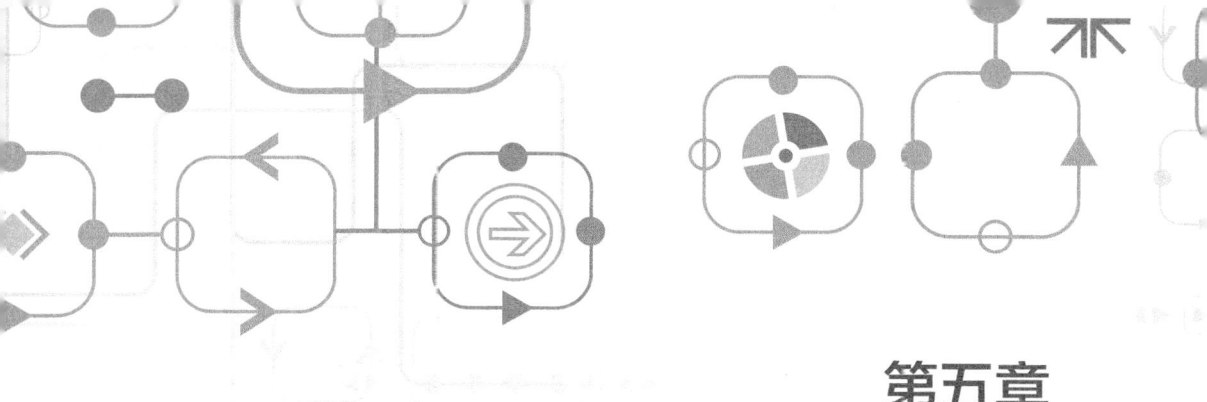

第五章
工业企业品牌物质文化设计

一、这是个"看脸"的时代

（一）品牌物质文化的概念

品牌物质文化是品牌文化的最外层，是品牌价值观、理念、精神面貌的具体反映。品牌物质文化集中表现为一个品牌在社会中的外在形象。消费者对品牌的认识主要来自品牌物质文化，它是品牌对消费者最直接的影响要素。因此，品牌物质文化是消费者和社会对一个品牌总体评价的起点。品牌物质文化是品牌文化形象的外在表现，企业往往通过对消费者、用户或潜在消费者、潜在用户感官的直接刺激，影响其对产品或品牌形象的认知，并传递自己的品牌文化。品牌物质文化的具体要素涉及视觉、听觉、触觉、味觉等各个方面，具体形式包括品名、品标、包装、色彩、字体、声音、质地、造型等。

品牌物质文化的传递对象不单是外界公众，也包括企业内部员工，而且各类要素往往不是独立地起作用。特定的产品、特定的品牌对各类要素运用的重点不同，因此企业往往是通过特定的形象识别系统将企业及产品的深层核心文化不断传输给外界公众和企业员工。品牌物质文化往往是品牌精神文化和制度文化的外化，品牌物质文化传递效果的好坏会直接关系到精神文化和制度文化的功效的优劣。品牌只有让物质要素先打动消费者，再充分展示品牌自身的特色与个性，才能够让消费者过目不忘。品牌物质文化将有形的对视觉等多种感官进行刺激的设计和无形的理念价值有机地结合起来，使企业形象清晰明确，具有极强的感染力和传播力。

（二）品牌物质文化的构成

依据不同的角度，不同学者对品牌物质文化的划分也不尽相同。比如有的学者将品牌物质文化分为产品文化、品牌名称与品牌标识文化、包装文化，有的学者把质量文化也纳入品牌物质文化中，还有的学者按照品牌的感知要素，将品牌物质文化分为由视觉、听觉、触觉、味觉等决定的各类品牌物质文化。

参照其他学者和文献的研究，在考虑到习惯性划分和尽量涵盖各类要素的前提下，本书将品牌物质文化划分为以下 3 个方面。

1. 品牌名称与品牌标识文化

品牌名称往往字数不多，但赋予品牌的内涵是深厚的，品牌希望通过名称实现对产品功能的直观表达，提高品牌理念、价值观传播的便利性。品牌名称作为品牌之魂，体现了品牌的个性。

相较于品牌名称而言，品牌标识是品牌中可以被识别但不能用语言表达的部分，它通过一定的图案造型和色彩组合来展现品牌的个性形象和文化内涵，如标致汽车威风凛凛的狮子标识等。

2. 包装文化

按照通常的理解，包装的功能往往是便于储运、保护产品，以及为产品提供一定的辨识度。但随着人们对品牌文化需求的不断提升，品牌包装成为品牌的一面旗帜，担负着越来越多的品牌理念传递功能。产品包装蕴含着品牌个性，体现着品牌形象，彰显着品牌定位。当然，包装不单是包装材料对产品的包裹，更重要的是企业要通过独特造型的设计、材料的选择、颜色的搭配，通过对各类要素的综合运用，对消费者形成较为直接的感官冲击，使产品与消费者达成利益契合，直观展现品牌和企业的内涵，更好地吸引消费者的注意力，使消费者形成良好的品牌认知。

3. 其他品牌物质文化

品牌物质文化的内容是极其丰富的，本书主要从感知要素如视觉、听觉、触觉、味觉 4 个方面来分析其他品牌物质文化。这些要素包含标准色、广告音乐和产品的质地、味道、气味等，综合运用各类要素能丰富品牌物质文化价值内涵，与消费者产生强烈的共鸣。当然这些要素并非与品牌名称、品牌标识、包装完全并列，后者实际上是以视觉感知为基础的，从一定意义上讲也可以归入各类感知要素中。

二、好名称让消费者难以忘怀

（一）品牌名称与品牌文化

1. 品牌名称的属性

品牌名称是品牌中能够读出声音的部分，是品牌的核心要素，是品牌显著特征的浓缩，是形成品牌文化概念的基础。品牌名称的好坏关系到品牌文化定位的成败。

品牌名称不同于产品名称，在市场经济日益发达与成熟的条件下，品牌名称还具有经济属性、企业属性，是经济领域的一种文化现象。产品名称则不同，它是根据产品的自然属性和功能来命名的。同一种产品由不同的企业生产，会有不同的品牌名称。同样是汽车产品，就有奔驰、宝马、丰田、本田、标致等不同的品牌名称。比如企业生产的产品属于一种类别，但由于功能、款式、规格上的差异，企业会用不同的品牌名称加以区别。例如，长城汽车旗下就有若干个品牌，如哈弗、WEY、欧拉、长城炮等。而我们有时看到的不同种类的产品，可能是由同一个企业生产的，而且冠有一个统一的品牌名称。如海尔集团生产的冰箱、空调、电脑、洗衣机、电视机等各种产品，都以"海尔"作为品牌名称。可见，品牌的社会属性、经济属性，尤其企业属性是非常清晰的，每一个品牌名称都与一个特定的企业相关联。

2. 品牌名称与品牌文化

品牌名称是一个能够反映品牌所有者的思想品格、文化素养和给予品牌特定期望的符号象征，能够直观表达品牌的文化特性。品牌名称是品牌文化最直接的表现，是品牌的灵魂。任何品牌都要有和它相对应的品牌名称，而品牌名称本身并非单一的符号，它与所代表的品牌之间必然建立了某种联系，这种联系可能是功能方面的，可能是价值方面的，也可能反映一种消费者共同的心理需求。因此，品牌名称作为品牌的灵魂，能反映品牌的个性和特性。实际上，单从产品的一般功能层面来看，现在很多企业生产的同类产品是很难区分的，而品牌名称却很容易区分，因为它不仅仅指代产品的一般功能。因此，产品是一个实体，其本身更多地体现一种自然属性，而品牌名称代表一种价值观念，是一种道德符号，它赋予产品灵魂，让消费者产生一种具体、独特的联想。

作为品牌要素，品牌名称处于核心位置。由特定品牌名称所代表的品牌，为消费者提供了品牌的总体形象和基本评价。只要一提到某个品牌的名称，人们很快会对与品牌相关的产品、技术、服务、质量、档次等产生系统的联想。因此，品牌名称已经成为市场、定位、形象、情感、价值的多维复合体。品牌的命名并非简单地为品牌赋予一个名称，更重要的是要展现出品牌的文化内涵。

一个品牌要想有生命力，就要拥有灵魂。文化是品牌的灵魂，给企业和产品起一个好名称，已经成为外层文化的聚焦点。对于品牌而言，名称不仅仅是一个简单的文字符号，其背后的文化内涵深厚与否，决定着品牌是否具有感染力和吸引力。品牌名称代表着企业的一种精神，是企业文化的外在体现。好的品牌名称能缩短消费者与企业之间的距离，同时在创建品牌、扩大影响、进行广告宣传方面发挥着重要的作用。

一些著名企业对品牌命名工作极为重视，乃至不吝斥巨资进行品牌规划。例如，有的企业为了给品牌命名，动用了心理学、社会学、语言学、统计学等方面的专家，调查世界上多个国家和地区的风俗习惯，经过数年，耗资上亿美元，编写数以万计的预选计划后才选定品牌名称。正是由于品牌命名工作遵循了科学的原则，才成就了很多让人听闻一次便会记忆深刻、叹为观止的品牌名称，并且逐渐将其培育成人们耳熟能详的名牌。

3. 品牌名称的设计

常言道"名不正则言不顺，言不顺则事不成"。确实，一个优秀的品牌名称将在促进广告宣传、加深消费者印象、成功地开拓与占领市场等方面产生积极的影响。因此，企业要提升产品的市场竞争力，就需要给产品起一个好名字，在消费者刚认识这个产品的时候就给他们留下良好的第一印象。一个好的品牌名称本身就是一句简短、直接的广告语，能够迅速而有效地表达品牌的核心内涵。"一个好产品是一条龙，为它取一个好的名字，有如画龙点睛。"[1]

西方研究营销的学者在研究品牌名称时，遵循程序的规范性和结果的内在价值性两方面的原则。前者强调"如何选取一个合适的品牌名称"，后者强调"什么是一个好的品牌名称"。要做到这两点，企业就要秉持科学精神，遵循语言学、传播学、社会学、心理学、营销学等科学规律的要求，在程序上强调以市场营销导向为目的，做到科学与艺术的兼顾和完美统一。当然这些原则不是机械化的运用，关键是在符合自身定位的前提

---

① 乔春洋. 品牌名称文化 [EB/OL]. 2009-05-27.

下，凝练出自己的个性和原则，唯有这样，才能使一个品牌名称得以被大众辨别，才能让企业在生产同类产品的企业中脱颖而出，让产品真正吸引消费者的注意力，进而让消费者产生购买欲望，最终成为品牌的忠诚拥护者。

企业给品牌命名需要遵守相关法律要求，也应该遵循以下 6 个原则。

（1）品牌名称要体现品牌的个性

除了作为产品的属性、形象和信誉的外在表现，品牌名称同时也是消费者了解、认识品牌的重要窗口和途径。因此，企业在给品牌命名的时候就要让品牌名称与品牌独特的属性、形象和信誉相符合，有个性，这样才能帮助消费者快速认识和了解产品。只有做到了以上 3 点，品牌名称才会受到消费者和市场的认可，才会具有生命力。相反，缺乏个性的品牌名称就会显得普通、平常，其在市场上的表现就会显得一般，甚至根本就打不开市场。

（2）品牌名称要简洁、好读、易记

企业在设计品牌名称时应当遵循简单易记、朗朗上口的原则，以达到让人一目了然、产生正面联想的效果。调查显示，2 个或 3 个字的名称最好记，其次是 4 个字，五六个字的记忆效果反而不如 4 个字的。值得注意的是，过于简洁的一个字的品牌名称也难以达到理想的效果。除此之外，企业应尽量选择平易、流畅、易读、易写、不会对受众的记忆造成障碍的字、词给品牌命名，并尽量排除生僻字词。

（3）品牌名称要符合消费者的认知及欣赏的心理偏好

企业在给品牌命名的时候要从消费者的角度考虑，充分了解并迎合他们的欣赏习惯、心理喜好及社会文化习俗。消费者处于一定的社会文化中，因此他们都有自己独特的认知及欣赏的心理偏好，这就要求企业在进行品牌命名前开展科学的调查，在充分了解产品诉求对象的心理偏好的基础上满足他们的心理需求。企业在设计品牌名称时应当避开不吉祥的字词及其谐音，尽量使用吉祥的字眼，否则品牌在之后的市场拓展过程中容易受阻。同时企业也要切记不能哗众取宠，取"怪名"。

（4）品牌名称应有一定的文化意蕴

一个有丰富文化意蕴的品牌名称，不仅能激发企业全体成员创新的主动性、积极性，而且更容易缩短企业及其产品与公众之间的心理距离，赢得公众的理解、认同和厚爱。品牌命名要弘扬优秀传统文化，适应市场所在地的特殊文化环境。中华民族具有重视道德修养，力求人格完善，忠于亲情、家庭，热爱祖国、推崇民族英雄等高贵品质，这是我国优秀的传统文化不断积淀的成果。我国是一个具有 5000 年悠久历史的文明古国，倘若能够将品牌名称和我国的优秀文化传统元素融为一体，必定可以极大地增强和提升公众对品牌的认同感和亲和力。

（5）品牌名称要符合民族的欣赏习惯

因为在历史文化传统、语言文字、风俗习惯、价值观念等方面存在差异，世界上各个国家在品牌名称的欣赏习惯上也大有不同。尽管现在处于经济全球化时代，品牌名称的设计还是要尽量打破时间和空间上的局限。

企业在给品牌命名时要充分了解消费者的风俗习惯、价值观念、民族文化、语言习惯和偏好禁忌等方面的情况，并且纳入相应的文化价值观，在面对不同的国家和地区的消费者时，要灵活变动品牌所蕴含的文化价值观。

（6）品牌名称要展现国际化视野

在世界各国的联系越来越紧密的背景下，众多企业都渴望走出国门，走向世界。品牌国际化要求中国企业在设计品牌名称的时候，除了设计出一个充满内涵、蕴含品牌价值的中文名称，还要设计出一个与企业的特点和定位相一致的外文名称，符合各个国家的审美标准，并兼具特色、易懂性和趣味性。外文名称要与中文名称相对应，但是又不能完全依靠音译，并要符合外国消费者的审美标准和语言习惯。企业如果想要把品牌推向世界，就必须考虑不同国家的消费习惯，并且充分了解这些国家消费者的一些喜好，了解不能触碰的禁区，这样才能打造出自己的品牌形象。

德国啤酒品牌 Warsteiner 拥有 200 多年的历史，在德国啤酒品牌中排在第四位。然而，Warsteiner 刚刚进军中国市场时，其中文名为"沃斯乐"，很难想象消费者把听起来像"我死了"的啤酒喝下去会是怎样的感受。而"Coca-Cola"译成"可口可乐"，中文意思是美味可口又有趣。"可口可乐"不仅和它的原品牌名音似，同样也为品牌赋予了人性化的内在含义。

总而言之，为了达到好认、好读、好记、好看、好听的效果，品牌名称应当将音、形、意完美结合，从而实现广泛传播。

（二）品牌标识文化

1. 品牌标识的概念

品牌标识，是指品牌中可以被认出、易于记忆但不能用言语称谓的部分——包括符号、图案或明显的色彩或字体，又称"品标"①。品牌标识是品牌建设中需要消费者用视觉来加以识别和区分的。品牌标识与品牌名称都是构成完整的品牌概念的要素。品牌标识是一种"视觉语言"，往往通过几何图案、特定形象的融入、变形设计、色彩等要素的运用，形成品牌独特的主张，向消费者传递某种信息，以展示自己的独特形象和企业文化。品牌标识不同于品牌名称，品牌名称需要通过语言"直抒胸臆"来表达自身诉求，品牌的形象需要消费者进行重新建构；而品牌标识以一种无声的方式，将品牌的文化内涵、要素直观地、形象地展现出来。品牌标识往往能够很快在消费者脑海中形成品牌具象，进而让消费者产生期待或排斥心理。品牌标识设计和品牌名称设计通常是连在一起的，因为它是品牌名称设计的延伸，是品牌名称用图像化符号浓缩的形象化的表现。图 5.1 所示为长城汽车旗下各品牌的标识。

图5.1 长城汽车旗下各品牌的标识

好的品牌有丰富的内涵，而品牌标识是表现这种丰富内涵的重要载体。同时，品牌标识设计是非常复杂的，它强调色彩感、空间感、视觉以及各个元素的协调与概括等，丝毫不亚于任何一类艺术创作设计，并且设计者还必须真正掌握企业的核心理念和经营风格，为企业找到最合适的品牌文化定位及形象。品牌标识的设计是艺术创作与品牌科学运作的结合。设计品牌标识不仅要做到美观，更为重要的是要达到让消费者识别品牌、促进销售的目的。因此，企业在设计品牌标识时要把握艺术性与科学性的原则，即一方面要符合美学、平面设计的创意要求，另一方面要考虑消费者的认知心理、情感心理等因素，只有这样才能更好地发挥品牌标识的认知功能，使消费者产生品牌联想，形成对品牌的心理偏好，提升对品牌的忠诚度。

品牌标识是品牌的重要组成部分，其应用最广泛、出现频率最高。品牌标识让消费者更易于理解品牌符号上的关键信息，甚至可以成为某个行业的标志，引起很多后来者的模仿。

---

① 梁高亮. 山东省体育产业品牌培育路径研究 [R]. 济南：山东体育学院，2016，9.

　　品牌标识是品牌符号识别系统中的重要组成部分。在品牌传播过程中，品牌标识的创意和策划不仅在程序上是第一位的，而且也是最重要的环节之一，一个企业的品牌标识本身就可以产生一种独特的魅力。

　　2. **品牌标识与品牌文化**

　　品牌标识是对品牌文化的体现，这是品牌标识的一项关键功能。品牌标识以明确、具体的图形、颜色等要素来表示某一事物，它直接向人们传达和宣示着某一事物的存在，更重要的是，它通过一种具象来向人们表达一种抽象的精神内容。就品牌而言，确切的品牌名称已经限定了品牌由此种方式所表达的内涵边界。因此，内涵的进一步扩展需要借由其他手段才能实现。品牌标识恰恰在很大程度上解决了品牌名称在这方面的不足，因为它是品牌中可以被识别但不能用语言表达的部分，正所谓"此处无声胜有声"，隐喻文化内涵的传播效果往往更好，能在人们心中反复激荡。具象存在于不同的个体的心灵之中，以此为共同的文化概念基础，能够实现不同个体对品牌的共同认知。这也从侧面说明了为什么品牌标识既是品牌符号识别系统的核心，也是整体传播系统的主导。在品牌的各类视觉要素中，如我们所见，品牌标识出现的频率最高、应用最广泛，人们可能不知道某个品牌的名称，但可能早已熟知某个品牌的标识，而一旦触发需求与品牌标识及其所蕴含的文化理念之间的共鸣，消费者和品牌之间就会瞬间形成一种紧密的联系。人们看到某个品牌的标识，就会立刻产生关于该品牌所代表的企业信誉和产品质量的联想。品牌标识是一个传递品牌精髓内容的视觉利器，品牌标识在一定程度上也成为消费者识别和购买某一品牌产品的依据。要取得良好的传播效果，企业一方面要深刻理解品牌标识所象征的意义和代表的内容，另一方面也是更为重要的一点，要从消费者心理和认知的角度，充分了解消费者认为的产品、品牌能满足其需求的程度，企业能实现和满足其需求的程度，从而明确自身定位，采用相应的设计手段引发消费者心灵上的共鸣。好的品牌标识具有丰富的文化内涵，同时，品牌标识的文化内涵应该与品牌特征一致，并最大程度地体现品牌的文化内涵。

　　文化内涵是品牌标识设计的命脉。品牌标识的文化内涵并不会随着现代化和全球化浪潮的冲击而消失，反而会得到重新认同和进一步肯定。如今，品牌标识的文化内涵更为深刻。尤其是对于一些世界级的品牌而言，品牌标识已成为一种企业价值的体现、一种世界性语言和文明的象征。

3．品牌标识设计

（1）品牌标识设计的特点

品牌标识与其他特殊标识的设计有着同样的特点。例如，一些交通标识要求通俗易懂，民众看到后就能了解交通标识的警示或提示作用。品牌标识也应如此，企业设计的品牌标识必须清楚明了，具有自身的特色，不能与别的品牌标识的设计相似，否则容易使消费者产生混淆，反而不容易被记忆，而个性鲜明、独特的品牌标识更容易被消费者铭记。因此，企业在设计品牌标识时应该凸显品牌特色，让消费者一看到品牌标识就能够想到品牌的优秀之处。

企业在设计品牌标识的过程中不应该刻意追求怪异和奇特，要以文化精神内涵赢得消费者的关注。不能把品牌标识当作被机械组合的符号，而要赋予它们特殊的含义。品牌标识关乎品牌理念、精神、文化特色，企业的规模、经营内容和特点、发展趋势，是品牌标识的文化内涵的具体象征。品牌标识不仅要蕴含品牌的经营理念，还要符合大众的审美标准。每个品牌标识的主题选择都应具有多样性，表现形式也应多种多样，包括文字、图案、符号等。因此，企业在设计品牌标识时既可以考虑结合多种形式进行表现，同时也要注意不能随意叠加——品牌标识要符合美学原则才更容易被消费者记住。品牌标识可以应用的范围非常广泛，因此企业在设计品牌标识时要考虑到用不同载体来呈现相应的效果。有些品牌标识设计得非常唯美，但是不符合成本要求，并且制作起来很烦琐，这样就会使品牌标识的应用范围受到限制。品牌标识是品牌的文化理念对外表达的载体。当今社会日新月异，一个突然流行起来的词语可能3个月后就被人们淡忘，所以品牌标识必须跟随时代的脚步，不能一成不变。一些具有悠久历史的企业，它们的历史既是它们的宝藏，也是它们的包袱。有一些企业可能会固守原有的思维方式，不去适应时代的发展趋势，容易故步自封。这些企业应该在自己旧品牌标识的基础上增添新的要素，这样才能使品牌标识既留下本身纯粹的特点，又被注入新的时代活力。

（2）品牌标识设计的要求

品牌标识既要有深刻的含义，又不能过于复杂。品牌所属企业通常会使用特殊符号来传递企业的信息，企业在设计品牌标识时既要考虑需要通过品牌标识传达什么深层信息，也要充分运用品牌图形的要素来营造特殊的设计风格。企业在设计过程中要结合选用的题材，做出大致的构图，然后经过设计者的讨论进行反复修改，最终呈现给大众生动形象、简洁易懂的品牌标识。此外，在市场上充斥着各种品牌标识的时代，企业设计出的品牌标识应该是易于分辨的。

例如，苹果最初的品牌标识的设计灵感来自牛顿在苹果树下进行思考而发现万有引力定律的故事，苹果也想要效仿牛顿致力于科技创新，但是这个品牌标识图形复杂并且不容易被记忆，因此只在生产 Apple 1 时得到了使用，并且很快被苹果摒弃（见图5.2）。

图5.2 苹果最初的品牌标识和现行品牌标识对比

品牌标识是通过引起视觉刺激来达到宣传效果的，独特的图案设计很容易使视觉上的刺激直达消费者的神经系统，使消费者对品牌标识产生深刻的记忆，这将会对企业的品牌建设起到极大的促进作用。当然，企业在设计过程中不能采用过于普通、简单的表达方式，这样会使消费者产生审美疲劳，不能引起消费者的兴趣；更不能简单照搬别的品牌标识的设计，品牌标识是一个品牌的灵魂，如果与别的品牌标识相似会使消费者不易区分，一旦别的品牌出现信任危机、危机事件也将影响自身企业。因此企业在设计品牌标识时可以使用寄寓、抽象等手法，以便消费者记忆；同时，也要在设计中充分体现品牌自身的特色，展现出与其他同类品牌不一样的地方。

企业在品牌标识设计过程中要考虑到国际市场的需求。一些想要打开国际市场的品牌不能单单使用中文，而要制作出既具有中国特色，又容易被其他国家接受的品牌标识；对于一些已经把产品出口到其他国家的品牌来说，品牌标识的设计必须考虑出口国的文化背景、宗教、风俗等内容，考察该国所忌讳的颜色或者词语等，同时注意品牌标识的适用场合，做到入乡随俗。

还有一点很重要，就是品牌标识要清晰，大多数品牌所有者可能认为品牌标识清晰是必然的，但是他们所认为的清晰通常是从正面看上去十分清晰，忽视了其他角度和方向上的清晰度，也忽视了用不同的传播媒介进行传播时的清晰度。品牌标识必须做到消费者在远处从各个角度看上去都是清晰的，拉近看的时候又可以看出品牌标识的精巧。

（3）品牌标识设计主题的选择

企业在进行品牌标识设计时，必须首先考虑设计的主题是什么，只有设计主题明确了才可以进一步确定怎么表现、使用什么方法表现等。一般企业在进行品牌标识设计时，要么会使用文字，要么会使用图形，又或者文字、图形一并使用。

中文、英文、首字母等都属于文字标识。近些年来，一些企业会把企业名称或者品牌名称和文字标识结合起来，这是比较普遍的做法。独特的字体设计能向公众传达企业的品牌信息，一些企业在字体设计过程中会特意突出某一个字，为其运用独特的字体，这样更容易抓住消费者的眼球，让消费者一眼就能看到独特之处，而这些特殊的地方通常蕴含着企业品牌的价值理念。在使用图形设计的过程中，那些引人注目之处往往也是品牌所要传达信息的地方，它既传达了品牌信息，又增强了记忆性和辨识度。①通常情况下，如果选用首字母型的品牌标识，企业就会选择企业或者产品名字中的首字母作为设计主题，这样品牌标识设计就非常简单，品牌标识也显得生动自然。当然，除了选用首字母进行设计外，也可使用多个字母进行设计（见图5.3）。

图5.3　通用电气公司的品牌标识中包含"G"和"E"的变体

有时多字字母可能表达不出企业的品牌内涵，而且容易造成歧义，甚至使消费者产生不美好的联想，这样就会导致企业的品牌形象受损。一些企业会把首字母组合作为主题，以这个主题进行品牌标识设计通常要利用首字母的特点给消费者带来直观的强烈感受，且首字母组合直接

① 刘文意. 中国企业品牌文化战略研究 [D]. 哈尔滨：哈尔滨工程大学，2004.

与企业名称相关，可以增强企业名称在大众心中的深刻性，提升宣传效果。

有些品牌标识设计会将企业名称或其首字母与图形相联系进行主题设计，这种方法既结合了文字表达的优点，又增加了图形说明的趣味性，两者结合相得益彰，能够达到单单使用一种题材无法达到的效果。也有些设计把企业、品牌的名称中蕴含的含义作为创作题材，按照含义将语言上的表达通过形象的图案表示出来，这样更加形象易懂，让消费者一看到图案就能明白其所蕴含的含义。一些以企业的理念和企业文化为题材的设计通常通过独特易懂的图形、特殊符号表达出来，例如顺丰速运的品牌标识的设计，见图 5.4。

图5.4 顺丰速运的品牌标识的设计

利用蕴含含义又简单易懂的图形来吸引消费者，能使消费者产生心理共鸣。一般情况下，企业的产品和企业宣扬的品牌标识具有同向性。也就是说，品牌标识也代表着企业的形象。以经营内容与产品外观造型为题材，企业可以从实际情况出发，直接把企业的经营范围、产品特征等通过品牌标识向公众展现出来。一些具有悠久历史和地域特色的企业，可以将品牌设计主题集中于故事的讲述，这样能让公众了解到品牌所具有的悠久历史和鲜明的地域特色，让公众对品牌产生信任感，更容易激发公众的探索兴趣。

4. 案例：航天大道的品牌标识设计

航天新长征大道科技有限公司（以下简称"航天大道"）是中国航天科技集团有限公司旗下的高新技术企业。公司的"大道"之名源自《礼记》中的"大道之行也，天下为公，选贤与能，讲信修睦"。航天大道的名字既蕴含着该公司成立的初衷，也是其持续奋斗的目标。图 5.5 所示为航天大道的品牌标识的诠解。

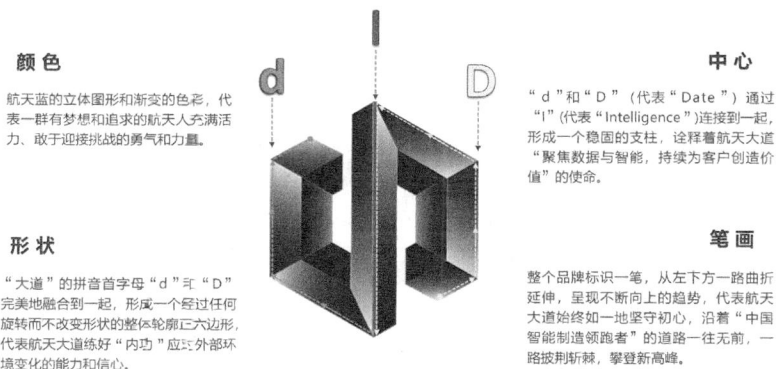

颜色

航天蓝的立体图形和渐变的色彩，代表一群有梦想和追求的航天人充满活力、敢于迎接挑战的勇气和力量。

中心

"d"和"D"（代表"Date"）通过"I"（代表"Intelligence"）连接到一起，形成一个稳固的支柱，诠释着航天大道"聚焦数据与智能，持续为客户创造价值"的使命。

形状

"大道"的拼音首字母"d"和"D"完美地融合到一起，形成一个经过任何旋转而不改变形状的整体轮廓正六边形，代表航天大道练好"内功"应对外部环境变化的能力和信心。

笔画

整个品牌标识一笔，从左下方一路曲折延伸，呈现不断向上的趋势，代表航天大道始终如一地坚守初心，沿着"中国智能制造领跑者"的道路一往无前，一路披荆斩棘，攀登新高峰。

图5.5 航天大道的品牌标识的诠释

三、好包装让消费者一见倾心

随着科学技术交流的不断加强，生产同类产品的企业越来越多，而且很多产品的基本设计、生产工艺都十分相近，由此带来了产品的同质化问题，市场竞争也越发激烈，甚至出现了价格战、不正当竞争等市场乱象。很多企业开始思考这样一个问题：我的产品哪个方面更能吸引消费者？杜邦定律指出，63%的消费者是根据商品的包装做出购买决策的。正因如此，现在的市场经济被称为"眼球"经济①，只有吸引到消费者的注意力，某个品牌的产品才有被消费者购买的可能。一个老练的经销商拿起新产品，看看包装就能判断出其前期的市场表现如何。因此，企业必须高度重视包装在品牌建构中的重要作用。

（一）包装的含义和作用

1. 包装的含义

关于包装的含义，我们可以从动作和结果两个方面来理解。动作是指设计、生产容器或包裹物，以及对产品进行包裹的系列活动过程，如菲利普·科特勒说过"包装是指设计并生产容器或包裹物的一系列活动"；结果是指容器或包裹物本身。因此，业界对产品包装的一般解释是：产品包装是指在产品运输、储存、销售等流通过程中，为了保护产品、方便储存、促进销售，按一定技术方法而采用容器、材料和辅助物等对产品所附的装饰的总称。产品包装不仅有利于保证特殊产品的安全和产品质量，而且能

---

① 魏天飞. "眼球经济"时代包装的别样营销 [J]. 中国包装工业，2013（1）：11.

够很好地保护产品的仓储者、运输者、销售者和消费者的合法权益。从生产的角度理解，产品包装是为保持产品数量与质量的完整性而必需的一道工序[①]。从流通和销售的角度理解，由于产品的包装直接影响到产品的价值与销路，因而对绝大多数产品来说，包装是产品运输、储存、销售的不可缺少的必要条件。随着社会主义商品经济的发展，包装已成为产品生产环节中不可缺少的组成部分，在促进产品销售方面起着重要作用。

由于越来越多的产品在超级市场上和折扣商店里以自助的形式出售，消费者对产品的评价的独立性、自主性进一步彰显，因此产品的包装作为产品的外衣显得越来越重要。越来越多的企业开始意识到，包装已成为强有力的营销手段，成为无声的广告，在默默地向消费者述说产品的内在品质和品牌的价值主张。设计良好的包装能为消费者创造方便价值，为生产者创造促销价值。

2. 产品包装的作用

产品包装除了具有保护产品、便于储运产品的作用外，还有树立品牌形象，促进产品销售的作用。

（1）树立品牌形象

随着消费者的需求升级，他们购买产品不仅仅是为了满足物质需求，更是为了满足精神需求。目前的市场已经进入品牌消费时代，追求的是个性化差异，而不是大众化普适。良好的品牌形象不仅是企业的需求，也是消费者的主观愿望。观看产品包装是消费者对产品的视觉体验，在产品极其丰富的今天，消费者对每个产品的关注时间通常都非常短暂，所以企业必须抓住消费者扫视货架的瞬间。包装之所以能够吸引消费者，是因为包装能够丰富消费者对产品的观感。首先，它从空间层面对产品进行了物理"放大"，增大了产品在消费者视野中的面积，同时辅以包装颜色和造型的设计，更容易引起消费者的注意。就如同人们不太会注意一只收起尾屏的孔雀，但很难不被一只展开尾屏的孔雀所吸引。其次，人们在购买和获得某件产品时，最先接触到的是产品的包装，要想查看产品或使用产品，首先要做的就是拆解包装，这种亲身的体验强化了消费者对产品的概念和形象的认知。

只有包装能够综合利用颜色、造型、材料等元素，同时表现出产品、品牌、企业的内涵和信息，表明企业希望自己的品牌能给消费者带来一种

---

① 王彦娜，柯纯. 浅谈包装设计教育的新思维 [J]. 当代艺术，2009（3）：46-47.

什么样的感受。不同产品包装之间所产生的差异以及由此而表现出的"品牌特征"，能够突出产品与消费者的利益共同点，对消费者形成较直观的冲击，进而影响消费者对产品和企业的印象，使产品醒目地摆在货架上，有效地完成吸引消费者的任务。正因如此，很多企业都把包装作为树立品牌形象的重要手段并加以运用。

　　包装是产品个性的直接和主要传递者，是品牌形象的直接表现。包装具有建立品牌认知的行销作用，也就是利用包装设计能呈现品牌信息，建立品牌识别，使消费者知道产品的品牌名称、品牌标识、品牌属性，进而树立品牌形象。优秀的包装有益于良好的品牌形象的树立，理想的包装有助于消费者迅速辨识出产品属于哪个企业或哪个品牌。包装具有亲切感，是消费者可以触及，并不排斥的一种广告形式，因而它的传播效果直接影响着品牌形象的传播效果。

　　（2）促进产品销售

　　产品包装具有方便消费者识别和促进销售的作用。同类型的产品在内在品质上的差别可能很小，但是进行包装后，就很容易与竞争产品相区别。精心设计的包装，尤其是在专利权的保护下，很难被仿制、假冒，对于维护企业声誉具有重要的作用。在陈列产品时，包装是"无声的推销员"。良好的包装，极易对消费者产生吸引力，激发其购买欲望。包装也能达到良好的广告宣传的效果。有时，无论是新进入市场的产品还是企业的其一成熟产品，对其内在品质进行革新都有一定困难，而且这种内在品质的革新并非消费者的现实需求，消费者所需要的是一种全新的消费体验，而改进包装就可以使消费者对一个旧产品产生一种全新的印象。由此可见，包装能够有效地帮助产品上市行销、维持或扩大市场占有率。产品包装的系列设计与运用，有利于丰富产品品种，方便销售，尤其是有利于适应自动售货和自我服务售货这种销售业态。

（二）包装文化

1. 包装文化的概念

　　虽然从功能上看，包装起着保护产品、方便储运产品、美化产品等作用，实际上，产品的包装也是市场营销者进行促销增值的一种手段。产品包装本身就是一种产品文化，尤其是能够体现产品所在地或企业所要传运的一种特有的品牌文化。正是由于包装在品牌文化传播上具有独特功能，企业都把它作为品牌强有力的竞争手段，它帮助企业在市场竞争中树立良好的富有文化内涵的品牌形象，为企业提供了营销创新的机会，促使企业以文化为核心打造品牌。

从不同的视角分析，我们可以发现包装文化有不同的内涵。从广义层面理解，包装文化是指以品牌的核心理念为指引，从整体上理解包装的文化性，即它是把品牌名称、品牌标识等具体要素连同产品的包装一起体现出来的一种品牌文化。而从狭义层面理解，包装文化就是指经过设计来体现品牌视觉策略的包装装潢本身。

现代社会中的包装具有独特的文化魅力，它以鲜明的时代性、深厚的民族性和普遍的人类性，以蓬勃旺盛的发展态势传播文化信息，活跃文化事业，繁荣社会文化，美化社会环境，建设精神文明。它的存在，不仅影响着社会成员的经济观、消费观，影响着消费者的主观偏好、购买行为，还影响着消费者对世界、社会、人生的基本观念。可见，产品包装为现代社会的政治、经济、文化注入了丰富的活力。产品包装已将实用、装饰、艺术、欣赏、情感等因素整合为一体，其使用价值和文化附加值已实现有机统一。产品包装不仅是一种商业行为或经济宣传形式，也是一种具有文化意义的信息传播方式，甚至是一个时期社会文化的生动缩影。

2. 产品包装设计

产品包装是能带给消费者最直观的感受的，各个企业的产品包装千差万别，但都在向消费者传递着自身的品牌信息[①]。有些企业的产品包装非常独特，消费者一看到这种类型的包装就会想到这个品牌，如雪碧的绿色瓶身。企业在进行产品包装设计的过程中要考虑很多因素的影响，汇总多个因素后制作出的独特包装，能使消费者从中感受企业的品牌文化。本部分重点从文化的视角分析产品包装设计。图 5.6 所示为各类手机品牌的包装。

图5.6 各类手机品牌的包装

---

① 刘若根. 浅谈传统文化元素在产品包装设计中的应用 [J]. 美术教育研究，2019（17）：72-73.

（1）产品包装设计的审美表现形式

产品包装设计的审美表现形式主要指形态、色彩、材质。

第一，形态。形态可以将产品的内在价值展现出来。产品的包装一般都可以显示出产品所代表的实际价值。包装的形态不仅要易于被大众所认知，也要易于辨认。好的包装通常能够直击消费者心灵，让消费者一看到就肯定产品的价值从而产生消费欲望。例如，一些卡通洋娃娃的包装很可爱，往往能直击小女孩儿们的内心。

包装的视觉形象绝对不是单纯把产品的内涵直观地表现出来，往往还增添了独特的创造性。它包含着人类的创造性和对天真美好的想象，是一种符合消费者审美的形象。科学研究表明，消费者看到的产品包装的视觉形象往往涉及两者在本性上的深层交流。

第二，色彩。色彩具有一定的社会心理效应，因为人的知觉都有恒常性、组织性、联想性、主动性，色彩的心理效应是发生在人与色彩之间的感应形式。[1]消费者看到色彩就会想到一些抽象的东西。不同国家的消费者可能对同一色彩的感知存在明显的差异，因为他们所处的成长环境不一样，民族背景有差别。例如，中国人把红色当成喜庆的颜色，婚房几乎都是以红色为主进行装饰的，春节期间的很多产品的包装都为红色，让人一看到就能够感受到喜庆的气氛，但是对于西方来说红色通常代表着牺牲。

日本色彩学专家大智浩曾对包装的色彩设计做过深入的研究，他在《色彩设计基础》一书中对包装的色彩设计提出了8点要求，分别为可识别性、象征性、和谐性与代表性、顾客可接受性、明视度、叠放效果、不同环境中的活性、不受印刷限制，满足以上8点的色彩设计才称得上完美。[2]

第三，材质，即产品用什么材料进行包装。不同国家、不同民族以及不同地区对包装材料的选择存在差别。[3]中国很多产品的包装都以木、纸、竹等为原材料，选用的材料一般都比较自然化，比如端午节包粽子的粽叶、装产品的纸袋子等。相对而言，消费者会更加喜欢选用从这些材料制成的产品包装而不是塑料包装。因为这些产品包装中也蕴含着中国的传统文化，蕴含着浓厚的乡土人情，比用工业材料制成的包装更值得信赖。图5.7所示为三只松鼠的年货礼盒。

①　谢秋兰，雷芸. 浅议现代包装设计中的色彩运用 [J]. 艺术科技，2013，26（5）：159-160.
②　许灵. 论包装设计色彩应用的原则和方法 [J]. 美术教育研究，2017（8）：67.
③　徐刚. 包装艺术设计中的物质文化与文化结构 [J]. 艺术与设计（理论），2010，2（1）：19-20.

图5.7 三只松鼠的年货礼盒

包装设计不仅代表着物质形象，更加体现着品牌的文化内涵。它代表着设计者对产品与人类社会的看法与认知，更代表着一种文化形象，所以设计者要提升设计主体的文化传播性能，完善以包装为代表的文化传播机制。美国文化学家克拉克指出："文化包括各种外显或内隐的行为模式，并构成人类群体的出色成就，包括体现于人工制品中的成就。"[①] 在进行包装设计的过程中，设计者既要考虑民族性、历史性、文化性，也要考虑当前的现实背景、世界文化与功能性。这样设计出来的产品包装才能赢得国内外消费者的认可，才能有利于激发消费者的购买欲望，进而在营销过程中赢得成功。

（2）产品包装设计的文化形态

产品包装设计的文化形态主要可以从以下3个层面来认识。

首先是物质文化层面。它是包装设计文化的表层，包含了设计文化要素的载体，设计者可以直接把握到的具有实体性的物质形态；它与消费者的最基本的需求相关，具有其最基本的保护商品、方便储运、促进销售等多方面的实用功能；它具有物质性、基础性、易变性的特征。

其次是制度文化层面。对产品进行包装设计，从本质上来说是一种社会性活动。同类型的产品经过经年累月的发展，其包装往往体现着固定的行业规范。也就是说，大家对于市场上的同类型产品的包装都会按照某些政策和规章进行设计。之后，企业会逐渐深化社会制度规范。虽然这种活动从表面上看与制度规范相关，但在本质上也是一种社会文化的交流。

最后是精神文化层面。精神文化是人类在长期的物质生活中形成的意

---

① 赵丽丽. 论多元文化语境下的中国包装设计 [D]. 石家庄：河北科技大学，2009.

识形态，没有物质层面的可视性。它在产品的包装设计中就体现为消费者在消费过程中的购买欲望和能否达到预期效果等情绪和思想上的刺激。例如，在现代包装设计中，将我国的一些产品和传统文化元素巧妙地结合在一起，可以彰显产品的文化内涵，有利于传达一些特定的人文精神和理念，从而提高消费者的审美情趣，吸引消费者。图5.8所示为富含中国传统文化元素的农夫山泉东方树叶红茶饮料包装。

图5.8 富含中国传统文化元素的农夫山泉东方树叶红茶饮料包装

在上述三重文化结构层面中，物质文化层面和制度文化层面是可以明确看到、了解到的，而精神文化层面是看不见、摸不着的，对于包装设计者来说是比较难展现的。在对产品包装进行设计的过程中，设计者要积极观察消费者的思想文化认知，从与消费者连续的互动中掌握精神文化层面的内容，从而设计出令消费者满意的包装。

四、让消费者全方位感知品牌之美

（一）视觉要素与品牌文化

1. 工业企业品牌视觉要素

品牌视觉将品牌的理念视觉化，视觉要素的具体内容非常丰富，包括最为基础的视觉要素如品牌名称、品牌标识、产品包装、产品外观与形状、颜色和字体等；商务用品如名片、合同书等；视觉媒体宣传要素如各类广告、宣传资料等；环境视觉要素如企业的厂区规划、建筑布局、厂房样式、卖场环境（如专卖店）、环境绿化美化等；品牌网站、公众号、App等。各类视觉要素从不同侧面向外界展现和传递企业的品牌价值观念，折射出企业的精神面貌、管理风格、审美意识与内容。

　　品牌名称与品牌标识、产品包装在视觉要素中和品牌文化建设中占有重要地位，前文已经单独进行了论述，由于篇幅所限，本章将重点对这些视觉要素的其他方面展开论述。

2. 工业企业品牌视觉要素与品牌文化

　　产品外观与形状一般要体现功能价值和审美价值，而且从趋势上看，审美价值及由此传递的价值理念越来越被人们重视，比如不同品牌的汽车在外观和造型设计上往往会体现出品牌理念上的差异。例如，沃尔沃的"简约中的豪华"理念：提倡简约而不简单的设计，前进气格栅、大灯、车标、轮圈等注重展现直观风格；与其他汽车企业增加汽车装饰的做法相反，沃尔沃更注重技术和手工方面的细节，用高品质材料包裹内饰，采用外观冷色调、内饰暖色调相结合的方式。沃尔沃悬浮式中控台的设计灵感源于北欧家具中一款椅子的造型和 B&O 遥控器的按键布局，拥有珠宝的质感和斯堪的纳维亚式豪华，从造型到功能设计，无一不贯彻了北欧简约豪华的理念。

　　颜色和字体，尤其前者是视觉要素中极为活跃的内容，一方面它会给予人们最为直观的视觉上的首次冲击，另一方面往往会被应用于设计要素的各个方面，如品牌标识、产品包装、产品外观、环境等。例如，可口可乐选择了红色作为企业品牌的主色调。在中国，红色寓意吉祥、欢乐、幸福、美满，能够表达出人们对生活舒适、蒸蒸日上的美好向往。由于具有广泛的认知基础，红色在节庆时会被广泛运用；同时，很多企业也会把红色作为企业品牌的主色调并加以运用。文字传递信息具有精准性，品牌文化中对文字的运用必不可少，而字体的选择、设计也同样重要。因此，企业往往会对颜色和字体有专门的要求，即要使用标准色和标准字，以达到传播品牌理念的精准、统一。

　　商务用品是企业对外交往中的重要载体，它一方面会把诸如品牌的标准色、标准字、品牌名称、品牌标识等直接展现给商务对象，另一方面也会把品牌文化理念传递给对方。

　　视觉媒体宣传要素则体现了企业对品牌理念的直接诉求，尤其是借用广告的手法，使视觉要素运用得更为丰富、更为专业，将品牌文化理念表达得更为精准。

　　环境视觉要素包括两个方面：一个是企业内部厂区内外部环境，这部分向一般消费者和公众展示的机会相对较少；另一个是企业的卖场环境，如专卖店、专柜等。环境视觉要素往往会使消费者置身其中，体现出消费者与企业、品牌的亲密接触，这种烘托效应能够使环境视觉要素传递品牌文化理念的效果更为直接，并能够使消费者有更为具体的体验。例如，一些电子产品制造企业的厂区、厂房、环境、专卖店、专柜等的设计特别能够体现出科技元素的运用；而有些环保设备制造商则更关注环保理念的传达；家居用品、医疗保健品在环境视觉要素的展现上则更关注以人为本和健康理念的表达。

从严格意义上说，和媒体视觉要素一样，网站、公众号、App 并不是纯粹的视觉要素，它们是对多要素的综合运用。网站、公众号、App 也属于媒体的一种，之所以要对后者进行单独分析，目的是将它们与传统的媒体要素区分开来。尤其是在当今移动互联网飞速发展的背景下，它们在未来的应用领域、方式也会更为广泛、多样，应用场景也会更为丰富，而且对品牌文化理念的传播作用也会更为直接，并呈现出新的特点，所以有必要对其进行专门的分析。网站、公众号、App，尤其是有关移动互联网的应用，可以对品牌的视觉要素进行复合、集成运用，并能够即时地展现在消费者面前。尤其是移动终端具有与消费者"贴身"的特性，能够基于消费者所处的特定情境使品牌与消费者产生直接互动与情感共鸣。因此，产品或企业品牌所要传递的品牌文化理念、价值更具临场感，对建立品牌社区、对品牌形象进行人格化塑造起到了前所未有的作用。

（二）听觉要素与品牌文化

1. 工业企业品牌听觉要素

工业企业品牌听觉要素主要包括音量、音调和节拍等，具体要素的运用极为丰富，比如电子产品中的开机音乐、按键音、提示音等，某些设备的警示音、汽车的鸣笛声等，还有品牌在商务沟通环节的电话语音等。尤其值得注意的是，在产品或品牌的广告中，广告音乐对听觉要素的运用更为丰富。

2. 工业企业品牌听觉要素与品牌文化

声音或音乐形象的构成包括"四大要素"，即音色、音高、节奏、速度。这四大要素的混合造就了千变万化的音乐形象，进而对人们产生了不尽相同的听觉影响，也可以说这是音乐魅力的核心所在。听觉要素与其他要素相得益彰，但听觉要素直接作用于人的听觉器官，其共鸣效果最为直接。例如，不同的手机品牌，都有其独特的、辨识度极高的来电铃声；不同的汽车品牌，也都有其独特的汽车鸣笛声和广告音乐，尤其是广告音乐，时刻在向消费者传递其独特的品牌文化理念。

（三）触觉要素与品牌文化

1. 工业企业品牌触觉要素

工业企业品牌触觉要素主要包括材料与质地，这些要素往往能够与消费者产生直接接触，或者即使不产生直接接触，通过对其他感官的刺激也会使消费者产生触觉联想。例如，对不同材料或质地的单独或组合运用，在材料表面喷涂的涂料或模拟质地图案，都会使人产生不同的触觉联想。

2. 工业企业品牌触觉要素与品牌文化

触觉往往需要消费者与产品直接接触才能产生，消费者直接接触产品会使其产生对产品最为直观的感知。例如卫浴品牌产品，往往希望传递一种温馨的触觉体验，从而体现出品牌对个体的贴身关怀；越野车的内饰材质往往强调坚实、耐用的触感，以衬托驾乘人员的硬汉形象或健硕形象，强调舒适性的乘用车的内饰材质则强调柔软的触感。材质的组合运用，结合其他感知要素，能让不同品牌展现出自己独特的品牌文化定位。

（四）味觉要素与品牌文化

1. 工业企业品牌味觉要素

味觉要素往往与食品工业和产品有关，例如特定产品的口味，典型的有饮料、冰激凌等。随着食品添加剂的广泛使用，品牌的味觉要素的能动性也得到了更好的发挥。当然，除食品外，其他产品由于采用不同的基材或装饰材料，往往会散发出不同的气味，也会给消费者带来对品牌或好或坏的不同印象。如汽车内饰，有的品牌为了节约成本，选用劣质材料，导致车内空气质量不达标，车内充斥着极其刺鼻的气味，给消费者带来极其负面的品牌印象。

2. 工业企业品牌味觉要素与品牌文化

味觉要素在品牌文化建设中的运用广泛性虽不及其他要素，但不可忽视的是，味觉的特点是它的产生需要味觉器官与产品发生深入的接触，即有赖于嗅觉和味觉细胞与食品或其他材料产生接触，而这种体验的反馈非常即时，且存在不可复原性，反馈的评价也带有很大的不确定性。因此，涉及味觉的要素往往需要引起品牌所有者的特别关注。以口味为要素的品牌，产品的口味一旦被消费者接受，品牌所有者要想改变口味，就要特别慎重。例如可口可乐曾经策划对传统的配方进行调整，使口味发生相应变化，但实践证明，那次策划是失败的，新口味没有得到消费者的认可，因而不得不及时恢复使用传统的配方和口味。

品牌的味觉要素要配合其他视觉要素、听觉要素，辅以特定的文案设计和陈述表达等，尤其对于食品来说，能很好地将消费者带入一种消费情境。例如可口可乐通过全景展示个人运动时和运动后的场景来展现其产品的冰爽口感，体现出品牌的特定品类产品对青春、健康、自由、奔放个性的主张，而这种主张恰恰能够代表其文化诉求。

3. 案例：德芙对"丝滑"的诠释

一提起"德芙巧克力"，人们自然会联想到"丝滑"二字。其实，这与德芙巧克力通过包装、广告等手段精心传递的品牌物质文化是分不开的。比如德芙巧克力的经典广告语"牛奶香浓，丝般感受——德芙巧克力""心随心动，愉悦丝滑，愉悦随时随地，享受心随时随地的愉悦——德芙巧克力""发现新德芙更多丝滑感受更多愉悦惊喜——德芙巧克力"，都以"丝滑"作为广告语的关键词。此外，德芙巧克力在广告中通过情节、画面、音效，对视觉要素、听觉要素、触觉要素、味觉要素进行综合运用，让广告受众切身感受"丝滑"（见图5.9）。再如德芙巧克力旋涡篇广告，从以往的"聆听德芙丝语"，到如今的倾尽全力策划，德芙巧克力以其独特的创意及别具一格的制作技术拍摄，带给消费者全新的"丝滑"感受。当低沉、感性的旁白配合优美的吟唱音乐，渐渐引出缓缓旋转的巧克力旋涡，它有丝般润泽的质感，如清泉般流畅的律动；这个地地道道的巧克力旋涡不停地旋转，加上纯美牛奶的加入，巧克力加牛奶的美妙结合有如一首慢版爵士舞一般的悠扬动人，它渲染的美妙感受吸引广告受众进入一个纯粹的牛奶巧克力的世界。之后成型的巧克力块从香浓诱人的旋涡中飞出，让广告受众想先尝为快的冲动再也按捺不住。这场完美的演出，将视觉与味觉的诱惑带至最高点，让广告受众宛如经历一场美好的巧克力飨宴，这就是德芙想呈现给消费者的全新体验。

图5.9　德芙巧克力对"丝滑"的诠释

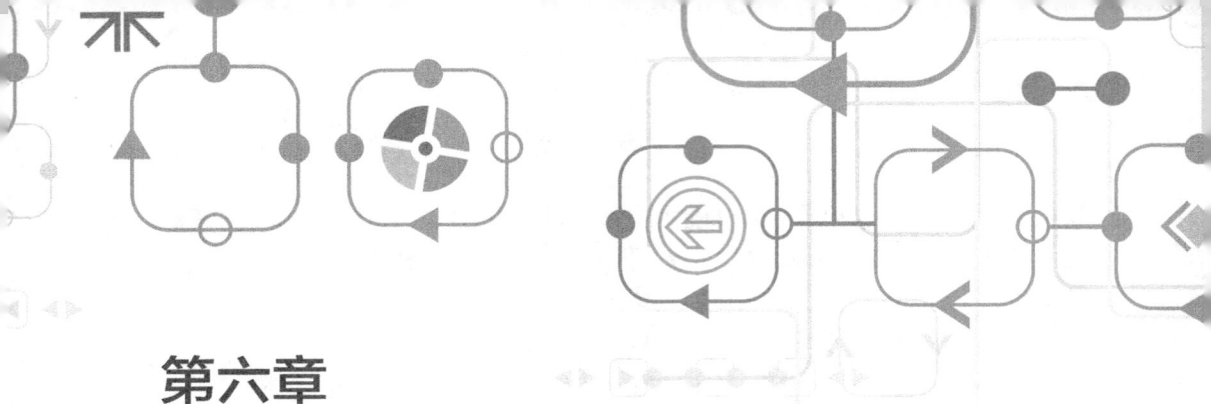

第六章
工业企业品牌制度文化设计

一、不以规矩，不能成方圆

（一）企业制度文化

说到企业制度文化，我们首先需要了解企业制度这一概念。企业制度是企业为了达到某种目的、维持某种秩序，而人为制定的程序化、标准化的行为模式和运行方式，形式上，它显示为企业的一些行为规范。[①] 企业制度具有强制的约束性，规范着企业中从高层到基层的每一个人，企业的工艺操作规程、各项规章、经济责任制、考核奖惩制度都是企业制度的内容；而企业制度文化强调的是在企业生产经营的活动中应建立一种让广大员工能够自我管理、自我约束的制度机制，这种制度机制使广大员工的生产积极性和自觉能动性得以充分发挥。

企业制度和企业制度文化是不同的概念，企业制度未必都能形成企业制度文化，也不是企业制度所涉及的内容都要形成企业制度文化，企业将人文管理与制度管理有机结合，使企业制度的刚性接受人文化的改造，将员工被动接受企业制度变为员工普遍形成心理认同，营造出良好的企业制度文化氛围，使企业制度文化成为一种习惯性意识并根植于每一位员工的头脑中，从而形成企业的独特优势和软实力。相反，如果企业制度的内涵尚未被员工从心理上接受，制度本身仅仅表现为一系列的管理规范，而且极易引起员工的抵触心理，就说明该制度本身只是对员工的外在约束，是基于信任危机的存在而产生的。所以只有当企业制度的内涵被员工从心理

---

① 宋冬梅. 企业文化建设中的制度创新与人本管理 [J]. 企业改革与管理，2017（6）：148.

上接受并自觉遵守时，制度才能变成一种文化。

在企业中，企业制度文化发挥着重要的中介作用。企业制度文化是企业精神文化和企业物质文化的重要中介，外在表现为人与物、人与企业运营制度的结合，它既是人的意识形态与观念的反映，又是由一定物的形式所构成的。[①] 企业制度文化既是适应企业物质文化的固定形式，又是塑造企业精神文化的主要机制和载体。正是由于企业制度文化具有固定、传递功能，所以它对企业文化建设具有重要作用。

不以规矩，不能成方圆。任何企业都要有一套制度体系，通过制度体系作规范员工的行为，实现企业的经营目标。人是富含思想的独立个体，有一般的价值观念，情感认知也有内在的可塑性，其可以在组织中通过学习改变自己对制度的认知，形成对制度的认同。企业制度文化作为企业文化中人与物、人与企业运营制度的中介和结合，是一种约束企业和员工行为的规范性文化。文化本身是柔性的，当它与企业制度相结合时，就形成了员工对制度规范价值的普遍共识，由此为企业的生产运营带来了更大的确定性，便于企业应对复杂多变、竞争激烈的外部环境，从而保证企业目标的实现。

企业制度文化主要包括企业领导体制、组织结构和管理机制 3 个方面。企业领导体制的产生、发展、变化是整个社会生产力发展变化、国家经济制度变迁、企业生产发展的必然结果，也是文化进步的产物。企业组织结构是企业文化的组织载体，二者相互影响、相互促进、共同发展。企业管理制度是企业在进行生产运营管理时所制定的、起规范保证作用的各项规定或条例。

（二）品牌制度文化

制度层次是品牌文化的中间层次，品牌制度文化主要指与品牌经营理念和管理哲学相适应的规章、制度、组织机构等。制度层次对企业内部所有成员的所有行为具有制约作用和规范作用，它集中体现了物质层次和精神层次对品牌成员行为的要求，是以书面形式存在的品牌文化。

任何企业要抓住机遇，迎接挑战，都必须以优秀的企业文化来塑造与提升企业的品牌形象，丰富企业的内涵。在一个企业中，品牌制度文化作为企业文化的重要组成部分，也是企业管理工作的重点。企业都希望自身能借助品牌制度文化来实现企业管理、产品营销的质的飞跃。

---

① 张俊伟. 某智能家居产品测试管理和过程改进研究 [D]. 北京：北京邮电大学，2014.

我们很容易理解这样一个道理：当一个企业的外部形象严重受损的时候，企业内部同样会面临严重的信任危机；同理，当一个企业的外部形象非常好的时候，企业内部同样可以感受到强烈的自豪感。在信息快速传播的时代，企业不是封闭的，而是一个开放的社会单元。我们必须清楚，只有当内部与外部的联系和融合非常有效的时候，企业才能够经受住整个社会环境的评价与考验。过于注重内部的品牌制度文化建设，而忽视外部关乎企业形象的品牌文化的拉动作用，是企业经常犯的管理错误。一家优秀的企业，其卓越的企业文化力不仅是内部品牌制度文化建设的成果，也是外部品牌文化发挥其强化作用的结果。在企业中，品牌制度文化的建设体现在企业内部的日常经营管理中，而品牌文化体现在企业的对外宣传上。因此，企业应整合两者的优势，将企业品牌理念有效地传递给消费者，进而占领消费者的心智。然而，很多人对企业文化的认识始终停留在内部管理上，忽视了它在社会公众、消费者中可能产生的积极作用。正是这种狭隘的认识和实践，导致很多企业对内采取一种做法，对外采取另一种做法，企业内外部不协调导致的矛盾和冲突损害了企业文化理应产生的综合效能。任何一家面向未来的企业，都需要内外兼修企业文化。对于那些倡导将"社会价值需求"的满足作为成功商业模式的企业来说，更需要实现内外部企业文化价值的统一。

二、企业领导体制与品牌制度文化

（一）企业领导体制

企业领导体制是企业领导方式、领导结构、领导制度的总称。[①] 在企业制度中，企业领导体制影响着企业组织结构的设置，制约着企业管理的各个方面。因此，企业领导体制也是企业制度的核心内容。同样，由于制度的引领作用，企业领导体制中的领导制度在一定意义上决定了企业领导方式和企业领导结构，因而处于企业领导体制的核心位置。

企业领导体制受特定历史条件下经济发展水平、经济制度等因素的影响，因此从历史层面来看，企业领导体制具有时代性特征，反映着不同时代的企业文化。一个好的领导体制，可使企业管理者形成一致的目标、产生强烈的动机并为之努力，并可在员工中产生较强的号召力和影响力。

---

① 李盛. 试论加强制度建设是企业文化落地的重要举措 [J]. 现代商业，2013（12）：103-104.

关于企业领导方式，人们常说，企业文化就是领导者文化，这种表述虽然不够严谨，但也从侧面说明了领导者在企业文化建设中的主导作用，而且事实上在我国企业中，这种现象也确实普遍存在着。在企业运行过程中，领导者的领导方式、示范作用对企业的发展产生着很大的影响。因此，企业在推动制度文化建设的过程中，要注重对企业领导方式的切实转变，要提倡民主、公正、开放、科学的领导方式，反对独裁、专制、封闭、落后的领导方式。改善企业领导方式，能在企业中营造良好的工作氛围，带动全体员工形成积极、高效、团结的工作态度。

关于企业领导结构，它规定了不同企业中不同领导主体或权力主体之间的构成关系和协调与制约关系。随着现代企业制度的深入发展，企业领导结构已经逐步向科学的结构方式转变，其实质是要解决从传统的集权式领导到分权式领导的转变问题。企业在建设制度文化的同时，要尽可能多地完善公司法人治理结构，建立完善、规范的权力制衡机制，坚持以权制权、以监制权，从而实现权力的制衡，只有这样才能真正实现企业决策和管理的民主化、科学化。

关于企业领导制度，它受生产力、经济制度、社会文化的多重制约，特定时期的生产力水平、经济制度状况、社会文化水平决定了企业常常会建立与之相适应的企业领导制度。因此，要加强企业领导体制建设，首先就要完善企业领导制度，制度能规范人的行为，企业领导制度则能规范领导在管理中的行为，提高其管理效率。

从功能角度进行分析，企业领导体制的构成主要包括以下4个方面。

（1）决策系统。它是企业领导体制的核心，是进行领导决策和战略设计的指挥部，一般由企业的最高层领导组成。

（2）参谋系统。它是为决策系统服务的，是企业领导体制的参谋部。

（3）执行系统。它的任务是履行并落实战略决策和行动方案，其主体是企业内部各级部门及其主管人员。

（4）监控系统。它的任务是根据各种信息随时对企业决策的执行进行分析，对企业领导活动的各个环节进行必要的指导和协助。

科学的企业领导体制是企业领导活动有效开展的组织保证。这种组织保证主要体现在两个方面：一是它可以协调领导机构和领导人员的内部分工，二是它可以协调领导者与被领导者的关系。科学的企业领导体制是提高企业整体领导效能的重要因素，并决定领导效能的目标方向和工作效率。同时，科学的企业领导体制也是规范企业领导行为的根本机制。

（二）企业领导体制与品牌文化的关系

企业领导体制对品牌文化具有深远的影响。例如，不同的企业领导风格会直接影响品牌文化的建设与管理，如果企业实行民主的领导风格，企业内部就更容易实现员工之间的自由沟通，员工感受到自己得到了更多的尊重，其积极性得以激发，企业品牌的价值理念就更易被企业的各个员工认同，也更易将企业品牌的价值理念传导到外界，使企业的品牌文化获得更好的推广；相反，专制型的企业领导风格将为企业的品牌文化传播带来巨大的困难，更容易体现出企业领导者的"长官"意志。企业品牌文化的核心内容是企业的核心价值理念，这种价值理念需要通过潜移默化的方式内化为企业员工的心理认同，而专制型的领导风格会造成员工产生抵触心理，从而使企业难以对品牌文化进行有效的构建，难以实现品牌价值的传导。

企业领导体制对品牌文化的影响集中体现在企业的领导文化方面。无疑，企业领导者或企业家在企业品牌文化的构建和培育中发挥着核心作用。企业领导体制的内容包括多个方面，具体如领导者对权力本身的认识，被领导者普遍认可的价值观念、思维方式、权力运行方式、遵循的领导方法论、共同信守的行为方式、态度作风等，也涉及共同倡导的领导精神、希望展现的领导形象、领导魅力等。美国研究企业文化的学者沙因认为，企业领导主要通过重视、调控企业文化，对危机做出反应，角色示范和培训，制定标准和人力资源管理这 5 个环节来影响企业文化建设；另外，还可以通过设计组织结构，确定制度和程序，设计物质形象、故事、传说和寓言等，来塑造和传播企业文化。[①]

约翰·P. 科特与 L. 赫斯克特针对 10 家美国企业的文化变革工作进行了追踪调查，调查结果表明这类组织内部的重大改革项目都是自上而下的施行过程。[②]二人将导致这一现象的原因归结为以下两点：首先，文化的革新势必会因员工们的各种惯性而受到强力的抵抗，因此只有来自高层管理人员的强权才是文化变革工作得以顺利推行的最大保障；其次，企业内部为数众多的各个部门相互之间逐渐发展出一种依存关系，这就造成了"牵一发而动全身"的局面，因而也就只有管理高层才能发起全局性质的改革，进而对个体部门进行革新和完善。品牌文化的一大特征是它不单纯是企业内部文化，而需要借由企业在精准表达品牌文化诉求的基础上，通过

---

① 殷蒙蒙. 沙因组织文化理论研究 [D]. 南宁：广西大学，2019.

② 李志龙. 国有企业文化传承与创新的管理研究 [D]. 福州：福州大学，2015.

采取一系列的品牌文化管理手段，而外化为消费者或其他利益相关者对企业品牌文化的认知，并符合企业自身对品牌文化的诉求。由此，企业品牌文化的内部诉求和来自外部的利益相关者尤其是消费者对品牌文化的诉求往往是不一致的，而企业的高层管理者更多的是将外部因素作为一个参量，其管理重点是调整和利用企业内部因素。

品牌文化的形成过程本身就是对一个企业的发展历程和企业面临的外部环境、企业愿景、价值观、核心业务不断地总结与提炼的一个过程。企业家作为一个企业领导者，会依据自身的知识储备和经验积累，尤其是运用自身概念技能来对企业的成长过程进行梳理，研判过去经营过程的得与失，进而确定品牌文化的准确定位。同时，企业领导者日常的行为规范和处事方式也要符合借助新兴品牌文化塑造出来的各种共同价值观的要求，并且要建立并带头遵守各种品牌文化规章制度。

三、企业组织结构与品牌制度文化

（一）企业组织结构

组织即由若干个人或群体所组成的、有共同目标和一定边界的社会实体。企业为了实现组织的目标，需要对组织成员重新进行空间安排，以适应业务流程和协作的要求。组织结构描述了组织的框架体系，是企业为了有效实现企业目标而筹划建立的企业内部各组成部分及其关系。[①] 企业组织结构在一定意义上表现出被动适应性，即它要适应市场竞争、经营管理的需要。同时，它也具有自身的稳定性和能动性。企业组织结构一旦确立，就使各组织要素形成了相对严密的联结关系，具有一定的刚性；组织并非被动地适应环境，它会主动规避环境中的不利因素，或努力对环境施加影响，使环境在一定情况下朝对自己有利的方向转化。企业建立什么样的组织结构受到多方面因素影响，具体如企业领导体制、企业环境、企业规模、企业目标、企业生产技术及员工素质、企业管理的特点等。但是，企业组织结构设计必须有利于企业目标的实现。

从趋势上看，科学的企业组织结构设计越发体现出分权的重要性。尤其是在当今市场环境多变、竞争日益激烈、消费者需求特征日益复杂多变的背景下，下放权力能增强部门工作的自主性、灵活性和创新性，最大限

---

① 褚双明. 关于在华外资零售企业的企业制度文化研究 [D]. 天津：天津大学，2013.

度地发挥部门成员的作用，以提高管理效率和组织效能，有效实现企业的经营目标。同时，信息技术的广泛运用，也为企业组织结构设计提供了新的参量，它使组织中不同职能部门间的沟通更为便捷，减少了信息不对称，既能更好地实现资源共享，也能提高不同部门之间的协作效率，减少企业内耗。

企业组织结构设计应把握以下 3 个原则：首先，企业组织结构设计要与企业的发展战略相结合。企业的不同发展战略说明企业要实现的目标是有差异的，而企业组织结构设计无疑首先要考虑其是否有利于企业目标的实现，即使企业的不同战略目标间存在很大的相似性，企业的资源条件也是有差异的。因此不同性质的企业组织结构必然是不同的。其次，企业组织结构设计要根据企业外部环境的变化而变化。虽然企业组织结构具有相对的稳定性，但并不是一成不变的，尤其是在当前以变革为特征的环境下，它要与企业所处的环境相适应。环境变了，在适当的时机，企业组织结构也要做出及时的调整。科学的企业组织结构并非毕其功于一役，它只能在特定的时间、特定的环境下推动企业的发展。最后，企业组织结构设计需要设置合理的人员控制界限。企业在设置人员控制界限时，应对人员素质、职务内容、沟通渠道、追踪控制等方面进行综合考虑。

企业组织结构设计涉及以下 3 种制度。

（1）业主或公司经理负责制。业主或公司经理负责制是指要充分发挥业主和公司经理的作用。企业的各种品牌活动主要靠业主或者经理来主持大局，直接由高层负责，对一些层次不高的小活动，经理才可能会交给下属去管理主持，这种制度本质上是集权型负责制。这种制度的优点是信息的传递和效具的反馈都非常及时，负责人可以直接了解到实时的情况。虽然这种制度很好，但是其使用范围比较狭窄，主要适合那些品牌不多并且规模较小的企业，对于大型企业来说，负责人是处理不了那么多的工作的，对品牌的长久发展也是有危害的。

（2）职能管理制。职能管理制是指在企业高层管理者的统一领导下，企业把各个品牌的管理分给各个职能部门，由各个职能部门来管理，这些部门履行各自的管理职能，在拥有某方面管理权力的同时也要承担相应的责任。这个管理制度的优点在于，由专业人员管理有助于提升管理品牌的水准。但是如果各个职能部门不能很好地沟通，或者品牌出现交叉时，就容易出现管理人员互相推卸责任的问题。

（3）品牌经理制。品牌经理制始于普罗特 - 甘布尔公司，这个制度本质上是为每个品牌选择对应的品牌经理，该品牌经理要负责该品牌产品从生产到销售的全过程，并且还要积极促进品牌新产品的研发，要通过各种方法提升所管理品牌的社会知名度。①

品牌经理的主要职责有：制定新产品的研发方案，敦促实施；选择适合的精英策略；制定营销计划；和经销代理商商谈促销方案；鼓励分销商和经销商支持品牌产品，根据社会的发展及时敦促新产品的开发，调整营销策略、提升产品质量；等等。其他部门要积极配合品牌经理的工作。

一些大型企业通常有众多品牌，设置品牌经理有利于满足品牌纵深发展的需求。品牌经理可以深入地了解所管理品牌的方方面面，从而制定出有利于品牌长远发展的策略，这有利于企业各个品牌实现长效发展。② 品牌经理制对品牌经理的要求较高，企业需要注意对品牌经理的培养。

（二）企业组织结构对品牌文化的影响

组织结构对以竞争优势为导向的企业文化建设有着两方面的影响：一方面，合理的组织结构将为以提升竞争优势为目标的企业文化建设提供一个有效运营的平台，促进企业文化建设活动围绕竞争优势开展。最佳的组织结构有利于企业价值观的应用、企业文化的传播与扩展。另一方面，不合理的组织结构会成为企业文化建设目标实现的障碍，通过对员工态度和行为模式的影响，阻碍企业文化的创新和变革。③

企业组织结构对于品牌文化的影响同样巨大，不同的企业组织结构对企业各成员的行为和组织绩效有深远的影响。企业组织结构应该与品牌文化定位相适应。从严格意义上说，不同企业的品牌文化定位适应于不同的企业组织结构，这也与企业的业务类型、业务特点、品牌的国际化程度、企业所处的发展阶段、品牌战略密切相关。

品牌文化的传导易于与宽松的、能对市场变化做出快捷反应的扁平的企业组织结构相适应，当企业组织结构过于纵深、不同组织的链条缺乏联系时，品牌文化的理念就很难得到传导与灌输。

品牌文化不同于企业文化，它们既有区别又相互联系。品牌文化的设计要围绕企业文化中的制度文化的内容展开，同时需要依据品牌文化在企

---

① 邹宏基. 品牌管理的传统模式与未来趋势——兼谈中国企业品牌管理现状 [J]. 现代企业，2018（9）：15-16.

② 王建功. 品牌蓝皮书：中国企业品牌价值评价报告（2018—2019）[R]. 北京：社会科学文献出版社，2019.

③ 刘建成. 德邦物流公司企业文化建设研究 [D]. 湘潭：湘潭大学，2012.

业中的地位、重要作用，对企业制度进行同步梳理。

任何一个企业或组织都处于一定的社会环境中，社会环境中存在的传统文化或民族风俗都会对企业组织结构和品牌文化产生深远影响。中国传统文化强调集体观念，注重家国情怀。《礼记·大学》："古之欲明明德于天下者，先治其国；欲治其国者，先齐其家；欲齐其家者，先修其身；欲修其身者，先正其心；欲正其心者，先诚其意；欲诚其意者，先致其知，致知在格物。物格而后知至，知至而后意诚，意诚而后心正，心正而后身修，身修而后家齐，家齐而后国治，国治而后天下平。"所谓格物、致知、诚意、正心是修己，是自我管理；所谓齐家、治国、平天下是安人，是家庭管理、企业管理、行政管理、教化管理。修己和安人是相互沟通的。

四、企业管理制度与品牌制度文化

（一）企业管理制度

制度是任何一个社会及组织团体正常运转都必不可少的因素之一，是企业进行正常的生产经营管理的强有力保证。企业管理制度是实现企业目标的强制措施。企业为实现目标，在生产管理实践活动中制定了各种带有强制性义务并能保障一定权利的各项规定或条例，包括企业的人事制度、生产管理制度、民主管理制度等一切规章制度。[①] 对员工行为的规范约束是企业管理制度的一大作用，它强制员工遵守制度所规定的行为准则。作为有力措施和手段，企业管理制度对实现企业目标发挥了重要的作用。作为一种强制手段，它统一、规范了企业员工的行为，一方面使员工个人的活动得以合理进行，另一方面维护了员工共同的利益。企业管理制度设计得科学、合理，运用得当，会使企业员工的积极性得到充分调动，能激发员工的主观能动性。优秀的品牌制度文化要以科学、完善、实用的企业管理制度为基础，二者相互促进。

当然，企业管理制度不能照搬照抄，制定时一定要从企业的经营实际出发，充分考虑企业内外部环境，既要考虑宏观环境，也要考虑行业环境，同时还要考虑企业自身的条件，具体如区域文化、人文特征、所处行业的特点、企业的技术条件、人力资源条件等。

企业管理制度的制定必须遵循一定的原则，具体包括以下 5 种。

---

① 柳士发. 建立有文化特色的现代企业制度 [N]. 人民日报，2015-10-09（24）.

1. 合法性原则

企业是在特定的国家范围内开展经营活动的，企业的经营活动也一定受到特定国家的法律、法规、政策的规制，因此在制定企业管理制度时，企业首先需要考虑的是不能与国家的法律、法规、政策相抵触，而且要全面彻底地贯彻有关法律、法规和政策的要求，否则企业的经营活动将面临巨大的法律风险。也就是说，企业只有遵循合法性原则，才能保证企业管理制度的合法性。

2. 平等性原则

好的制度应对企业所有员工都具有同等且硬性的约束力，企业管理制度是全员的制度，从制定到执行都要遵循平等性原则。制度制定的过程要民主、公正和规范，要让企业的全体员工共同参与到企业制度的建设活动中，而且整个过程对民主性和规范性要有充分保障和体现。更为重要的是，制度必须是公正的，它不是企业领导的单方意志，而是全体员工的一般意志。同时，制度的执行要有公平性、激励性。因此，在制度执行过程中，要坚持公平性和激励性相结合。坚持公平性可以减少制度执行过程中所遇到的阻力，坚持激励性可以促使员工主动自觉地去遵守和维护制度。

总之，企业管理制度不能简单地理解为是一种自上而下的强制性约束规范，尤其是在民主化管理的氛围中，更要强调制度面前人人平等。制度的权威性要通过企业上下共同维护，只有上至企业高层，下至一般员工都受到制度的约束，都自觉地遵守和践行制度的规范要求，各项制度才能得到更好的落实。

3. 可行性原则

好的制度文本不等于好的制度，判断制度好不好关键是看制度是否实用、可行。再好的制度，如果不能落实、不能与企业的经营实践完美结合，都只能算作空谈。一个制度如果没有可行性，就形同虚设，不仅不能为企业管理带来帮助，如果强制推行、落实，甚至会给企业带来混乱。因此，为了让制度切实可行，制度建设要立足于企业的实际，与企业的战略目标相结合；同时，制度建设也是一个循序渐进的过程，不能过于激进，要充分考虑企业的实际；制度建设要能为企业决策提供保障；制度建设要与员工的职业发展结合起来；制度建设要能推动管理与工作效率的提高。

4. 严肃性原则

企业各项管理制度一经正式推行，就要严肃落实。不论是企业的领导还是普通员工，在制度面前一律平等，都应照章行事，做到有章必依、违章必究。企业不能对任何人网开一面，否则将严重侵蚀制度的权威性、严肃性。

一旦违背严肃性原则，企业必将陷入管理松懈、纪律涣散的危险境地。

5. 稳定性原则

制度的制定是严肃的，一旦确立，就不能朝令夕改，要体现制度的稳定性。不断变化的制度会体现出企业经营方针、原则的错乱，严重影响人的行为判断，不但会使制度的权威性受到挑战，也会使人心涣散。

（二）企业管理制度与品牌文化的关系

随着人们对企业本质认识的不断深入，人们对企业价值的认识也在不断进化。过去很多人习惯于从企业自身的角度来认知企业价值，如今人们开始将视野转向市场、消费者和用户。从企业的实现价值看，人们已经逐渐认识到，企业的价值不在于管理的价值，而在于企业的市场价值，也就是在于顾客价值的满足，而顾客的价值是多维的，既包括物质层面，也包括精神层面。[①] 品牌文化与企业文化是不能分离的，否则将导致企业迷失市场方向，导致企业因追求自身利益最大化而带来消费者的叛离。如前文所述，品牌文化不是企业的内部文化，它是开放的以市场为导向的文化，这与市场营销思想的演进发展相吻合。品牌文化关乎企业的可持续性发展，是企业市场营销的重要手段。企业管理制度文化是品牌文化得以贯彻实施的有力保证，是提升企业效率、让企业更好地为消费者服务的文化。

从表面看，企业管理制度文化的核心功能是让企业管理自己。品牌制度文化具有导向、凝聚、激励和约束等方面的功能。企业管理制度文化内含品牌制度文化，这消除了制度和条例对员工的非人性阻碍，使员工的精神和价值得以体现。人是企业最为重要、最具能动性的资源，而人不能单纯依靠刚性的制度来约束，更要通过某种深入员工内心的文化的微妙提示来管理。[②] 强有力的品牌制度文化是指导人的行为的方向标。它有助于员工更好地从事他们的工作，特别是通过以下两种途径：一种是告诉员工在绝大部分时间内如何行事；另一种是使员工更加喜爱自己所从事的工作，并更加努力地工作。

企业管理制度往往体现为一系列文本化的规章制度、行为规范，但管理制度本身同时也会包含品牌文化的核心要义，通过品牌文化精神的内化而具有一定价值内涵，为企业所有成员所能遵守，并能够为企业外在的市场或消费者所能感受到的企业管理制度的核心要义。

例如，如果品牌积极倡导诚信与责任的理念，那么企业就会在具体管

① 崔德炜. 现代日用瓷的品牌管理研究 [D]. 北京：中国艺术研究院，2010.
② 戴航. 企业培育人本文化的管理制度研究 [D]. 北京：北京交通大学，2010.

理制度中贯彻落实诚信与责任文化，将诚信和责任的理念贯穿于企业管理制度文本之中，当然最为关键的是能够切实地执行、落实。诚信管理能力反映企业制度文化建设的水平。企业要发展，要进步，就要把诚信作为企业的生命，在细微处不断强化，使之成为企业员工自觉遵守的基本准则，而这种基本准则并不只是一种外在的约束，关键是要内化为员工的心理自觉。由此，对内部，企业要善待每一位员工，真正做到以人为本；对外部，企业要奉行"用户至上""忠实履行""诚信"等服务理念。企业要基于诚信和责任，提出针对性的品牌文化理念，坚持诚信经营，致力于以诚信打造优势品牌，深化信用体系建设。企业只有最大限度地诚实守信，将"诚信"渗透到企业经营的每一个环节，融入每一位员工的意识和行为中，才能建设一个人人信赖的经久不衰的具有强大竞争力的企业。

（三）案例：从"河姆渡稻谷文化"到"五谷文化"

河姆渡稻谷化源远流长、博大精深，宁波五谷金属制品有限公司（以下简称"五谷公司"），浸润其中，收益满满。

五谷公司的前身是一家乡村企业，创建于 1981 年 4 月，其最早的业务很简单，就是为别人生产配件。厂长黄和钦是农民出身，他最朴实的想法就是把厂办好，但配件生产的主动权掌握在别人手里。因此，他想着最好是自己能够生产终端产品。受先祖黄梨州"以民为本"的思想与"河姆渡稻谷文化"的影响，黄和钦选择了生产与人们生活息息相关的厨房用品。

五谷体现了中华文明最接地气的"概念"之一——民以食为天，这一"概念"一直与中华民族的繁衍生息紧密相连。早在 1985 年，五谷公司创始人黄和钦就开始构思设计"五谷"商标。通过几十年的艰苦奋斗、进取感悟，黄和钦将"五谷理念"与"河姆渡稻谷文化"糅合，逐步形成五谷公司企业文化的精神内核：

五谷"使命"——为人类健康贡献当下；

五谷"愿景"——为人类健康成长百年。

在河姆渡遗址发掘出土的 40 多万片陶片，揭示了 7000 年前余姚的先祖就开始使用陶质的炊具和饮食容器的事实。

从原始时期的石器和陶器，夏商时期的青铜器和瓷器，到秦汉时期的漆木器、釉陶器，唐代的金银、玻璃器皿，再到宋代的陶瓷器……我国的炊具历经 7000 年的演变，才发展成为如今的主流炊具：不锈钢、铝器……具有 7000 年炊具历史的河姆渡地带，其第一只铝质炊具就诞生于五谷公司。

五谷公司创始人黄和钦深受河姆渡稻谷文化的熏陶，先贤王阳明、黄宗羲思想的影响，一直以来，五谷公司将创造物质财富与精神财富并重，在潜移默化中积淀、丰富着"五谷文化"。

30多年来，五谷人在董事会的引领下，以铸造"精铝世界"为初心，坚定不移地"走在精品之路上"……

创业如同逆水行舟，"不进则退"的规律不会变，但"怎么变"的战略战术中蕴含着"变则通"的智慧。对五谷人来说，不变的是使命和愿景，是天道酬勤——"艰苦奋斗再创业"是五谷人永恒的精神追求；不变的是"敬业、自信、和谐、传承"的核心价值观；不变的是"塑五谷品牌，走精品之路"的战略方向和以"精品制造"为主线的战术思维。

在保持宏观战略方向不变的前提下，五谷人追求的是"新工匠精神"——运营管理的精进，是勤劳图"新"，是"苟日新，日日新，又日新"……

2019年开始筹划并于2020年1月创办的"五谷工匠学堂"，本着不断提升干部队伍的管理能力、可持续性培育五谷工匠（专业技能）、提高新进劳动者的作业技能的宗旨，致力于为五谷公司有的放矢地逐步培育、储备人才，提升管理绩效，为五谷公司的健康成长保驾护航。

2019年，五谷公司成为《铝及铝合金》商用大铝锅行业标准修订的起草单位、浙江省"隐形冠军"培育企业。在世界经济形势多变的大环境下，五谷公司迎难而上，营业额突破亿元，其产品在美国市场的占有率达到60%、在日本市场的占有率达到30%。

2020年，五谷公司研发的防疫产品WG-A铝合金消毒锅被列入宁波市重点产品推荐目录。"宁波五谷""黄和钦"双双入选宁波"品牌产品、品牌人物"，"五谷"品牌入选"2020最具潜力宁波新品牌TOP20"中的第九位。五谷公司外景如图6.1所示。

图6.1　五谷公司

珍惜荣誉，翻篇归零再出发。30 多年来，五谷人砥砺奋进，取得了可喜的成绩，也收获了诸多的荣誉。

（1）五谷公司始终发挥党支部的核心作用，由党支部带领全体党员和干部职工，爱党、爱国、爱五谷。2019 年，五谷公司获得了余姚市委"先进基层党组织"、宁波市委组织部"四星级基层党组织"荣誉。

（2）五谷公司一直注重工会工作，通过工会工作的深入开展，努力营造企业与员工之间的和谐双赢局面。2018 年，五谷公司工会被评为宁波市"五星级活力基层工会"。

（3）五谷公司把"授人以鱼不如授人以渔"写入了文化手册。近年来，五谷公司董事会把对员工的教育培训提升到了战略高度，不仅多频次地举办大型干部专项培训，还对新进劳动者的技能进行提升，特别是 2020 年初创办的"五谷工匠学堂"，已经为新进员工举办过 3 次大型培训。

凡是过往，皆为序章。明天的样子是由今天决定的——今天是明天的投影。面对高速发展的社会、有高度不确定性的经济环境，五谷人牢记"为人类健康而贡献"的使命；不忘"为人类健康成长百年"的愿景；践行"敬业、自信、和谐、传承"的核心价值观——以"确定性"去应变"不确定性"。

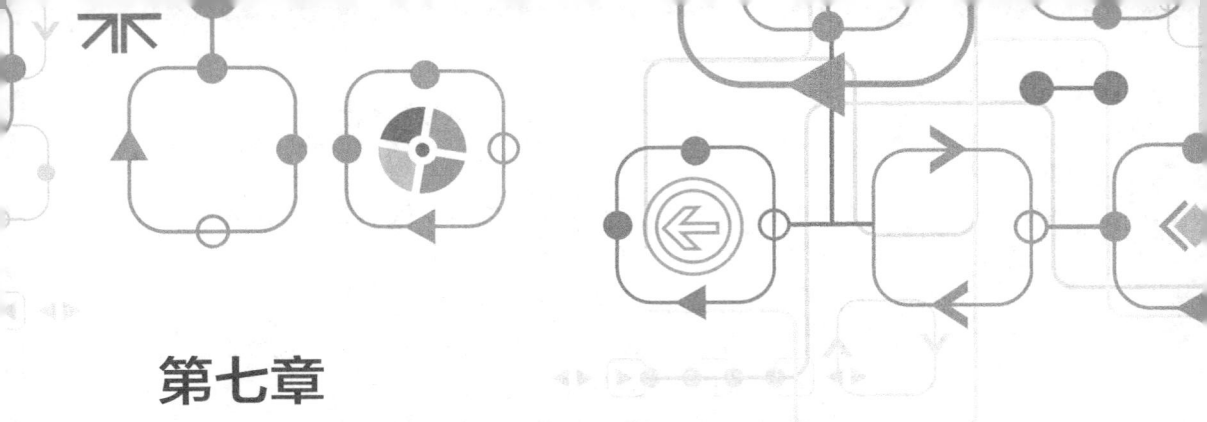

第七章
工业企业品牌精神文化设计

一、工业企业品牌精神文化内涵

（一）品牌精神文化的含义

品牌精神文化是在长期的品牌经营过程中，在社会文化、经济形态、思想意识影响下形成的价值观、经营观、审美观等无形的观念形态的集合。[①]品牌精神文化是品牌文化的内核，是品牌的灵魂，渗透在品牌的一切活动之中。相比于品牌物质文化和品牌制度文化，品牌精神文化是更深层次的文化。品牌精神文化蕴含着深刻的价值内涵和情感内涵，是品牌所凝练的价值观念、生活态度、审美情趣、个性修养、时尚品位、情感诉求等精神象征。要塑造品牌精神文化，必须首先明确品牌的价值内涵和情感内涵。这些内涵明确后，塑造品牌精神文化就有了明确的目标，就能明确品牌精神文化的内容。品牌精神文化这个核心明确后，品牌物质文化和品牌制度文化就有了参照系。

品牌精神文化是由品牌经营者主导创造，并被消费者普遍接受的文化理念。品牌精神文化规定了品牌的态度、情感、责任、义务、行为特点和存在方式，从一定意义上说，它客观地反映了品牌经营的状况。如果一个组织或系统缺乏精神文化，则不可能被称作品牌，其产品也不会有好的市场反馈。如今，市场竞争越来越白热化，将精神内涵融入各类组织、系统，使其形成独特的差异和个性，是企业提升竞争力的根本保障。

品牌精神文化的形成和确立需要一个过程，随着企业经营活动的不断开展，一些价值观念逐渐为人们所凝练、习得、接受，品牌逐渐升华出带

[①] 韩城，王晨. 试论品牌的精神文化 [J]. 中国商贸，2010（20）：48–49.

有经典意义的价值观念，这种价值观念作为主导意识被品牌经营者所倡导和强化，其精神力量会逐步转化成文化优势。品牌精神文化对内起着优化资源配置的作用，能指导品牌运作、有效促进品牌的健康发展，对外则起着丰富品牌联想、扩大品牌辐射范围的作用，能有效激发消费者的购买欲望。

（二）品牌精神文化的主要特征

1. 个性化

当今市场，从功能或外部形态看，很多产品有相似性和同质化倾向，但品牌精神文化一定会表现出不一样的特征。很多手机，如果不贴标签或者不显示品牌标识，几乎没有什么不同，但贴了标签或显示品牌标识后，各个品牌的手机立刻就显得独具特色，往往会让人感觉到有极大的差异，这种差异就是品牌精神文化带来的——品牌精神文化赋予了品牌不同的形象。当消费者接触到产品时，立刻在情感上与产品形成互动交流，在这一过程中，品牌精神文化展现出其个性化特征。

2. 时代性

时代性是消费者对品牌精神文化的本能召唤。可以想象，对于一种过时的品牌精神文化，企业如果没有及时赋予其新的内涵，使之焕发新生，就一定无法与消费者产生情感共鸣。优秀的品牌精神文化必然是对新时代竞争意识、文明意识、道德意识、理想追求的提炼与概括。因此，品牌精神文化要想保持旺盛的生命力，一定离不开它对特定时代先进文化、先进理念的不断吸收。

3. 稳定性与动态性的统一

文化的形成往往需要一个过程，文化一旦形成就表现出一定的稳定性。因此，品牌精神文化具有稳定性的特征，不会因为一般性的外部或内部因素的变化而变化。但是，品牌精神文化也不能一成不变。它之所以具有强大而持久的力量，是因为它能够不断反映进步思想和先进文化，随时代的发展而发展，与形势的变化如时空条件变化、市场竞争变化、技术创新、观念更新等相适应。因而它具有动态性，表现为稳定性与动态性的和谐统一。

二、品牌价值观与品牌伦理

（一）品牌价值观

1. 品牌价值观的含义

价值观是一种影响选择的建构，反映了个体或群体的"深层建构"和

"信仰体系"与"行为选择"之间相互体现与依存的性质和关系。价值观是一种外显或内隐的有关什么是"值得的"的看法，影响人们对行为方式、手段和目的的选择。

品牌价值观是以品牌为主体的价值取向，是员工遵奉的基本信念。它是长期积淀的产物，是执着追求的结果。从企业的角度来看，品牌价值观是品牌开展营销实践的行为准则。品牌价值观是品牌在运营管理过程中形成的共享的观念体系、所推荐的行为方式和存在的终极状态。[①] 品牌价值观往往是隐性的，它依赖于消费者对其产生的互动与感知，只有消费者理解和分享的价值与品牌所要表达和传递的价值相同时才能获得。品牌价值观的引导需要借助社会化过程。简而言之，从消费者的角度看，品牌价值观的意义在于，它说明了消费者对某个品牌做出选择的重要依据，即消费者选择了某个品牌，就意味着他认同了该品牌所具有的象征意义。消费者自身所崇尚的观念并非都是清晰、具体的，甚至有时是易变的，消费者也时常无法对观念进行自我表达或描绘，因为对其进行清晰的表达或描绘往往需要外部中介的反馈，而与体现他们所崇尚的观念的品牌产生密切联系，就能帮助他们表达自我。进一步地，与消费者崇尚的观念一致的品牌能够增强消费者对购买决策的信心，从而为消费者提供价值。品牌价值观是品牌文化的核心，它说明和决定着品牌为什么会存在、规定着品牌朝哪个方向发展。

品牌价值观是一种共享的"信仰体系"，形成于品牌经营过程中有意识的"深层建构"。这种信仰体系会指导人们对品牌的选择。由此可见，品牌价值观的形成不是偶然的，必须具备一定的条件，这些条件包括宏观层面、市场层面，还包括主体要素如管理者、员工、消费者，以及品牌传统。具体而言，国家宏观经济背景决定了可供品牌价值观绘制的场景，市场则决定了品牌是否具有独立的市场主体地位和价值主体地位。管理者，尤其是高层管理者对品牌价值观的架构往往起主导作用，高层管理者的个人价值观往往左右着品牌价值观的架构思路。从员工的角度来看，品牌价值观能够发挥作用，首先离不开员工的认同和接受。作为品牌成员共享的价值观，品牌价值观必然是为全体或多数员工所认同并乐于接受的，这种认同和接受的过程实际上就是品牌价值观与员工个人价值观之间交互和融合的过程，也是品牌价值观在组织层面及员工层面进行内化的过程。从消费者的角度来看，品牌价值观的真正意义是获得消费者的认可，并让消费者表现出对

---

① 薛云建，周开拓. 基于品牌价值提升的品牌文化战略创新（四）——品牌文化战略创新策略 [J]. 企业研究，2012（13）：49-51.

品牌价值观的忠诚。品牌传统的积淀对品牌价值观更有着深远的影响。企业内部价值观往往不是一维的，而是既有主流的，也有次生的，在品牌的存续发展过程中，品牌价值观不是被规定出来的，需要经过内部各种价值观的交互整合，从而实现品牌传统的积淀，这也是品牌深层建构的过程。品牌价值观只有在这一过程中才能得以形成。

　　品牌关系的发展是以品牌价值观作为驱动力的。同时，有什么样的品牌价值观，就有什么样的品牌个性，这就从根本上决定着品牌将成为什么样的品牌。消费者之所以喜欢一个品牌，往往是因为他们通过品牌个性这个切入点，与品牌产生了共鸣。因此，品牌价值观影响着消费者与品牌之间关系的建立。

　　价值观对于建立有效的关系至关重要，它构成了品牌及其声誉依赖的整个有商业个性特征的框架。每种价值观都会产生一套明确的行为含义，即行为是由价值观指导的。

　　例如，中国广核集团有限公司的核心价值观为"一次把事情做好"（见图7.1），该企业将其解读为"一次把事情做好，是我们必须具备的工作态度和努力方向；唯有如此，才能确保安全，达成质量，追求卓越，实现企业的使命和愿景"。

图7.1　中国广核集团有限公司的品牌价值观——一次把事情做好

2. 品牌价值观的种类

　　在特定时期，品牌价值观会表现为不同的形态。这与不同时期人们对一些终极问题的思考方式、商业文明的演进都有关系。纵观西方发达国家的品牌发展历史，品牌价值观经历了多种形态的演变，这实际上也是对企业经营理念不断转变的一种反映。随着企业经营理念的不断演变升级，代表了 3 个不同历史时期西方品牌的基本信念和价值取向的 3 种典型的品牌价值观产生了，它们分别是最大利润价值观、经营管理价值观和企业社会互利价值观。

品牌价值观发展到当代，表现最突出的特征就是企业在以人为本的思想导向指引下，形成了以人为中心，以关心人、尊重人为核心的品牌价值观。过去企业也重视人，把人才培养放在重要的位置，作为品牌文化建设的重要内容，但由于受到大的认识环境影响，那个时期企业仅限于把人才培养作为手段，即对人才的培养只是为了提高生产效率和获得更多利润。由此可以看出，人实际上被当作"工具"，所谓重视人，不过是重视"工具"的性能的改进。当代企业已经开始把人的发展视为目的，而不单纯是手段，这是品牌价值观的根本性变化。

当然，依据不同的视角、标准，品牌价值观还有很多种分类方法。例如彼得斯和沃特曼在《赢得优势》一书中将品牌价值观分为"面向顾客"的价值观、"以人为本"的价值观和"不断创新"的价值观 3 类。美国管理学家、现代企业文化学派的主要代表人物劳伦斯·米勒在《美国企业精神》一书中，将美国的品牌价值观分为 8 类，包括目标价值观、共识价值观、卓越价值观、一体价值观、成效价值观、实证价值观、亲密价值观、正直价值观。

3. 品牌价值观的作用

品牌的基本性格和企业的经营宗旨通过品牌价值观得以展示，而品牌管理展现的特色和战略目标又以品牌的基本性格和经营宗旨为依据。品牌价值观也影响着品牌的根本信念和发展方向，支配着员工的共同愿景和行为规范。

品牌价值观为全体员工的行为提供了一致性指引，能够为员工提供优良的文化选择，汇聚员工选择共同行动方向的主导意识。企业家往往在品牌文化构建中发挥主导作用，而品牌价值观常常是企业家的价值观的反映，并凝练成员工群体的共识。可以想象，一个没有共同品牌价值观的企业往往会迷失方向，无法理解自己存在的价值。

具体地说，品牌价值观的作用如下[①]。

（1）定位作用。企业品牌文化定位必须以特定的品牌价值观为基本指引，体现品牌的个性和差异性。品牌的个性和差异性不是经过随意对比，对发现的空白点进行简单的拼凑、组合就能体现的。品牌文化定位离不开对品牌价值观这一思想核心的坚持。品牌文化定位在形式上由企业主导，

---

① 乔春洋. 品牌价值观的作用 [EB/OL]. 2009-06-29.

但实际上是面向社会的。品牌价值观将品牌追求的目标与社会价值联系起来，在整个社会中为品牌定位。

（2）决定作用。品牌价值观对品牌的生存和发展起着重要的决定性作用。先进的品牌价值观能够指引品牌行稳致远，而落后的品牌价值观必将使品牌走向不归路。价值观作为品牌文化的核心，决定着品牌的基本风貌，决定着品牌所属企业的经营理念、管理风格，也决定着员工的价值观和行为取向。

（3）支柱作用。任何企业都无法避免遭遇困境，这些困境有时可能是品牌危机，有时则关乎企业的生死存亡。品牌价值观是品牌最重要、最强大的精神支柱，无论是企业，还是员工，品牌价值观都为其提供了精神依托。在品牌面临困境时，品牌价值观将转化为无穷的力量，助力品牌跨过艰难险阻。

（二）品牌伦理

1. 品牌伦理的含义

伦理不仅是一门关于道德的学问，还是约束个体或群体的行为准则。社会营销观念认为企业在满足消费者需求、取得企业利润的同时，也需要考虑社会的长期整体利益。这要求企业在宣传自己产品功效、品质的同时，也要弘扬优秀的文化，倡导正确的价值观，促成社会的进步。品牌作为企业与消费者之间关系的载体，是产品和企业文化在外部环境中的表现途径。因此，品牌必然承载着企业的价值导向和全体员工的伦理规范。所谓品牌伦理就是指关于诚信和公正，以及有关诸如社会期望、公平竞争、公共关系、广告、社会责任、消费者的自主权等多方面的行为规范和准则。[①] 品牌伦理作为专门研究品牌道德标准的学问，其核心问题是企业或商业活动的正当性、合理性和规范性，以及如何进行品牌管理才能把经济效益与社会效益有机结合起来。品牌伦理就是那些在道德意义上能够指导企业经营者进行适当决策和行为的原则。

美国管理学家安德鲁·C.威克斯指出，商业伦理"包含社会期望、公平竞争、广告审美、人际关系的运用、社会责任的意义、家中合作行为与外出行为的协议、顾客至上的程度、合作大小的关联性、通信的处理，等等"[②]。英国学者罗斯提出了"显要义务论"，认为合乎伦理的行为必须符合如下几条基本原则：诚实，包括信守承诺、履行合约、实情相告等；感恩，

---

① 陈红. 论建立品牌伦理的五种策略 [J]. 品牌，2015（10）：17.

② 安德鲁·C.威克斯，R. 爱德华·弗里曼，帕特里夏·H. 沃哈尼，克里斯汀·E. 马丁. 商业伦理学——管理方法 [M]. 北京　清华大学出版社，2015.

即所谓知恩图报；公正，即奖罚分明，在同等条件下不厚此薄彼；行善，即乐善好施，助人为乐；自我完善，即使自身潜能和美德充分发挥出来，实现企业在社会中的自身价值；不作恶，即不损害别人。[①]

总之，品牌伦理作为一种内在的规定，是品牌宝贵的道德资本，有教育、激励、协调、监督和评价等强大的管理功能。现在，品牌核心竞争力问题已经成为全球企业界的热门话题。有人说高科技是核心竞争力，也有人说组织制度是核心竞争力，其实品牌要做强做大，功夫要下在品牌的核心价值观上。高科技可以被赶超，组织制度可以被复制，而全体员工的内在追求这种伦理层面上的东西是很难移植、很难模仿的。因此，品牌才是最终意义上的第一核心竞争力。而品牌伦理和信誉是品牌不可或缺的基本要素。如果说一个品牌一开始就以"圈钱"为其核心价值观，把消费者的利益抛在脑后，那么这个品牌是不可能维持长久的。唯有讲究品牌伦理，坚持诚信至上，品牌才能百年不衰。

2. 品牌与诚信

诚信对人来说很重要，对品牌而言同样重要。品牌与诚信是相互依存的关系，品牌以诚信为根本，诚信为品牌张目。从经济伦理学角度来分析，品牌与诚信的关系主要表现为如下两个方面。

（1）诚信是品牌的生存之本，是品牌发展的基石。诚信是一种品牌经营文化，是构成品牌核心竞争力的一个重要部分，关系到品牌的信誉和形象。第一，诚信是品牌的立足之本。诚信的作用是内在的，但这一作用不可低估。市场经济本身就是"信用经济"，如果一个品牌、一个企业缺乏诚信，企业就会丧失很多商业机会，难以成长与壮大，甚至当其他个别企业陷入绝境时，也会给企业自身的发展带来致命打击。第二，诚信是品牌核心竞争力的基石。品牌核心竞争力可以分为产品层、准则层和中心层。中心层的作用是为企业核心竞争力的构建提供根基，而诚信在中心层中处于关键地位。第三，诚信是品牌间协作、品牌与消费者沟通的桥梁。[②]在市场中，协作是普遍的市场行为，相较于单个品牌，品牌间协作的回报更大，而品牌间的相互信赖可降低不必要的沟通成本，也有利于避免形成不和谐的气氛。同时，企业与员工之间也要建立诚信的联系。企业要及时兑现承诺，这样才有利于提高员工的工作积极性，使其更好地投入品牌建设工作；同样，员工对企业也要讲诚信，做到不欺骗组织，不损公肥私，不对企业的生产

---

① 梁玉萍. 罗斯显见义务论思想研究 [D]. 杭州：浙江财经大学，2013.

② 张中. 诚信是企业品牌建设的基石 [J]. 中国品牌与防伪，2012（8）：46-47.

造成不必要的负面影响。

（2）品牌是诚信的体现，是诚信的经济符号。当前，产品的同质化现象越来越普遍。品牌希望得到消费者对产品的认可和良好评价；同时，品牌作为载体把产品的信息和内含的文化传递给消费者。品牌实际上体现了企业的诚信水平，展现着企业对消费者的一种承诺。当企业把品牌公布出来，就意味着向外界宣布该品牌如企业所描述，是可以信赖的。如果品牌对消费者不诚信，那就意味着企业违反承诺，消费者也将不再信任它。

如今，越来越多的企业已将伦理视为企业的重要品牌资源。例如，中国商用飞机有限责任公司（以下简称"中国商飞"）响应国资委发布的《关于中央企业开展管理提升活动的指导意见》，用社会责任理念梳理企业的使命、愿景和价值观，审视企业发展战略、经营模式和业务流程，将企业对利益相关方和自然环境的责任纳入管理系统，将社会责任理念融入企业战略和日常运营，实现社会责任与企业经营的有机融合。图 7.2 所示为中国商飞的社会责任观。

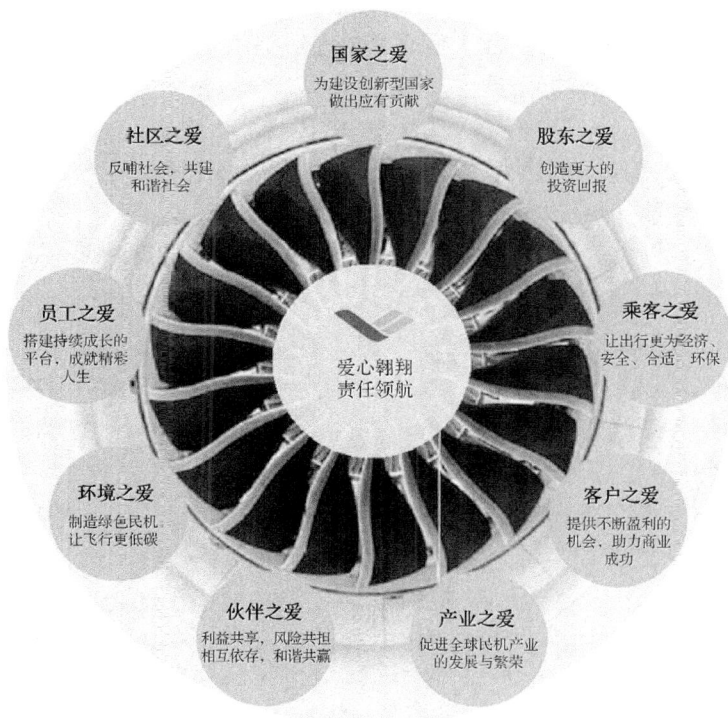

图7.2　中国商飞的社会责任观

三、品牌情感

（一）品牌情感的内涵

1. 情感的价值

情感一词来源于拉丁语的动词"movere"，即"移动（move）"。情感有利于促进人类采取共同的行动，对人类的思想行为有很大的激励作用。尤其是在当今物质产品极大丰富发展、产品和市场竞争日益激烈的背景下，人们对于某个企业或某个产品似乎表现得有些冷漠。

行为科学家指出，人类的所有行为根源于动机或基本需求，这似乎为人们预测人类行为倾向提供了可能，但问题在于，动机往往存在于无意识状态中，这使想在意识的层次上完全理解和预测动机几乎无法实现。当潜意识获得了一个满足基本需求的机会，它就会激发情感，情感会触发身体采取行动以满足这一需求。由此，情感作为中介，导致行为发生。有研究表明，消费者在采取行动时，实际上很少也很难理性地吸收所有信息；相反，他们会基于个人的好恶，在很多情况下倾向主观性、情绪化、有选择性地吸收自己感兴消费者人们采取行动，因为经过情感对信息的过滤，消费者会感受到投入的降低。

目前，科学技术日新月异，市场竞争越发激烈，产品生命周期越来越短，而且一个创新产品出现后，市场上会很快出现大量的同类产品。可以想象，如果一个产品的竞争优势更多表现在功能价值上，竞争对手是很容易模仿的，市场上将会凸现更多质优价低的同类产品。如果联系品牌与消费者之间的不是功能价值，而是某种能够唤起消费者共鸣的独特情感，这样就建立了竞争者难以复制的品牌区分，也就意味着由此确立了品牌独特的竞争优势，有利于品牌取得商业上的长期成功。总之，从营销的视角看，企业会在品牌上投入更多的精力以取悦消费者的内心（情感），而不是大脑（理智）。

2. 品牌情感的概念与内涵

品牌情感是品牌表现出来的具有审美属性的文化意蕴，是品牌在感觉与情绪上对消费者的影响与触动，是品牌与消费者建立起亲密私人对话的有效方式。[①] 消费者在认知品牌的过程中，会将对品牌的功能利益转化为一定的情感利益。尤其是在情感消费时代，消费者在享受产品的功能利益的

---

① Alexander Jakubanecs, Magne Supphellen, Hege Mathea Haugen, et al. Developing brand emotions across cultures : effects of self-construal and context[J]. Journal of Consumer Marketing, 2019, 36(4) : 472-483.

同时，也在享受产品给他带来的情感利益，这种情感利益往往会使消费者感觉物超所值。但这种情感利益不会凭空产生，往往需要与一定的品牌联想相联系。

过去，人们经常说"酒香不怕巷子深"。如今，市场竞争空前激烈，从功能上看，好的产品越来越多，但这并不意味着企业能够开拓新的市场，企业甚至很难维持既有市场，因为好的产品并不稀缺。如果想巩固与开拓市场，企业需要依靠精神力量，通过建立消费者与品牌的情感联系形成牢固的纽带，才可能保持企业在市场上的有利地位。正所谓要取悦消费者的内心（情感），而不是大脑（理智），如果品牌仅仅停留在一个消费者的大脑中，给消费者留下的印象就会很快被冲淡，只有占据了消费者的内心，才真正意味着获得了一个忠诚的消费个体。也就是说，企业在塑造自身品牌的专属形象时，要始终想到如何在品牌与消费者之间建立一种情感上的联系。

菲利普·科特勒提出了消费者的三段式消费行为理论，他认为最初的消费是一种量的消费，进而过渡到质的消费，然后进入第三阶段，即感性消费阶段，而第三阶段最为重要，也最需要投入精力去研究。也就是说，在一次消费行为中，人们会更关注商品所带来的心理或精神方面的满足，或者由此带来的愉悦感，更注意一些象征意义，即通过消费可以将自我感知或希望传达到外界为自身形象，再通过品牌得以投射，此消费行为可以体现出消费主体的社会地位、经济状况、个性主张、个人审美、生活志趣等方面的情况。有时消费者之所以忠诚于某个品牌，就是因为某个品牌对其认知的投射与其理想中的自我相符合，这些消费者甚至会服从品牌对其全方面的改造。因此，品牌形象的塑造工作要注重对消费者乃至社会大众的定位的正确引导以及唤起消费群体内心的情感共鸣。

情感可以维系消费者的品牌忠诚，但前提是品牌能引起消费者的情感共鸣，否则就不能赢得消费者的信任。正是因为品牌情感的存在，产品除了具有使用价值以外，还有丰富的文化价值，而后者赋予了产品更多人性化的东西，赋予了产品鲜活的生命，使产品有了自己的性格、风韵、魅力、情绪，进而能与消费者进行心灵上的沟通。品牌情感赋予了品牌一种灵性，给消费者带来心灵上的体验和美妙的幻想，满足了消费者的情感需求。德意志的严谨、法兰西的浪漫、华为的创新、星巴克的幽雅，那令人叹为观止的魅力、激情和精神无时无刻不在冲击着我们的想象力，为我们提供崭新的观念，从情感上激励、推动着我们前进。

（二）品牌情感的体验培育

心理学研究表明，个人对品牌的理解不仅仅是理性在起作用，更是理性与体验过程相互作用的结果，而这两种过程的影响大小视特定的情境和情感参与的程度而定，参与的程度越深，体验过程的影响就越大。

从心理学的角度来看，人的体验可以分成5种类型：感觉体验、感受体验、思维体验、行动体验、关系体验。以此为基础，我们可以从不同的角度来丰富品牌体验。

1. 从"感觉"角度丰富品牌体验

人的感觉可分为视觉、听觉、味觉、嗅觉和触觉。如前文所述，感觉实际上可以归为物质文化要素，这些要素运用得当可以为消费者留下美好的感觉体验，进而确立企业品牌的独特形象，促使消费者购买，体现产品和服务的价值。

2. 从"感受"角度丰富品牌体验

感受是人们对客观事物的态度的反映。如今，品牌已经越发关心为消费者带来良好的消费体验，因为良好的消费体验可以触发消费者内心美好的情感，进而影响消费者对产品和品牌的态度。也就是说，感受体验对情境设计要求较高，品牌管理者既要了解消费者可能有的情感需求，还要了解什么样的刺激能引发何种情感。

3. 从"思维"角度丰富品牌体验

思维是人的心理过程中的复杂心理现象之一，是人脑对客观事物的本质属性及其内在规律的反映。思维塑造法实际上是在帮助消费者建立一种品牌所倡导的心智模式，当然这不等同于人们通常说的"洗脑"，它启发的是消费者的智力，以创造性地让消费者获得认识和解决问题的体验，让品牌与消费者共同进步。

4. 从"行动"角度丰富品牌体验

行动塑造法旨在影响人们的生理体验、生活方式。行动体验更能激发消费者的情感，有利于他们形成稳定的联想与记忆，并通过提高生理体验、展示做事的方法和生活方式来丰富消费者的生活。

5. 从"关系"角度丰富品牌体验

关系塑造法旨在把个人与其理想中的自我、他人、文化等联系起来。这种塑造方法利用个人完善自我的愿望和被其他个体正确看待的需求，把个人与更广泛的社会体系联系起来，以建立起强有力的品牌关系和品牌社区。这种关系丰富了与品牌联结的构面，社区交流方式也强化了基于品牌联结的共同体意识，进而强化了对品牌的情感认知与依赖。

6. 混合体验和完整体验的设计相结合

单独的一种体验往往效果有限，混合体验可以综合运用多种体验类型，形成一种更为独特的体验并达到理想的效果。也就是说，混合体验不等于两种或两种以上体验类型的简单叠加，而是不同体验之间相互协同、相互影响，由此产生的一种全新的体验。

四、品牌个性

（一）品牌个性的含义与维度

1. 品牌个性的含义

所谓品牌个性就是消费者赋予品牌的人格化特征的集合，主要指品牌的象征性特质。人们对品牌形象的认知实际上就是抓住了品牌个性，而品牌个性是品牌形象的核心组成部分。通过与品牌的直接或间接接触，消费者会对品牌形成自己的观点，也会对品牌的属性产生联想，在此过程中，就会形成品牌的个性认知。[1] 品牌本身只是一个没有生命的客体，并不具备个性。但是，品牌往往具有丰富的象征意义，会通过这些象征意义使可供传达的信息被无限放大，由此产生的功效已经完全超越了品牌的一般功效。在消费者通过消费与品牌形成互动的过程中，消费者往往与品牌建立了一定的情感和关系。此时，品牌和产品不是一般意义上的物，而已经被人格化了，成了消费者的"朋友"。品牌个性实际上是人为赋予产品的一些拟人化特征，它大大拉近了品牌和消费者之间的距离，能帮助消费者深层次地认知和感知产品。品牌个性往往会对消费者产生明显的影响，它会影响消费者对品牌个性的判断，也会进一步影响品牌形象、品牌态度。此外，社会不同的期望、反应会对品牌形象和品牌态度的关系起到调节作用，也会影响不同消费者对品牌个性的判断。

成功塑造出的品牌个性之所以会获得理想的效果，其原因在于消费者通过消费与品牌建立关系时，不单是把品牌当作一个一般实在物，而往往会把品牌视作一个形象，一个人，一个精神体，或是一个伙伴，甚至会对常把自我的形象投射到品牌上。当品牌个性与消费者个性契合时，消费者就会对该品牌产生好感和内生偏好。

---

① Yuanyuan Cai, Tingting Mo. Making an exciting brand big : Brand personality, logo size and brand evaluation[J]. Canadian Journal of Administrative Sciences,2020，37(3)：259-267.

2. 品牌个性的维度

正如人有丰富的个性一样，品牌个性也可以依据不同的标准，划分成不同的维度。例如，有的学者认为品牌个性可以依据消费者的人口学特征如消费者的性别、年龄以及社会阶层等分为不同维度，这些人口学特征可以直接由品牌使用者形象等因素推断而来。有些品牌的车型被认为适合年轻人使用，而有的则被认为适合年长者使用。然而，更多学者认为品牌个性是基于消费者个性或人类个性特征直接投射到品牌上的结果，并强调情感在品牌中的重要性。

例如，艾克（Aaker）运用心理学中的"大五人格模型"（The Big Five Model）对品牌个性的维度进行探索性研究，并将品牌个性定义为"与品牌特定使用者相连的人类特性集合"，并根据"大五人格模型"制定了一个系统的品牌个性维度量表。在该量表中，品牌个性分为真挚、刺激、胜任、精致和坚固。其中，真挚、刺激和胜任实际上与"大五人格模型"中的和悦性、外向性和责任性这 3 个维度具有一一对应的关系。[1] 按照此观点，塑造品牌个性要以人类本身的个性特征类型为出发点，要有清晰的人格类型划分，否则就会出现品牌个性定位不明确的问题，不能捕获特定类型个性的消费者，往往会使消费者在与品牌建立联系时，很快就会产生"它不像我"的认知。千家品牌实验室通过近 6 年对 20 个行业领域的 1 万多个品牌的持续监测与品牌个性的分析，提取出一些中国本土化的品牌个性词汇，它发现这些新增的品牌个性词汇对应的品牌人格可合并为 3 个品牌层面，最终也并入了艾克提出的品牌个性的 5 个维度中，见表7.1。

表7.1 千家品牌实验室提取的一些中国本土化的品牌个性词汇五维度分析

品牌个性的 5 个维度		品牌个性的 18 个层面		51 个品牌人格
Sincerity	真挚	Down-to-earth	务实	务实，顾家，传统
		Honest	诚实	诚实，直率，真实
		Wholesome	健康	健康，原生态
		Cheerful	快乐	快乐，感性，友好
Excitement	刺激	Daring	大胆	大胆，时尚，兴奋
		Spirited	活泼	活力，酷，年轻
		Imaginative	想象	富有想象力，独特
		Up to date	现代	追求最新，独立，当代

---

[1] Jennifer L. Aaker. Dimensions of Brand Personality[J]. Journal Marketing Research，1997，34(3)：347−356.

续表

品牌个性的 5 个维度		品牌个性的 18 个层面		51 个品牌人格
Competence	胜任	Reliable	可靠	可靠，勤奋，安全
		Intelligent	智能	智能，富有技术，团队协作
		Successful	成功	成功，领导，自信
		Responsible	责任	责任，绿色，充满爱心
Sophistication	精致	Upper class	高贵	高贵，魅力，漂亮
		Charming	迷人	迷人，女性，柔滑
		Delicate	精致	精致，含蓄，南方
		Peacefulness	平和	平和，有礼貌的，天真
Ruggedness	坚固	Outdoorsy	户外	户外，男性，北方
		Tough	强壮	强壮　粗犷

崔楠和王长征重新定义了品牌的象征形象，提出了一个包含"个人形象""社会形象""关系形象"和"集体形象"4 个维度的概念框架。① 黄胜兵和卢泰宏在艾克的品牌个性模型的基础上进行了中国品牌个性维度的本土化研究。② 他们使用中国词汇构造了中国品牌个性的模型，该模型包含"仁、智、勇、乐、雅"5 个维度，并提出了中国品牌个性维度的特征，为我国营销学者进行有关品牌个性的研究提供了基础性的研究结果。

（二）品牌个性的价值

1. 品牌个性提供了多维度价值

在消费者的消费过程中，有两类不同的需求会对消费者的购买行为产生影响：一类是机体缺失状态，这是消费者能够意识到的；另一类是感受或冲动，这种感受或冲动确实存在，但往往不会被消费者自身意识到，这实际上是潜意识在消费过程中发挥了作用。

人类的驱动力大多是无意识的。也就是说，消费者可能并不真正了解自己购买行为背后的深层原因。品牌通过消费者的购买行为与其建立联系，使得消费者的形象得以外显，体现了消费者的价值观、人生目标、生活方式、社会地位等，可见购买行为可被视为消费者个人人格的反映及延伸。研究发现，品牌个性帮助消费者发现了自我，形成了消费者自我概念，甚至会建构和完善这种概念，但这并非说明消费者通过与一个品牌接触就会与之建立稳定的、美好的联系。消费者的自我概念认知也是一个要不断与不同品牌交互和试错才能逐渐形成的。一旦这种自我概念认知被确立，且消费者的自我

---

① 崔楠，王长征. 象征性品牌形象的维度与测量 [J]. 商业经济与管理，2010（10）：52-60.

② 黄胜兵，卢泰宏. 品牌个性维度的本土化研究 [J]. 南开管理评论，2003（1）：4-9.

概念与某个品牌个性的一致性越高，消费者对该品牌产品的购买意愿就会越强。基于消费者对品牌个性的感知，品牌个性的价值总体可以归纳如下[①]。

（1）品牌个性的人性化价值

品牌个性的精髓是品牌人格化，"品牌即人，人即品牌"。品牌人格化是品牌与消费者建立情感联系的基础，而建立稳固的情感联系必然会提升消费者的品牌忠诚度。

（2）品牌个性的差异化价值

品牌个性的直接价值来源于差异性，同时，品牌个性也最能体现一个品牌与其他品牌的差异，二者互为因果。技术或功能上的产品差异性使品牌很难与消费者建立稳固的联系，因为它太容易被模仿，甚至当消费者看到市场上出现越来越多自己曾经钟情的产品的模仿品时，不但不会有亲切感，反而会产生厌恶心理，而基于品牌个性建立起来的差异性则能深入消费者的意识深处。

（3）品牌个性创造情感性价值

消费者满意度、消费者忠诚度是衡量品牌优劣的重要指标，而品牌个性是影响上述指标的一个主要要素。品牌个性大部分来自情感，少部分来自理性的逻辑思维。由此可见，塑造品牌个性的重点要从培育情感入手。消费者往往能被品牌个性深深地感染，而品牌个性的感染力随着时间的推移不但不会减少，反而会形成强大的品牌感召力，使消费者成为该品牌的忠实顾客，这是品牌个性的重要价值所在。

2. 品牌个性是品牌精神文化的集中表现

品牌有一定的个性形象，这是品牌精神文化的核心内涵。个性形象越突出，表明消费者对品牌的认知越深，该品牌在市场占有的优势越大。

品牌个性是品牌精神文化的集中表现，它源于品牌的精神，又表现了它们的特征。品牌个性是消费者对某个品牌总体印象的描绘，显现出品牌与人类一样在许多方面具有实体上、情绪上和态度上的特质。[②] 品牌个性是品牌吸引消费者的基本元素，也是互相竞争的品牌间得以区别的根源，它赋予了产品超越其物质特性的理念、思想。由此可见，赋予一个品牌个性胜过把注意力集中于打造琐碎的产品功能差别。品牌个性最能表现品牌间的差异性，并且能在消费者的头脑中占有特定的位置。

---

① 余可发. 品牌个性及其结构维度理论研究 [J]. 上海市经济管理干部学院学报，2007（2）：24-28.

② 朱立. 品牌文化战略研究 [D]. 武汉：中南财经政法大学，2005.

五、品牌质量文化

（一）质量、品牌质量与质量文化

1. 质量是品牌的生命之根

品牌文化是以质量为依托的，如果质量得不到保障，企业内部就很难维持良好的品牌精神文化氛围，品牌精神文化就必然会老化、失色。

在竞争环境不断变化的今天，如果企业的产品质量没有明显的提高，制作工艺落后，设计款式陈旧，最终就只能被市场淘汰。此时，其承载的品牌文化必然再无昔日光彩。

企业出现产品质量问题并不鲜见。全球知名品牌——强生的美林、泰诺林等药品一度出现质量问题，这是全世界婴幼儿都在普遍使用的药品。强生严查原因，终于在该公司位于宾夕法尼亚州的一家药厂里发现了大量的灰尘和受到污染的成分，这就是导致药物质量不符合标准的因素。强生认为该药厂产品质量不能完全达标，因而将销往 12 个国家和地区的 40 多种非处方婴幼儿用感冒退烧药召回，包括美林、泰诺林、抗过敏药仙特明及苯海拉明等。企业品牌质量的好坏在一定程度上反映这个企业全体员工的素质，也决定这个企业生存的命脉，而一个国家产品和品牌质量的好坏则从侧面反映该国全体国民的素质。图 7.3 所示是美国强生婴儿护理用品。

图7.3　美国强生婴儿护理用品

能对一个产品的品牌形象造成影响的因素有很多，如创新性、差异性、具体可感的价格和功能等。不过，这些因素中能造成最大、最为持久的影响的莫过于产品的质量。从企业层面来看，首先，高质量的产品或服务可以提升企业的素质和形象，是一个企业长久发展的基本保证；其次，高质量产品的生产势必要求员工具备较好的技术和较高的素养，这就有利于员工整体素质的提高；最后，围绕着质量制定的管理战略也符合未来管理科学的发展趋势。从社会层面上讲，在社会舆论、大众的有效监督以及相关法律法规的约束下，质量的提升可以优化有限的资源储备并且使企业做到真正的绿色经营，对环境保护工作也大有助益。

如今中国企业的发展已经由"数量经济"时代进入"质量经济"时代，而所谓的"质量世纪"也并非虚构。[①] 在这种形势下，企业迫切需要树立正确的观念和利用适宜的方法，以卓有成效的行动确保企业品牌的质量。中国很多企业的管理者都在面临同样的"质量问题"，每个人都必须思考如何提升自己的工作质量、组织管理质量乃至员工的修养和家庭生活质量。因为质量不仅是品牌的生命之根，也是每个人生命品质的体现。

质量是品牌的生命之根，而品牌的质量并不由评出的"金牌""银奖"决定，而由消费者心中的信任决定。[②] 优良的品牌质量就是品牌赢得消费者忠诚度的良方。品牌质量既包括品牌本身的质量，也包括品牌体现出来的质量。品牌体现出来的质量，就是指消费者在消费品牌产品时的感受或体验。

2. 品牌质量

品质铸就品牌，质量就是企业的生命。因此，企业要想打造出属于自己的响当当的品牌，就必须提高企业产品的质量。[③] 只有用品质打造品牌，企业才能提升自身的信誉度。企业的信誉度提升了，品牌形象也就自然而然地树立起来了。但是，要想把企业的品牌进一步做大做强，就必须时刻把企业产品的质量放在第一位，使质量始终保持优良的稳定状态，这样才能形成一种长期持久的品牌效应。不懈地追求品质应该是所有企业的共识。

品牌质量指使用该品牌的产品质量，是品牌产品的可靠性、耐久性、精确度、易操作性和是否便于修理等方面的价值属性，应从消费者感受的角度来进行评价。品牌质量的好坏，直接影响着企业未来的发展，关系着企业的兴衰成败。品质优良的产品才是品牌的生命力，而品质低劣的产品

---

① 刘瑞旗. 以品牌为导向的质量文化 [J]. 上海质量，2015（5）：30–33.

② 于百军，王成. 质量文化是品牌之根 [J]. 企业文明，2013（11）：51–54.

③ 肖振颖，葛新权. 品牌质量的影响因素及提升路径研究 [J]. 标准科学，2019（7）：113–117，136.

必然会使企业走向衰败。先有品质，然后才会有品牌。知名品牌之所以知名，是因为它们能在消费者的心目中广为传播，是质量可靠、信誉度高、得到消费者认可的好品牌。一个知名品牌形成后，甚至能够脱离它的优质产品实体而拥有自己的独立价值。品牌产品要品质优良才能使消费者对品牌忠诚。只有品质上去了，品牌才会有信誉。

3. 企业质量文化

企业质量文化是企业品牌精神文化的一个重要组成部分。按照我国国家标准 GB/T 32230—2015《企业质量文化建设指南》，企业质量文化是指"企业和全体成员所认同的关于质量的理念与价值观、习惯与行为模式、基本原则与制度及其物质表现的综合"。首先，产品质量、服务质量、管理质量和工作质量是质量文化的直接体现，而消费质量、生活质量和环境质量是质量文化的延伸表现。如果从质量文化的层级结构分析，质量文化包括内、中、外 3 层，其中内层为精神层，包括质量价值观、质量意识与理念、质量道德观等；中层为制度层，包括质量方针、质量目标、质量管理体系、质量法律法规、标准制度等；外层为物质层，主要包括 QC 小组活动、厂容厂貌、员工的质量行为、质量宣传教育、质量月活动等。[①]

企业质量文化的价值是能够满足消费者和其他相关方的需求和期望，其作为一种以加强企业管理，强化企业凝聚力、企业价值理念和企业质量精神为核心的文化，持续地作用于企业的质量活动的全过程，对企业的生产经营状况产生长远影响，对企业的经营和创新发展起着越来越重要的作用。

从质量管理理论与实践发展的历史来看，从相关学者和质量管理大师们对质量的核心要义的解释中可知，质量文化是一种有关质量的哲学思考，是一种生活态度和习惯。质量文化渗透于企业的各个角落，也根植于每个员工的内心，并通过价值取向的外化方式持续地展现出来。

建立和培育自己的质量文化，对于企业来说具有十分重要的意义。市场经济的发展、竞争环境的严苛都对企业提出了越来越高的要求。企业质量文化也是在这样的现实背景下被置于空前重要的位置，它是时代的产物，更是企业的一种宝贵的无形资产。要想在激烈的市场竞争中确定和保持自己的优势地位，不断在竞争中取胜；在内部，企业就要不断提高员工的质量文化素质；在外部，企业就要努力树立和传播以质量为基础的企业信誉

---

① 徐从报. 企业质量文化构建与创新研究 [J]. 科技管理研究，2005（6）：49–50.

和形象。

在质量管理领域，企业经历了质量检验阶段—统计质量管理阶段—质量文化阶段的变动发展，并产生和出现了众多的质量管理理论与工具。但值得注意的是，质量管理工具的运用必须和企业质量文化的建设与创新相适应；否则，忽略企业质量文化中这些直接影响质量管理效果的因素，也就意味着质量管理中那些柔性管理手段的作用不能得到发挥，其结果就是不能取得应有的品质绩效。因此，要想推动质量管理不断深入发展，企业就必须关注企业质量文化建设与创新。《质量发展纲要2011—2020年》提出，要加强质量文化建设，提升质量文化软实力；《工业和信息化部关于促进制造业产品和服务质量提升的实施意见》明确要求"推进质量文化建设"。质量文化建设现已成为我国实现"制造强国""质量强国"等宏伟目标的基石之一，也是增强我国工业核心竞争力和可持续发展能力的重要一环。

（二）品牌质量文化的构建

1. 品牌质量文化构建应融合的价值观

质量文化是指企业要以"满足顾客需求"为价值准则，培养企业员工崇尚质量、注重质量、对顾客负责的质量意识。质量意识是高层次的质量观念，包括理性观念和道德观念。[1]

理性观念具有高度抽象性，它根源于人们对质量活动规律的深刻认识。人本原理、过程监控原理、体系管理原理等就是人们对质量活动规律认识的成果。理性观念一般不是由大众直接掌握的，往往由一些质量管理学者和专家通过深入研究率先掌握，然后形成系统性的成果，再经由各种手段向大众宣传、灌输，最终成为普及性的质量观念。

道德观念是理性观念内化为信念和习惯的行为规范，由道德观念构成的社会评价系统，其通过公众舆论的威力，约束着人们的质量行为。同时，由道德观念构成的内心信念自我评价系统，通过良心上的平静和不安，形成对自我质量行为的肯定或否定，从而自觉地遵守质量行为规范。

理性观念和道德观念有机结合在一起，共同构成自觉的质量意识。此外，从不同侧面看，可供企业构建品牌质量文化的价值观有多种形式。例如，美国学者P.考林归纳了6个方面的价值观，包括用户第一、以人为本、协作、公正、全员参与和工序至上，每个方面都包含着丰富的内容，对企业在品牌质量文化的构建中应融合哪些价值观具有很好的指导意义。

---

[1] 王国红，周璨. 论企业质量文化建设 [J]. 轻工标准与质量，2020（4）：121-124.

2. 品牌质量文化构建的方法与步骤

品牌质量文化的构建是一个系统工程，要求将理性与非理性相结合，强调内部激励，建立学习型与自我控制型的管理机制；强化员工培训及思想改造，以养成共同的质量价值观为目的。品牌质量文化的具体构建方法与步骤如下。

（1）确立企业核心质量价值观

如前文所述，可供企业构建品牌质量文化的价值观有多种形式，但企业核心质量价值观的确立不是抽象的，一定是一般价值原则与企业具体实际的完美结合。企业立在结合分析本企业内外部环境因素及战略发展规划的基础上，参照质量管理原则与世界质量管理大师们的质量哲学，从而确立本企业的核心质量价值观。因此，企业核心质量价值观可能无关优劣高下，关键是要符合企业的实际需要和能力。

（2）高层管理者的倡导与全员践行

在企业中，人是最为核心、最为积极的要素。企业的质量管理也一样，不但不能忽视人的作用，而且要努力使人的作用得到更好的发挥。品牌质量文化的塑造、传播、存在离不开人这一要素和载体，更为重要的是它强调全体员工的共同参与，要求发挥高层管理者的主导作用。企业的高层管理者首先要重视品牌质量文化，品牌质量文化构建要从高层管理者做起。在有些企业中，高层管理者往往也是品牌质量文化的最初构建者，负责品牌质量文化构建的一些重要的开创性或方向性工作，如确立统一的质量管理方针与目标、建立各类质量管理和质量文化相关制度、以身作则、提供支持、确定持续改进措施等。各级人员是组织之本，企业的各项业务都离不开各级人员的全面投入与忠诚付出，企业要贯彻"以人为中心"的思想，只有这样才能充分调动员工的积极性，保证他们参与的热情，从而取得良好的工作效果。有些企业对质量管理的理解是片面的，甚至是错误的。例如，有的企业没有把质量管理看作企业的一项重要的内部工作，或者片面地认为质量管理是企业某个部门或人员专门负责的工作，把出现质量问题的责任完全推卸给管理咨询公司、质量改善部门或品质管理专家，这样做极不可取，后果也可想而知。企业的质量检验流程中必须有一线员工的身影，基层员工也是质量责任人，专业质量管理和员工质量管理应该得到很好的结合。加强质量管理、增强品牌意识，最根本的是品牌质量文化观念的变革，而观念的变革离不开企业高层管理者强有力的倡导，企业高层管理者要真正起到主导作用，有强烈的质量责任感，愿意热情地投入精力，将以市场、顾客为导向的质量意识贯彻到企业预算计划和重大决策中。

（3）完善质量管理、监督及激励体制

企业必须建立完善的质量管理体制，并以此为核心，建立完善的质量管理机构，充分发挥从全员到全企业的参与放大效应，也就是要形成高层管理者—管理机构—全员—全企业的完整参与链条，明确各个部门和人员的责任，并获得授权，规范员工对质量问题的思考方法与模式。这些都需要通过建立完善的质量管理体制来实现，所有的这些工作最终会在企业内部形成特有的氛围与环境，即质量文化。同时，企业内部质量监督与激励机制的建立和完善，可对全体员工的质量价值观予以引导。

（4）开展大规模的培训及质量文化的持续改进

质量的改进与提升不仅需要技术，也需要管理。同时，每个人的质量意识和态度更是起着决定性作用。技术知识的增长和管理技能的提升，质量意识和态度的不断转变与创新，必须依靠大规模的培训与质量文化的持续改进。借助培训，企业能将以法规、制度约束为主的硬管理方法同调动员工内在积极性的软管理模式充分结合，通过培训转变员工的观念，提升员工的素质，带动质量文化的持续改进。

品牌质量文化建设离不开教育培训的重要推动。企业要建立和完善质量文化教育培训体系，要涵盖所有成员和所有过程，明确各级人员和相关部门的职责。培训必须有规划，企业要做好前期的需求分析，确定教育培训的具体内容，根据企业实际选择合适的教育培训方式，并通过对教育培训计划的实施以及考评和改进，不断提高品牌质量文化建设水平。

（三）案例：打造世界一流航空工业品牌 铸就新时代航空强国图腾 [①]

为贯彻落实"三个转变"的重要指示，中国航空工业集团有限公司（以下简称"航空工业集团"）坚持以实现航空梦、强国梦，助力实现中华民族伟大复兴中国梦的使命担当来认识品牌工作，以提升中国在世界秩序中话语权的高度来谋划品牌工作，确定并实施"一心、两融、三力、五化"的新时代发展战略，通过坚持创新引领、坚定文化自信、增强竞争优势，充分发挥品牌质量文化建设对本公司发展战略的支撑作用，做大做强民族品牌，助力航空强国、制造强国建设，为建设品牌强国贡献航空智慧和航空力量。图 7.4 所示为航空工业集团的飞机产品模型。

[①] 材料来源：中国航空工业集团有限公司党组书记、董事长谭瑞松的文章

图7.4　航空工业集团的飞机产品模型

1. 打造先进文化力，积淀品牌文化内涵；弘扬航空报国精神，传承文化自信基因

　　文化力是综合国力竞争中最深厚最持久的力量，拥有强大的文化软实力、响亮的"话语权"、广受欢迎的文化产品，才能使民族在世界上始终保持高度存在感。彰显中国的文化自信，需要每个企业、每个公民牢固株立文化自信，并通过自身努力为先进文化力建设贡献优秀实践和独特智慧。

　　航空工业集团作为军工央企，是承接党中央决策部署的第一棒，是国家最可信赖的依靠力量之一，也是讲好中国故事，提升国家整体形象，对外打造中国影响力的"主力军"。航空工业集团从创立之日起，就被赋予了航空救国、航空报国的使命和责任，肩负着为建设世界一流军队提供先进航空武器装备、保卫国家领土领空安全、支撑国民经济发展、捍卫科技安全的重任。因此，报国情怀是航空人先天固有的"精神基因"。从以徐舜寿、黄志千等为代表的新中国航空工业创业者们"航空救国、航空报国"的艰辛奋斗，到罗阳、李天等新一代航空人"航空报国"的热血投入，航空人的个人理想始终与国家安危、民族振兴、人民幸福紧密相连。航空工业集团在70年的发展壮大过程中，培育并传承了"忠诚奉献、逐梦蓝天"的航空报国精神，同时大力弘扬劳模精神、工匠精神和企业家精神，这些精神熔铸在"航空工业"的品牌内涵中，"航空报国、航空强国"的核心价值观成为航空工业品牌独特的文化基因。进入新时代，航空工业集团凝聚起几十万航空人建设新时代航空强国的磅礴力量；以航空武器装备实现跨越式发展的成就，以及通过这些成就背后所蕴含的精神力量和文化感染力来提升"航空工业"品牌的影响力，从而激励、鼓舞和振奋更多的民众在面对复杂舆论战时保持清醒、自信和自尊。

2. 汲取航空文化养分，经营文化自信生态

先进文化力对企业核心能力的形成、保持和促进起着根本性的作用，决定了企业的价值取向和行为准则，也决定了品牌的高度和厚度。世界一流航空工业集团都具备先进的文化力，美国洛马的创新文化是行业的典范，空客倡导的多样性文化是协同不同国家航空企业共举发展的基石。航空工业集团要打造百年品牌，传承长青事业，赢得市场竞争主动权，就必须不断丰富和发展更具凝聚力和影响力的先进文化，以保持长期竞争优势。

在 2019 年工作会上，航空工业集团以"建设新时代航空强国"为使命，发布了"一心、两融、三力、五化"的新时代发展战略，"先进文化力"第一次被旗帜鲜明地写入了集团战略，组织全行业从思想引领力、管理支撑力、行为导向力、团队凝聚力和社会影响力等方面，开展先进文化力研究与实践。航空工业在 70 年的创业、成长过程中拼搏奋斗积淀的文化养分磅礴坚韧，是实现航空梦最基础、最广泛、最深厚的自信源泉。站在建设新时代航空强国征程的新起点上，航空工业集团需要以自我革命精神完成一次雄鹰的换羽，以先进文化力建设为牵引，以体系化思维搭建航空工业改革发展的坚固基石，以高质量发展成果来检验先进文化力的成效，使"航空工业"品牌中蕴蓄蓬勃发展的文化力量。

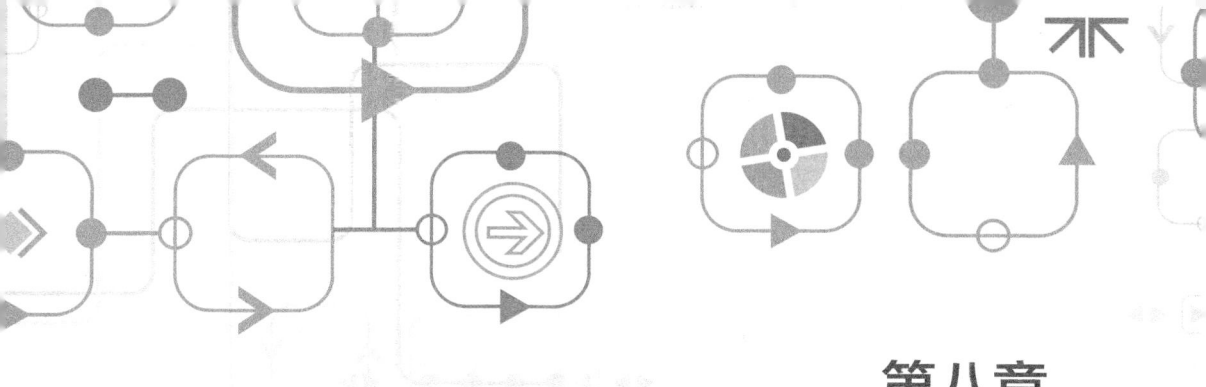

第八章
工业企业品牌文化传播

一、品牌文化传播概述

（一）品牌传播

1. 传播及传播过程的组成要素

本书沿用传播学中"传播"一词的概念，认为"传播"是指社会信息系统中社会信息的传递及其运作模式。社会信息是伴随着人类社会的出现而产生的，经历自然信息的累积，从语言的出现到信息的分享，从文字和纸张的出现到信息的记录和时空传递，从无线电的出现到信息的实时传输，从电视的出现到信息的远距离实时多媒体传输，从互联网的出现到信息的双向交互……社会信息是传播的主要内容，而传播的本质是有目的性地传输社会信息。随着科技的发展，传播的形式也在发生着变化，并逐渐走向多元化。

传播过程的组成要素包括传播者、信息、媒介、接受者和反馈，见图8.1。

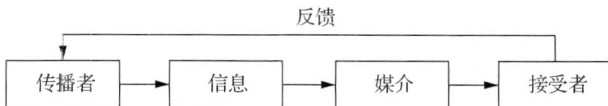

图8.1　传播过程的组成要素

（1）传播者。传播者又称"信源""发起者"，主要是指信息的来源，是信息的发送者。

（2）信息。信息是指在社会系统中个体与个体之间或个体与群体之间进行沟通交流的符号，这些符号要求在传受双方的认知范围内相互联系并且可以表达完整意义。

（3）媒介。媒介又称"信道""搬运者"，主要是指信息的载体，是信息传播的渠道。媒介在信息传播中起着关键性作用，在传播者和接受者之间建立联系，为信息在两者间的传递提供工具和手段。随着科技的发展，媒介形态不断发展变化，它既可以是实体的杂志、报纸和邮件等，也可以是虚拟的社交平台、互联网和新媒体等。当然，选取的媒介不同，信息传播的质量和速度也会有所不同。

（4）接受者。接受者又称"信宿""接收者"，主要是指信息的目的地，是信息的接受者。接受者是信息传播中被动接受信息的一方，同时也是信息反馈中主动反映信息的一方。

（5）反馈。反馈是指接受者对信息的反映并进行信息处理后反向作用回传播者的过程。反馈这一过程体现出接受者的能动性，同时也体现出传播者的目的性。

2. 品牌传播

（1）品牌传播的概念

任何一种传播的本质都是对信息的传递，不论采取何种传播手段，说到底都是在传递信息。品牌传播是指品牌所有者遵循品牌独特的核心价值观，在品牌识别框架下，通过广告宣传、营销活动、公共关系、人际沟通等传播策略与工具，与目标消费者进行的一系列关于品牌信息的交流活动。[①] 总体来说，品牌传播就是品牌信息的传递或品牌信息系统的运行。品牌传播涉及符号学、传播学和市场营销学等学科的内容。

品牌传播是建立消费者与品牌间关系的过程，以品牌理念和产品作为与消费者进行意义交互的介质，建立独特的品牌形象，从而在消费者的观念中建立差异化优势，获得目标消费者的认同感和信任感，培养消费者的品牌忠诚度，最大化地增加品牌资产。[②] 但是，品牌传播作为企业传播行为的一种，不仅是获得消费者认同的手段，更是对品牌价值的探索。企业一方面利用品牌传播维护品牌与消费者及其他利益关联者的正向关系，另一方面也从消费者的反馈中不断调整经营方式，不断完善经营理念，根据市场变化及时对品牌做出调整，力求向消费者提供超出产品本身的额外价值。传播活动的动态性决定了品牌传播是一项开放的、系统的、长期的

---

① 姚曦，邓云. 品牌传播研究的新范畴与新内容——基于发生学的认识图式 [J]. 武汉大学学报（哲学社会科学版），2020，73（4）：74-84.

② 左雾. 2018 年度海外科技品牌公关传播影响力 TOP40[J]. 互联网周刊，2019（3）：58-59.

工作，这就要求品牌所有者具有前瞻性视野，做好品牌战略规划，持续稳定地向目标消费者传输品牌信息。

（2）品牌的公众传播特质

随着信息化进程的不断推进，企业也跟随信息化浪潮不断更新传播手段，以探索创新的表现方式来推广品牌，吸引消费者。然而，信息爆炸式泛滥使一些消费者失去了识别有效信息的耐心。因此，品牌在向消费者传达信息时，要求信息涵盖产品、服务、价值观等品牌要素内容，从而能够迅速树立品牌形象，简化品牌营销在信息传播环节的难题。

品牌在公众传播中所表现的形象不仅是企业的名片，还是消费者价值观的象征。同时，品牌的公众传播更是对产品与服务的质量和价格的承诺，为消费者创造一种高效的选择模式。品牌传播在一定程度上会强化品牌在消费者思想意识中的品牌价值的积累；反过来，品牌价值的积累会加深和拓宽品牌传播的深度和广度，从而提高品牌的知名度、认知度和品牌在市场中的地位。

品牌的公众传播特质要求企业要以公众人物的身份要求自己，要关注传播内容的广度，提高品牌的影响力与知名度；关注传播内容的深度，提高消费者对品牌的认知度和认同感。

（二）品牌文化传播

品牌文化在传播上客观存在着一个接触、认知、记忆、理解、认同、归属和忠诚的形成过程。目前大多数企业都认识到品牌文化能够提升品牌价值、赋予品牌生命力，但是在塑造品牌文化的过程中，企业或困惑于如何挖掘品牌文化，或困惑于如何让员工和消费者认同企业的品牌文化。简而言之，品牌文化塑造可以概括为品牌文化定位、品牌文化设计和品牌文化传播3个主要工作阶段。品牌文化定位，简单地说就是为品牌注入文化内涵。这一阶段工作的主要内容是寻找品牌文化的切入点和凝练品牌文化核心理念。品牌文化设计，准确地说，是在品牌文化定位的基础上，将品牌文化核心理念符号化、物质化的设计过程。品牌文化传播，从本质上说，是与受众沟通前两个阶段的工作成果的过程。从逻辑上看，品牌文化塑造的3个阶段的工作是相互联系的有机整体，3个阶段的工作都不能有所偏废。但是，品牌文化传播所具备的执行性质决定了品牌文化塑造的成败，使品牌文化传播成为品牌文化塑造的主体性工作。

企业品牌文化理念的广泛传播是品牌文化理念深入渗透到企业经营方

方面面的基本前提。① 这就要求企业研究品牌文化理念在企业内外传播的网络渠道和传播的客观规律。只有在此基础上,企业才能使品牌文化被"干部精通、员工熟悉、客户知晓",使企业品牌文化理念转化为员工的行为习惯,转化为企业各利益关联者的绝对信任和相应的行为习惯。

品牌传播的基本构成要素为传播者、信息、媒介、接受者和反馈,品牌文化传播的构成要素略有变化,如"媒介"变为"传播途径",多了一个"达到的效果"。企业要把握品牌文化传播的总过程,满足消费者需求,促进品牌文化建设越发完善。从图8.2中可以看出,根据传播方向的不同,品牌文化传播分为内部传播和外部传播。内部传播主要是指在企业内部员工中的传播,它常与企业员工的职业化建设密切相关;外部传播是指在目标消费群体中的传播,它常与企业的品牌建设、形象建设密切相关。

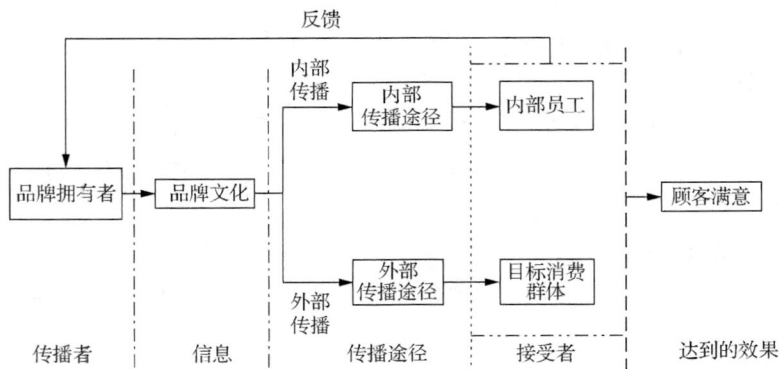

图8.2 品牌文化传播途径（吕小宇,2007）

二、工业企业品牌文化内部传播

（一）工业企业品牌文化内部传播概述

1. 工业企业品牌文化内部传播的概念

品牌文化内部传播指的是企业根据品牌文化的定位,对内部全体成员从认识上进行高度一致的协同,通过各种传播途径,使得各个经营环节与品牌协同②,是通过各种方式和管理手段,来强化员工对企业品牌文化价值观念、行为准则等的认同,使其行为逐渐发生改变,形成符合企业品牌文

---

① 王志亮. 基于品牌文化塑造的传播策略研究 [J]. 商场现代化,2007（26）:129-131.
② 张学莉. 七建装饰公司品牌文化建设研究与分析 [D]. 兰州:兰州大学,2016.

化管理目标所期望的行为方式和行为习惯的过程。要想壮大品牌，使品牌常青，用好品牌文化内部传播是非常关键的。

企业如果不能真正将品牌文化理念渗透于企业内部，提炼出的品牌文化理念即使完美无缺，也只能停留在口头上，浮于表面，并不能对企业员工的行为产生实质性影响。换言之，品牌文化本身是以一种理性化的形式存在的，只有将其转化为企业员工的具体行动，使其渗透于企业的各个部门和业务环节，才能起到规范品牌文化运作、指导企业品牌运营的作用。要使企业品牌文化理念真正成为企业员工共有的一种价值观念，成为企业行动的指南，品牌文化内部传播就是必不可少的运作程序。

此外，品牌文化内部传播是品牌文化外部传播的前提和基础。做好品牌文化内部传播，有利于锻炼品牌文化管理队伍，提升企业管理品牌文化的水平，而且品牌文化外部传播要素与品牌文化内部传播要素有直接联系，要素经过品牌文化内部传播的反复锤炼提高了质量和适用性，必然有利于提升品牌文化外部传播的效果。

2. 工业企业品牌文化内部传播的功能

第一，形成品牌文化理念共识。品牌文化内部传播的过程实质上是品牌文化理念全面渗透于企业与员工行为及企业视觉识别的过程，是将抽象概念内化为企业及其员工的意识和自觉行为的过程。要使品牌文化理念内化为企业及其员工的意识和自觉行动，企业就必须尽快让全体员工知晓企业品牌的物质文化、制度文化、精神文化的各项内容，以使品牌文化理念至少在表层上能初步为员工所接受和把握。

品牌文化内部传播具有先导作用。品牌文化传播的核心要义是将品牌文化理念传递给消费者。虽然有各类外部传播手段，但品牌文化理念在形式上更多地体现为企业的一种关于品牌文化的自我主张。由此说明，这种主张要体现出严密的一致性，首先，理念的内涵表述要清晰、统一；其次，内涵在对外传达时也要清晰、一致。如果品牌文化理念在企业内部没有达成共识，企业的各个部门、各级组织、各类成员就会依据各自对品牌文化理念的理解来开展工作，一方面，这会导致企业内部品牌文化管理工作的混乱，产生部门之间的冲突和组织内耗；另一方面，这会导致企业自身对理念认知的混乱、不一致，那么企业向外部传达与展现的品牌文化理念必然不会清晰。

企业品牌文化传播的成功与否需要看企业品牌文化理念能否凝聚意志，能否激发企业上下一起进行创造性的思考，而员工的积极性、创造性是否能够获得激发又在于是否有让员工一致认同的品牌文化理念。[①] 正确的、一致的品牌文化理念可以促使企业各部门、各要素之间的协调，从而有助于调和内部矛盾、减少内耗，形成气氛融洽、能促使员工专心致志工作的良好环境。在这种环境中工作，员工拥有基于共同理念的情感认同，彼此间建立了强信任关系，人们自然不用担心别人会侵犯自己的利益，也不用相互防备，只需专注于本职工作，能持续保持工作动力。理念是一种无形的精神力量，它一旦武装了生产力要素中最具创造性的要素——人，就会转化为强大的物质力量。

第二，规范和统一员工行为。从经济视角分析，企业的各个部分因服务于特定的共同目标，相互依赖、相互作用，组成了一个有机的整体。员工作为企业的主体，其能力、兴趣、爱好等都存在差别。要把这些不同类型的人团结、组织在一起去共同完成企业的目标，有效规范员工的行为就变得尤为重要。企业进行有效的品牌文化内部传播，可以更好地规范企业全体员工与品牌文化建设有关的行为，使员工在思想、意识、行为上达到完全统一，从而有效地开展品牌文化建设与推广工作。

品牌文化内部传播的目的是对员工的行为产生导向作用，从而使企业上下能够统一行动，共同实现品牌文化管理的目标。如果详细区分，企业品牌文化理念包括企业品牌经营理念和企业品牌行为理念，而企业品牌行为理念则是员工将企业品牌的存在意义、品牌经营理念转换成一种观念、思想、精神，在日常的言行中表现出来，并以组织规范形式，让员工明确如何通过共同努力不断提高企业品牌文化竞争力。[②] 企业品牌文化理念的规范功能主要体现在，它可以内化为员工的自我约束力。企业员工队伍往往较为复杂，他们本身有着各自不同的价值观念，如果没有约束，让员工随意地去做一件事，结果就是一人一个做法，工作目标肯定没法实现。对企业而言，企业品牌文化理念的规范功能是能让企业行为和员工行为职业化、统一化、标准化。

品牌文化内部传播能为企业行为和员工行为提供统一指导，这种统一指导的作用主要体现在 3 个方面：一是潜移默化地影响、同化员工的心理和行为，使员工围绕企业品牌文化理念结为一体，朝着共同的目标而努力；二是通过群体的价值认同来引导员工；三是形成理念上的共识有利于一致性地制定和整齐划一地执行与企业和品牌文化建设有关的各项规章制度。

① 王雯. 浅析新时代企业品牌文化建设 [J]. 经济师，2020（3）：282，284.
② 王娟. YNDL 公司企业文化认同提升方案研究 [D]. 昆明：云南大学，2019.

各种规章制度、奖励惩处办法等，实际上是企业以制度的形式对企业员工的普遍行为进行系统化和秩序化，使企业员工的行为成为一种职业化行为，从而满足企业对员工的期望，而员工也将从这种职业化的过程中得到肯定、认同和嘉奖。

（二）工业企业品牌文化内部传播途径

1. 工业企业品牌文化的培训传播

凡是优秀的企业都重视对员工的培训，都把对员工的培训当作培养和选拔人才、加强内部管理、统一员工思想、提高企业凝聚力的必要手段。企业培训对品牌文化内部传播的意义重大，特别是对品牌文化在新员工中的传播具有不可替代的作用。

企业的培训活动往往有着规范的组织形式，一般由专门的机构和人员负责，而且有详细的培训计划。因此，通过培训来传播企业品牌文化，往往会得到较为理想的效果。一般而言，企业品牌文化理念的内部传播往往是从对员工的培训开始的。在全员范围内开展有关企业品牌文化的培训活动，能让全体员工尤其是基层员工认识到企业品牌文化建设对企业发展的重要意义，认识提高了，员工就会对企业的品牌文化建设给予更多关注，更加倾向于从心理和行动上支持企业的品牌文化建设与运营活动。[①]企业可以通过培训让新员工了解和领悟企业品牌文化理念，使他们上岗后自觉或不自觉地遵从企业品牌文化理念。为了让员工全面、准确地掌握企业的品牌文化建设的目标、内容、实施方法和管理办法，并按照计划开展品牌文化建设工作，企业必须及时组织集中的或分散的培训活动，并设置一些激励机制和具体控制环节以使员工都能按照要求参与进来，保质保量地实现既定培训目标。培训的具体形式丰富多样，如召开职工大会，召开管理部门、生产车间、销售部门、技术开发部门、品牌管理部门和其他后勤服务部门的专门会议，或者建立学习小组进行学习和讨论，还可以印发学习材料，召开各种专题会议等。通过培训，企业可以将企业的品牌文化建设理念和工作思路准确地传递给员工，使双方形成共识。通过培训，企业可以尽量避免员工对品牌文化建设指导思想和行动目标的曲解和误导，以保证各种具体的实施计划得到切实落实。

2. 工业企业品牌文化的制度传播

制度对人们行为的规范和导向作用往往最为直接和有效。企业的规章

① 李巧荣，陈玉龙. 浅谈公司内部培训中心在企业文化传播方面的作用 [J]. 企业改革与管理，2014（2）：48.

制度作为企业各项行为的规范、约束和激励条款，以书面文字的形式规定或者说明了在一个企业内部，哪些行为是符合企业价值观要求的，是允许发生的，以及哪些行为是有悖于价值观要求的，是不允许发生的。企业要通过多种形式，贯彻品牌价值观及规章制度理念，重点是要将这种价值观及理念推介并渗透到员工内部。同时，品牌文化建设是一个动态的、不断发展和完善的过程，所以企业要建立行之有效的制度体系并不断对其进行巩固、内化。制度体系建设可使企业品牌精神融入品牌经营工作的全过程，使员工把对品牌的感性认识上升为理性执行，从而不断提升企业品牌文化的层次。

企业要建立规范有效的奖惩机制，做到赏罚分明。如果员工的行为符合企业规范要求，企业就要及时给予奖励；相反，对违反企业规范的行为要进行批评、惩罚。通过对一种行为的肯定或否定，达到使员工重复或终止某一行为的目的，这是管理制度层面的企业品牌文化理念的实践方法之一。抽象的、统领性的企业品牌文化理念，只有充分同管理制度对接，才能保证理念被准确和切实有效地落实。发挥企业制度的规范导向作用需要注意有关制度体系的建设，因为企业制度的规范导向作用的有效发挥依赖于制度体系建设的完备性、规范性、协同性。

首先，只要有必要，规章制度就要覆盖企业品牌文化的方方面面，如果有重要遗漏，企业必须运用其他手段来弥补这个漏洞，否则一个漏洞可能就会影响整个制度体系的运行效果。其次，制度体系要体现出规范性，即它是基于一定的理论框架而设计出来的；同时，具体执行的制度也要体现出规范性。最后，由于企业内外部环境和条件的变化，或者由于制度体系规范性的欠缺，制度间可能会相互矛盾、相互掣肘，此时企业就要及时做出调整。

3. 工业企业品牌文化的媒体传播

随着信息和媒介技术的发展，企业可供品牌文化内部传播的手段越来越丰富，具体媒介形式如内部刊物、企业官网、企业官微、电子邮件、内部工作网络平台、即时通信平台、网络社区等，各类平面展示实体如展架、展板、壁画、海报、商务用品等，还有新型的媒介形式如短视频、微电影、直播等。

企业内部的这些传播媒体都可能是企业品牌文化理念传播的渠道。虽然媒体传播不如会议传播、培训传播具有权威性和强制性，但通过企业内部媒体交流和传播的信息往往比通过会议和培训传播的信息更丰富、更及时，也更有利于员工之间及时地交流、分享、学习。此外，内部媒介，尤其是那些新型的媒介形式，很容易突破传统媒介的限制，在一定意义上可以集成其他各种内部传播手段，如培训可以通过媒体实时进行或实况转播，企业也可以把以往的培训素材作为媒介素材，或者放置云端，供员工随时调用。新型的媒介形式为创新企业培训形式提供了无限可能。因此，媒体传播往往是企业品牌文化理念进行内部传播的最常用渠道，很多企业在宣传自己的品牌文化理念时总是自觉或不自觉地使用媒体传播。

企业的内部媒体虽然丰富多样，但需要注意的是，创办这些媒体的目标和宗旨都应当与企业的使命、价值观、风格相一致。媒体传播无论是在内容还是形式上，均应体现企业的文化特质。有时，企业的理念和风格就是媒体所要传播的主要或重要的内容。充分调动和利用企业内部的媒体资源，对于营造企业品牌文化建设的舆论氛围，传播企业价值理念，推动企业制度变革极为重要。这些内部媒体往往也是企业管理层和员工沟通的主要场所。

此外，借助内部媒体宣传时可以利用环境熏陶的方法，将企业品牌文化理念视觉化、环境化、艺术化，如制作匾额、绘制海报，也可以制作巨幅壁画，将其置于办公室、工厂或其他地方的墙上，营造一种"象征性环境"。这种视觉化、环境化、艺术化的方式，能潜移默化地向人们传达企业品牌文化理念。

在移动通信应用飞速发展的大背景下，企业一定要善于利用各类即时通信工具，比如微信群、官方公众号、官方微博等。这些工具功能强大，可以有效提升员工的学习能力和团队的协作能力。此外，移动通信应用为创新品牌文化内部传播提供了多种可能的实现方法与路径，比如企业可以通过微信公众号建立内部品牌社区，让所有员工都加入社区，通过一种生活化的方式传递企业品牌文化理念，以大大提高品牌文化内部传播的功效。

4. 工业企业品牌文化的文化网络传播

作为企业文化的渠道性要素，文化网络指的是组织内部的奇闻趣事、秘闻机要等信息所借以传播的一种"非正式途径"。它是由非正式组织或群体及其所处的特定场合组成的。所谓非正式组织，简而言之就是若干组织员工由于感情相投、兴趣相近而结合成的一种关系网。[1]非正式组织

---

① 曹玉洁. 具有参照价格效应的双渠道供应链广告策略研究 [D]. 福州：福州大学，2015.

在企业中普遍存在，对待非正式组织的态度既不能是禁止或取缔，也不能是听之任之、视而不见，正确的态度应该是因势利导，淡化其消极影响，发挥其积极作用。对企业品牌文化进行内部传播时完全可以运用这种"非正式途径"，如果运用得当，往往会取得通过其他途径无法达到的效果。

文化网络主要负责传递企业的文化信息，因此也具有如下几点特征：第一，它能对所传播的信息进行"艺术加工"，使其变得生动而吸引人；第二，传播的文化信息容易失真，这就是"小道消息"与"官方解释"的差别所在；第三，消息的传递过程主要依赖传播者的口头表达，这也就造成了企业内部不同的员工在一定的文化网络中扮演着不同的角色。[①]

像非正式组织一样，文化网络也不可能避免，企业需要做的是保持企业品牌文化的主导作用，或者说通过企业品牌文化这种强文化，借助对文化网络的挖掘来实现对自己员工的有效管理。

5. 工业企业品牌文化的模范人物传播

现代社会心理学已经证实，个体都有在所属群体中崭露头角的强烈愿望，这一积极的心理机制可以被用来转化成组织需要的具体行为过程。实际上，很多企业都把对模范人物的培养与宣传作为企业文化建设的重要手段。同样，企业也完全可以通过对那些模范人物事迹的进一步加工、提炼，找出能够体现企业品牌价值观或品牌文化理念的要素，把它作为企业重要的品牌文化资源，并在日后加以利用。企业也可以专门培养和宣传能够代表企业品牌文化理念的模范人物和典型事迹，通过典型示范作用推动品牌文化的内部传播。

在一个企业中，能被尊崇为模范人物的一般应该符合一定的要求：首先，他们要代表组织提倡的形象；其次，他们要有鲜明的个性或值得员工信服的优良作风；最后，他们要通过自己的行动向组织成员展现出人人都能成功、人人通过努力都可以做到的信念，并且能够充当个人追求与企业目标之间的联系纽带。

在企业品牌文化建设过程中，那些直接或间接地为了创立、维护和践行企业品牌价值观而付出过艰苦卓绝的努力的人，行为符合品牌价值观要求的人，能够践行企业规章制度的人，还有那些践行企业品牌文化理念而闪耀着熠熠光辉的人，他们都是模范人物，企业要利用他们的言行感化企

---

① 李志龙. 国有企业文化传承与创新的管理研究 [D]. 福州：福州大学，2015.

业内的其他人，从而形成围绕品牌价值观的巨大凝聚力。在现实中的企业里，这种模范人物通常有两种：一种被叫作"共生式英雄"或"创业英雄"，这类人物数量很少，多为某一企业的开创者、缔造者或领袖，他们身上往往具有一些共同之处，比如怀有远大志向，又经历了艰苦的拼搏才取得现在的成功，像通用电气的杰克·韦尔奇、松下的松下幸之助、华为的任正非、海尔的张瑞敏等。另一种被叫作"情境式英雄"，他们往往出自企业中的普通员工，是在特定时期涌现出来的模范、典范，企业通过对他们行为的推崇和颂扬来向员工展示企业希望或要求的具体行为准则和规范究竟是什么，而且这些人越是普通则越有更强的感染力。

企业应寻找或推崇企业内的模范人物，努力使文字的制度转化为鲜活的人物，从而更好地诠释企业品牌价值观的主张和规章制度的规范、约束作用。同时，企业要充分挖掘模范人物体现出的企业品牌文化理念要素，努力使模范人物成为企业品牌文化的人格化象征，利用其可供仿效的特点对企业品牌文化的形成及不断巩固施加强有力的影响。

6. 工业企业品牌文化的创意活动传播

工业企业品牌文化的内部传播要做好形式与内容的丰富与统一。企业可以充分利用企业日常形成的企业文化建设、团队建设等的方法和手段，通过开发一些创意活动，激发员工的参与热情和参与动力，达到良好的传播目的。这些创意活动可以有多种方式，如"反复唱和"法、"理念翻译"法、"典礼仪式"法等。

"反复唱和"法是指将企业品牌文化理念标语化、口号化、诗歌化、座右铭化，通过让员工反复地朗诵、吟唱，以提高对全体员工的刺激频率，从而加深员工对品牌文化理念的印象的一种方法。

"理念翻译"法中的"理念翻译"并非指把品牌文化理念的文字表述翻译成其他语言，而是指将品牌文化理念转换成符合员工自身的特有的认知、识别、表达和实践方式。"理念翻译"法实际上是指在现实的特定情境下，员工应结合自己的切身体验来阐释企业的品牌文化理念，或者依据企业的品牌文化理念进行自我设计，使企业的品牌文化理念和自己的思想融为一体，并在品牌文化理念的指导下，重新审视和设计自己的行动方针，从而使规章制度化的纪律转化为员工的自律。对企业的品牌文化理念进行"翻译"的实质是一种企业品牌文化的自我教育和熏陶，企业通过这种自我教育和熏陶来达到使企业员工自律的目的。"理念翻译"法的实施方式很多，包括以如何"依据企业的品牌文化理念进行自我设计"为题，在班组、车间或公司内部展开讨论，发表感想，或将之刊载于企业报刊上，使企业从上至下形成共识，再以此进行讲评或奖励；也可以采取征文形式，让全体员工以企业品牌文化理念为核心，结合企业的具体情况、具体社会现象或自身经历等作文、作诗、作画，把最好的文、诗、画推荐到全国性刊物上发表，不能发表的文、诗、画可以在企业内部媒体上发表，同时进行评奖，给予员工物质和精神上的奖励。

"典礼仪式"法中的"典礼仪式"是指企业围绕着自己的文化宗旨而举行的能体现组织的发展追求与自身价值观的各项活动。作为企业活动的重要组成部分，典礼仪式可以使参加的员工增进对彼此的了解和加强彼此间的沟通，员工沉浸在企业文化氛围之中，体会着尊严和自我价值感的受重视，企业的价值观也就能够反复地被员工感受到，企业价值观的强化也就成了必然的结果。"典礼仪式"法的具体实施方式包括企业定期或不定期地策划组织各种形式的午餐会、讲演会、表彰会、体育比赛、文艺演出等。这些富有特色的象征性活动在表达企业品牌文化、构筑企业品牌文化理念方面有独特的作用。

7. 工业企业利用 CIS 进行品牌文化的内部传播

企业形象识别系统（Corporate Identity System, CIS）指企业有意识、有计划地将自己的各种特征向社会公众展示与传播，使社会公众在市场环境中对该企业有一个标准化、差别化的印象和认识，以便更好地识别企业并对企业留下良好的印象。CIS 用于品牌文化内部传播的价值在于，如果企业已经建立了 CIS 系统，它本身就是一个规范的系统，有着规范的操作流程，而且品牌文化识别要素本身就已经包含在系统当中，即使没有，重新提炼、导入也并不困难。[①]

企业一般在 CIS 设计全部完成之后，会将所设计的内容和操作细则以 CIS 手册的文本形式编制记载下来，作为全面开展工作的依据。编制 CIS 手册的目的和作用主要有两个方面：一是记录 CIS 设计成果，即借助图文载体，将 CIS 设计成果加以保存，以便随时运用。二是为企业 CIS 实施作业提供工作手册和依据。企业需要对 CIS 手册中的品牌文化识别要素进行全面、系统的提炼、导入，这个环节往往是一项复杂的工作。图 8.3 所示为某企业的 CIS 手册。

① 陆磊，朱羽舒，周雨琦，王傅豪. 互联网背景下保健品公司企业形象识别系统策略研究 [J]. 现代营销（经营版），2019（2）：67.

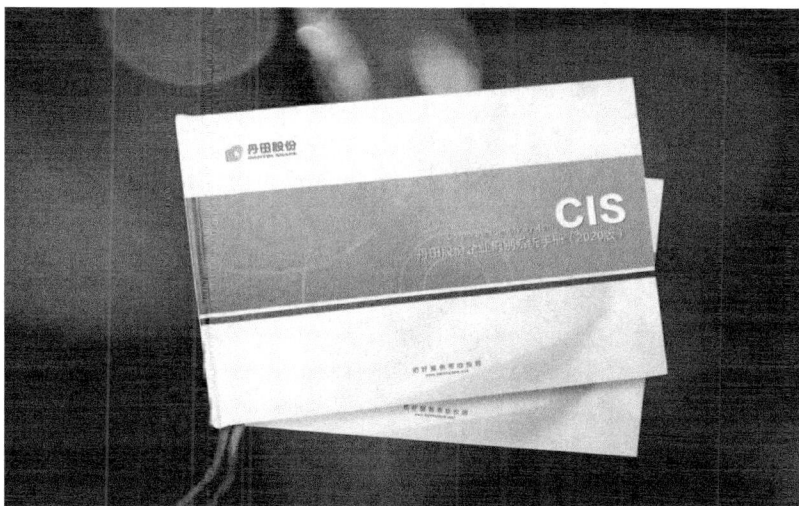

图8.3 某企业的CIS手册

一旦以手册的形式固定下来，CIS 手册就成为企业工作的纲领性文件，无特别理由不得随意更改。在一个企业中，CIS 手册往往人手一份，它是企业的统一规章，因而要求每位员工都能根据手册的规范行事，不得违背。借助 CIS 手册，全体员工的个人行为就能得到规范。

（三）案例：飞跃集团的品牌文化内部传播

飞跃集团的发展历程可追溯到 1981 年，在改革开放的大潮中，飞跃集团经过几十年的发展，已成长为一家拥有上万名员工，涉及装备制造、再生资源等产业，集科研、生产、进出口贸易于一体的大型外向型企业集团。

飞跃集团坚持走新型工业化道路，切实推进创新战略，拥有国家级企业技术中心和博士后科研工作站，是全国缝制设备行业标准起草单位、全国缝制设备行业排头兵、全国行业专利示范企业，与中科院计算所等建立了战略合作关系，推出了一系列拥有自主核心技术的自动化、智能化、机电一体化产品，形成了成套设备的生产能力。飞跃集团的一系列拥有自主知识产权的产品出口到欧美等 150 多个国家和地区，其多功能家用缝纫机入选外交部"外交礼品"，在国内外打响了FEIYUE（见图 8.4）、YAMATA 品牌，曾荣获"中国驰名商标""中国名牌产品""出口名牌"称号，跻身"中国十大世界影响力品牌"行列。

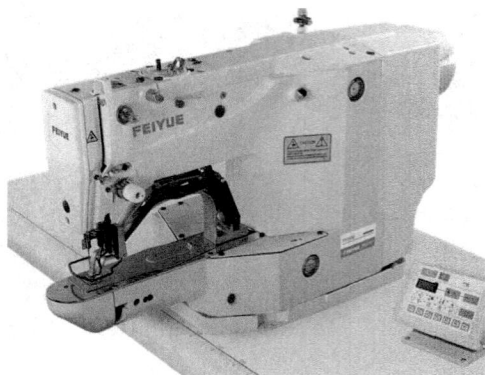

图8.4　飞跃集团生产的缝纫机

　　飞跃集团在创办初期就十分重视品牌文化的内部传播工作，不断加强文化生活设施的建设，建成了培训中心、党建活动中心、多功能厅、篮球场、图书阅览室、乒乓球室、健身房等，飞跃集团的生产区内设有以企业精神、企业理念、企业宗旨等为内容的大型宣传牌，开辟了黑板报、墙报、橱窗等阵地，先后开办了中英文双语的《飞跃报》《飞跃之路》等内刊，形成了一道道展示企业和员工面貌的风景线（见图 8.5）。同时，飞跃集团努力追求企业整体统一形象，导入了 CIS，对企业徽标、服饰、包装等都制定了相应的规范和标准。

图8.5　飞跃集团的文化展板

　　飞跃集团突出强调了"以人为本"的理念，针对企业发展需要，积极倡导建立"学习型企业"，制定了人才教育培训规划，建立了员工文化学习班，开展文化基础知识和基本技能培训，有计划、分层次地对员工进行全面轮训。飞跃集团以"凝聚力工程"为载体，切实做到"活动开展经常化，内容形式多样化"。文体活动的开展，大大丰富了广大员工的文化生活，潜移默化地陶冶了员工的情操，使其在轻松、愉悦的氛围中得以修身养性，企业由此逐步引导广大员工实现对企业品牌文化理念的认同，推进了企业的团队建设。

三、工业企业品牌文化外部传播

（一）工业企业品牌文化外部传播概述

1. 工业企业品牌文化外部传播的概念

品牌文化外部传播是指企业借助各种传播途径，在整个社会中，主要针对企业的各个相关利益者，尤其是消费者和潜在消费者，将企业品牌文化理念准确地传递出去。企业品牌文化理念的外部传播常与企业的品牌建设、形象建设密切相关。企业要想打造一个在消费者心目中有分量的、具有亲和力的、满意的品牌，就一定要树立品牌信仰。品牌信仰的伟大之处在于它不仅能建立消费者的品牌忠诚度，还能使消费者自觉地去维护品牌、传播品牌，帮助品牌培养更多的忠实消费者，这样的品牌传播是品牌价值和品牌文化形成的重要决定力量。品牌传播既是诉求品牌个性的手段，也是形成品牌文化的重要组成部分。消费者对某一品牌的认知应该来自该品牌所实施的品牌信息传播策略的结果。好的品牌致力于向各个接触点传播一致的品牌信息，培育独具个性的品牌文化。品牌文化源自企业经营过程中的文化环境，品牌文化外部传播是从企业到消费者的一个由内而外的过程。品牌文化传播的目的是使消费者对品牌从外观形象到内涵有系统的认知，同时满足消费者的自我价值需求。在这一过程中，企业正确开发、利用合适的传播工具，调整品牌结构和管理，在深层次上传播品牌核心价值观与品牌文化，是企业能最大限度推广品牌文化的关键。如今，在信息量庞杂的市场中，品牌种类和数量繁多，为了避免企业"二度"耗费精力、财力，企业需要树立有吸引力的品牌形象，并在消费者中形成统一、鲜明、健康、具有魅力的品牌联想。

2. 工业企业品牌文化外部传播的作用

在信息化时代，传播手段有了新的突破。品牌文化也要利用创新的传播手段来树立品牌形象。品牌拥有者要挖掘企业内独特的文化资源，选取适当的营销方式加以传播，确立独特的卖点，吸引消费者，赢得消费者对有一定文化内涵的企业的信任，对本企业产品产生好感，从而建立起自己的品牌优势。品牌产品精美的包装、独特的个性设计、实用的功能是提高品牌形象及知名度的基本条件，品牌文化的传播手段在品牌营销中反而是最容易被忽略但同时也是最重要的一环。品牌文化的作用主要体现在以下4个方面。

第一，提升品牌价值。品牌是企业整体浓缩而成的符号集合体，是企业经营过程中各种行为的复合体，是企业在经营过程中所遵循的价值观升华而成的结晶。因此，品牌的构建不仅是使品牌符号化、提升品牌知名度、树立品牌形象的过程，更应该是联系品牌与消费者的强韧纽带，是企业营销产品的有力手段，是企业竞争取胜的关键。品牌的构建要从品牌价值入手，在品牌要素的各个方面体现品牌的价值观，用品牌文化提升品牌价值。

第二，促进品牌与消费者之间的融合。品牌文化的外延越加广泛，品牌文化不单指企业品牌文化，也指品牌与消费者之间文化的融合再造。然而，品牌与消费者之间的文化沟通需要以双方的价值共识为基础。品牌与消费者不是竞争对手的关系，它们是产品或品牌价值实现的不同环节，也可以说品牌是消费者的需求被满足的过程的必要组成部分，是消费者需求满足的基础。品牌文化的本质是搭建品牌与消费者之间沟通的桥梁，让品牌与消费者进行对话，让消费者接受品牌、理解品牌、对品牌产生认同感，进而让消费者参与到品牌文化的建设中来，使消费者在品牌文化的建设中产生获得感。

第三，实现品牌个性差异化。在品牌竞争过程中，实现品牌个性差异化是非常有必要的。企业拥有品牌差异可以塑造出独特的品牌形象，在横向竞争中将自身与其他品牌区分开来，以获得消费者的关注。企业要充分利用现有的文化资源，从品牌文化的建设入手，基于品牌价值，结合企业自身状况、发展环境等特殊因素塑造品牌的个性化形象。

第四，增强产品的市场竞争力。产品参与市场竞争不仅要在价格、质量等硬性条件上占有优势，还需要具备文化、理念等软实力。随着文化建设的不断推进，品牌间的文化竞争愈演愈烈。品牌文化作为企业强有力的文化竞争力，可以帮助企业在市场竞争中形成比较优势，建立消费者稳固的品牌忠诚度。卓越的品牌文化能为品牌打造有亲和力、有深度、有保障、有关怀心的良好形象，从而增强产品的市场竞争力。

（二）工业企业品牌文化外部传播途径

1. 品牌文化的新闻传播

新闻是指公众关注的最新事实信息的报道，而品牌新闻是指能够引起公众关注的与品牌有关的新情况、新信息。新闻传播的权威性是任何品牌传播方式都无法比拟的，新闻传播对树立企业品牌形象和提高品牌美誉度都非常重要，公益新闻传播还有利于企业处理与政府、公众、社团及商业机构的关系。新闻具有可转载、转播等特性。品牌文化的新闻传播主要以新闻报道和刊载播出，旨在传递品牌信息内容的新闻传播活动包括品牌新闻传播，侧重于品牌信息的传递，或者说是品牌信息传播的工具和手段。品牌文化的新闻传播是为了使品牌信息从品牌拥有者传递到目标受众的过程更为顺利、有效而采取的以新闻传播手段为主的方法，并且企业需要通过图形或程式的方式对这一过程进行归纳和应用。

2. 品牌文化的广告传播

广告传播是指为了使品牌信息能够更好地被目标受众接受，企业通过广告的方式对品牌信息进行编码，将其传递给目标受众，并且通过图形或程式的方式对这一过程进行归纳和应用。人们了解的绝大多数关于品牌的信息都是通过广告获得的，广告也是提高品牌知名度、信任度等，塑造品牌形象和个性的强有力工具。由此可见，广告是品牌传播的重心所在，它虽然无法帮助一个新品牌确立领先地位，但是可以维护品牌已经获得的领先地位。

品牌文化在很大程度上是通过广告来设计创造的。与其他传播媒介相比，广告是在心理学、传播学、市场营销学等基础上形成的，有着强烈说服力的大众传播策略。由于品牌文化是无形的，在品牌推广之初，消费者很难从产品本身体会品牌信息，而广告可以彰显品牌所代表的生活方式或价值取向，消费者通过认同广告中体现的文化进而迅速认同该品牌，这是一种十分鲜明且直接的途径。例如，一家广告公司在为统一企业推广奶茶产品时，在广告中设计了一家"左岸咖啡馆"，刻意营造出一种极其雅致的文化氛围，结果奶茶销量大涨，不少消费者纷纷打听这家咖啡馆在什么地方。

企业品牌价值的大小不同，为品牌广告选择的媒体平台、宣传方式、预算经费也各有不同。通常，跨国企业的品牌广告一般在央视、卫视等覆盖面和知名度较高的媒体平台上传播，而小型企业的品牌广告通常选择网络平台，如利用短视频平台进行直播带货。

3. 品牌文化的公共关系传播

从企业的视角看，公共关系指的是企业与消费者、大众之间的关系。公共关系简称"公关"，在特定的语境或场合，"公共关系"与"公关"可互换使用。品牌的公共关系传播是指品牌拥有者通过大众传播媒介，如报纸、广播等，以及对人际传播手段进行有机组合，向组织内部以及组织外部的公众进行品牌推广的过程。传播者通过有计划地进行特定规模的信息交流，使内外部的公众了解有关组织的信息，建立传播者与公众之间的联系，从而塑造企业的良好形象，使品牌获得更多的社会认可。品牌文化的公共关系传播的主体是品牌，而不是特定的信息传播机构。

品牌文化的公共关系传播有以下作用：一是巧妙、创新地运用新闻点，塑造企业形象和提高品牌知名度；二是提高美誉度和增强信任感，帮助企业取得公众的心理认同，这是其他传播方式无法做到的；三是通过体验营销的方式，能让难以衡量的公关效果具体化，普及一种消费文化或推行一种购买思想哲学；四是提升品牌的影响力，促进品牌资产与社会责任增值；五是通过危机公关或标准营销，可减轻组织和营销的压力。

除此之外，品牌文化的公共关系传播在许多情况下也可起到保护品牌不受损害的作用。例如，当企业与公众发生冲突或发生突发事件，公众舆论反应强烈的时候，如果处理不当，最直接与最明显的后果就是品牌的影响力被削弱，产品的销售受到影响。此时，企业应针对造成危机的不同起因（如企业行为不当、突发事件或失实报道等），动员各种力量来处理危机，协调与平衡企业和公众之间的紧张关系，使品牌少受或免受损害。同时，品牌文化的公共关系传播能使品牌人格化，以文化的力量来培养公众对品牌的好感，使品牌脱离商业味，产生人情味，从而更容易赢得公众的信任。

品牌文化的公共关系传播的对象分为内部公众和外部公众。内部公众指品牌拥有者的内部工作人员，品牌公共关系在组织内部建立良好的沟通机制，有利于保证员工之间、部门之间、层级之间有效传递信息，及时发现不利因素并采取措施消除负面影响。外部公众是品牌文化传播的对象，企业可通过巩固或改变他们的态度，从而达到传播的目标。对于大多数品牌来说，外部公众主要指政府、银行、竞争者、消费者等。内部公众和外部公众之间的划分不是绝对的，主要看品牌的主体是谁。以山东省着力打造"好客山东"文化旅游品牌为例，它的内部公众是山东省政府的各职能部门、山东各地旅游企业、山东人民，他们彼此配合，共同为山东省旅游业打造具有优势的文化旅游品牌。

4. 品牌文化的事件传播

事件传播，是指企业在真实、不损害公众利益的前提下，有计划地策划、组织举办和利用具有新闻价值的活动，通过制造有"热点新闻"效应的事件，吸引媒体和社会公众的注意力与兴趣，以达到提高社会知名度、塑造品牌良好形象，最终促进产品或服务销售的目的。事件传播集新闻效应、广告效应、公共关系、形象传播、客户关系于一体，并为新产品推介、品牌展示创造机会，有利于进行品牌识别和品牌定位，是近年来国内外非常流行的一种快速提升品牌知名度与美誉度的传播与推广手段。

事件传播的媒体作为第三方传输媒介，具有一定的权威性、可信性，并且受众接收到的媒体传达的信息中有很多都属于主动接收的信息，更具可信度。脑白金在不同时期制造了不同的热点事件，如"脑白金拍卖商标所有权"等，对其品牌传播起到了提速的作用。20世纪90年代后期，互联网的飞速发展为事件传播带来了巨大契机。通过网络，一个事件或者一个话题可以更轻松地进行传播并引起关注，成功的事件传播案例开始大量出现。

5. 品牌文化的植入式传播

植入式传播，是指将产品或品牌及其代表性的视听符号甚至服务内容策略性地融入视听媒介中的一种隐形传播方式。这一方式可运用于电影、电视剧、综艺节目、报纸等，以给消费者留下印象，从而达到营销的目的。这种潜移默化的宣传比硬性推销的效果要好得多。

植入式传播的表现空间十分广阔，在影视剧和娱乐节目中可以找到诸多适合的植入物和植入方式，常见的植入物有商品、标识、视觉识别、企业形象识别、包装、品牌名称以及企业吉祥物等，常见的植入方式有影视植入、文学作品植入、网络游戏植入3种。

在影视植入中，常见的形式是给一个特写镜头。如在《阿甘正传》这部经典影片中，阿甘一直在跑，也许是在追求，也许是在逃避。通过特写镜头，阿甘得到了喜欢之人送的一双鞋，开始了数年的长跑，一直从美国东海岸跑到西海岸。除此之外，影视植入的形式还包括角色扮演，如动画片《海尔兄弟》用海尔的吉祥物作主演，在低龄观众心目中植入了对海尔品牌的广泛认同。

文学作品植入是将品牌作为文学作品的情景或素材，如小说《藏地密码》中写道："我们可以在克罗地亚买一座小岛，天气晴好就穿着我们最喜欢的TTDCU一起驾船出海。"科普教材类图书，往往需要很多案列，在案例部分，作者可以对企业及相关信息进行详细的分析，并巧妙地向读者表达企业所要展示的信息。这类图书的读者基于学习动机进行阅读，因此往往能取得不错的效果。将文学作品植入运用到极致的是企业或企业家的传记，典型的代表作品有《联想风云》《走出混沌》等。

网络游戏植入是以游戏用户群体为基础的，品牌拥有者通过特定条件，在游戏的适当时间、适当位置展示品牌符号。目前网络游戏中比较常见的植入形式是将产品（或品牌）直接植入网络游戏中，使之成为游戏中的道具，这使品牌和游戏结合得相当紧密，用户通常不会产生抵触情绪，反而会觉得很有趣。例如，开心网在"争车位"中植入了长安、福特、沃尔沃等多个品牌的汽车道具，当用户点击"购买"某品牌的汽车时，将会显示该款汽车的价格和性能，同时还会给出该品牌汽车官方网站的链接。此外，"争车位"中还进行了场景植入，比如戴尔场景卡、卡西欧场景卡等。

6. 品牌文化的体验式传播

体验式传播是企业运用营销活动在消费者购买前或购买后提供一些刺激，消费者通过看、听、用、参与的手段进行响应，从而调动消费者的感官、情感等感性因素以及知识、思维等理性因素，让消费者对企业品牌进行重新定义的一种传播方式。体验通常来源于对事件的直接观察或参与，不论事件是真实的还是虚拟的。体验的基本事实会清楚地反射于语言中，比如描述体验的动词有喜欢、赞赏、讨厌、憎恨等，形容词有可爱的、诱人的、刺激的、酷炫的等。

体验式传播在品牌文化传播中的作用日益凸显，主要是因为消费者的价值观与信念迅速转变、情感需求比重增加、关注点逐渐向情感利益方面转变。体验式传播能增加消费者对品牌的感性认识，增强他们对品牌的信任感。

以上只是对品牌文化外部传播的大致分类。实际上，品牌文化外部传播还有很多其他的传播途径，比如企业通过参加会议、展览等传播自己的品牌文化。此外，内部传播、外部传播的划分并不是绝对的，比如利用CIS进行品牌文化外部传播的效果无疑是显著的。

（三）品牌文化国际化传播

1. 品牌国际化传播的概念

企业要塑造国际化品牌认知和赢得全球消费者的认同，需要在实现技术和产品创新的同时探索将弱势品牌转化为强势品牌的传播途径，这将是中国企业未来走国际化道路的关键所在。实际上，许多面向国际市场的优秀企业也迫切需要加强国际品牌形象的建构与品牌国际化传播。[①]

中国的企业进行品牌国际化传播需要考虑到中国企业品牌的特殊性。前面的章节提到，中国市场作为一个新兴市场和欧美发达国家的成熟市场

---

① 姚丽静. "一带一路"背景下央媒企业品牌传播创新 [J]. 中国记者，2017（11）：113-115.

不一样，是需要经万逐渐成熟的过程的。受全球化的强势带动和迅速跃进式发展，中国商业环境的现状致使中国品牌需要在产品、形象、定位、个性等方面全面推进。品牌建立、品牌完善与品牌传播并存且贯穿于品牌国际化传播的全过程。当然，品牌自身的基础能力、战略能力和运营能力约束着品牌的国际化传播实践，这也是品牌国际化传播面临的挑战。因此，中国企业品牌需要考虑自身和外在因素对国际化传播运作的影响，这就决定了品牌国际化传播与品牌国际化的内涵会产生重合与交叉。本书会从相对广义的视角，以品牌国际化为基础来理解"品牌国际化传播"概念。

"国际化传播"需要体现其与"本土化传播"之间的关系。两者既存在共性又存在特殊性，共性是指两者具有相同的传播手段与传播目的，特殊性是指国际化传播具有特定的内涵与超越本土化传播的概念。

首先，品牌跨越本国地域和文化的传播称为品牌国际化传播。地域之间存在不同的独特的文化传统与社会背景，不同地域的人对事物具有不同的审美标准与判断标准，这样的文化差异特征使不同国家和地区的消费者对品牌信息的认知与联想产生了差异。因此，企业需要权衡不同国情和文化诉求，力争在产品形象的输出方面适应各个国家和地区的风俗习惯与价值理念，面对不同国家和地区采取有针对性、高度适应性的品牌传播策略。

其次，我国的品牌要进入欧美市场实现品牌国际化的主要问题在于国家制度的差异，即存在跨体制的问题。这样的条件就对中国企业品牌的国际化传播提出了更高要求。

中国品牌国际化传播的最大任务和挑战是如何与海外消费者建立密切关系。这就需要找到规避文化偏见、规避意识形态因素的阻挠与影响的方法，制定出超越其文化起源地，而与不同国家不同文化背景相融合、相匹配的品牌国际化传播方案[1]。

2. 立足本土文化打造全球品牌

全球化策略的实施可以使企业获得以下 3 个方面的优势：第一，全球化策略可以降低营销成本。全球化策略的实施，使企业可以采用相同的传播手段，以降低品牌在广告、促销、包装以及其他方面的设计宣传成本，获得规模经济效益。比如百事可乐，在全球化广告宣传中每年可以节约

---

① 覃君洁."一带一路"背景下企业品牌形象的传播策略研究 [J]. 商场现代化，2016（30）：47-48.

1000 万美元，因为它在各个国家的市场上都播放相同的广告片。第二，全球化策略可使消费者收到的品牌传达的信息几乎一样：品牌产品所拥有的忠实粉丝遍布全球各地，广大消费者热衷于此品牌产品，所以可形成对消费者的大范围的感染力。第三，全球化策略能帮助品牌树立统一的全球形象。在卫星通信全球化以后，品牌具有统一的全球化形象变得越来越重要，飞利浦公司赞助世界杯足球赛的广告被制作成 6 种语言的版本，在 44 个国家播放后对其全球品牌形象产生了巨大的影响。

品牌文化的国际传播，一方面要求建构品牌文化时要具备国际视野，另一方面要求品牌文化传播要能够在特定的文化背景下寻求支点，抵御文化差异可能带来的冲突。这就需要将统一而又独特的品牌形象和多样化的文化需求相融合，为此可以采用平衡"全球品牌"和"本地性"的方法，寻求全球化策略与本土化策略的融合。

但是，不同国家和地区的文化的巨大差异在经济全球化的今天仍然存在，在世界慢慢融为一体的今天，人们也注意到对同化的拒绝。这些不同的文化是国家和地区特殊的精神财富，是历史发展到今天形成的特定的价值观，无法从根本上消除其差异。

品牌的一半是文化，它被赋予了鲜明的文化特征，这就使品牌所带有的文化特征需要经受世界上不同国家和地区的文化差异带来的考验。这种文化差异带来的考验也强调了品牌本土化传播的必要性。

不同国家和地区具有不同文化，这就造成了消费行为的差异，使国际品牌在不同的国家和地区传播时需要结合当地的文化传统特性以及审美标准来制定对应的广告策略、表现方式、品牌个性策略等，使品牌和当地的社会文化环境有机融合，使品牌文化逐渐被认可和接受。

要做到品牌文化传播的全球化策略和本土化策略的融合，需要注意以下两点。

（1）从全球化视角出发传播品牌核心价值，统一形象。坚持不懈地在全球范围内维护和渲染品牌核心价值观，这是国际一流品牌成功的秘诀。麦当劳这个品牌作为全球化策略成功执行的典型代表，对旗下所有门店的标志、装潢以及布局进行了标准化要求，在全球各地都可以看到，麦当劳的标志、包装容器、餐厅格局几乎完全一样，展现出统一的品牌文化。麦当劳的品牌已经完全国际化，即成功地跨越了地理空间和文化界限。

（2）从本土化视角出发建立品牌与消费者的关系。与消费者沟通并建立关系的过程其实就是品牌文化传播的过程。采用本土化品牌代言人、本土化品牌传播广告、本土化公关以及建立良好的品牌社会形象等策略，可以使品牌更大程度地适应当地的文化环境，与本地的文化特征进行结合，从而实现品牌本土化。品牌文化传播应结合本土化广告诉求，有机融合当地文化，建立品牌与消费者之间的亲密关系，使品牌获得消费者心理层面的认可。

四、品牌文化传播的创新

（一）品牌文化传播创新的背景

1. 信息技术的飞速发展促进了网络的普及和媒介的创新

随着信息技术的发展和媒介技术的成熟，新媒体已经成为当前信息传播的主要媒介。根据中国互联网络信息中心发布的第 45 次《中国互联网络发展状况统计报告》，截至 2020 年 3 月，我国网民规模达 9.04 亿，互联网普及率达 64.5%，其中手机网民规模达 8.97 亿，网民使用手机上网的比例达 99.3%；网络视频（含短视频）用户规模达 8.5 亿，占网民整体的 94.1%。其中，短视频用户规模为 7.73 亿，占网民整体的 85.6%。面对庞大的用户群体，可供品牌拥有者选择的传播渠道越来越丰富，从网页广告到视频广告，从微博"大 V"到"网红"，"网红经济"撬动了千亿红利市场。丽江"网红""石榴哥"宣传云南农特产品，在丽江 2020 年石榴节期间，仅用了半个多月的时间，创下 1000 多吨、1500 余万元的丽江石榴销售佳绩。

品牌文化传播的媒介形式从起初的文字、图片渲染，到现如今的动态视频、HTML5 页面，技术的进步使品牌文化传播越来越具有感染力。VR 技术能带给受众前所未有的真实感和体验感，在极短的时间内吸引受众的注意力，它提供的沉浸式体验使受众难以分心。在未来科技的不断发展中，品牌文化传播媒介一定会越来越多元化。

除此之外，各种媒体越发体现出融合的特点与趋势，尤其是移动互联网的飞速发展进一步助推了媒体融合的深度和广度。相较于传统媒体，"融媒体"无论是在概念上，还是在实践性上都已日趋成熟，企业通过充分利用媒介载体，使广播、电视、报纸等既有共同点又存在互补性的不同媒体，在人力、内容、宣传等方面进行全面整合，可实现"资源通融、内容兼融、宣传互融、利益共融"。

2. 消费者的主导地位越发凸显

随着数字经济的发展，品牌竞争从单纯的"以物为中心"的竞争阶段过渡到"以人为中心"的品牌文化竞争阶段。企业借助网络平台、数字媒体，通过导入品牌事件，建立企业与消费者之间的双向互动和沟通关系，构建企业品牌文化，并通过"病毒式"营销传播，提升品牌认知度、美誉度，实现消费者的品牌联想和品牌忠诚，从而实现品牌价值最大化。

除了媒介形式变得丰富多彩，消费者的地位也发生了翻天覆地的变化，他们不再被动地接受信息，而会主动地传播信息。他们将使用产品的感受、对品牌的感知等，通过朋友圈、短视频平台等发布出去，与公众产生共情。这些信息经过加工后，不仅有正面的，也有负面的。例如，网友吐槽王府井狗不理包子价格高，王府井店报警处理，事件上了热搜，轰动全国，产生了极大的负面影响。新媒体的出现极大地改变了社会治理结构、信息传播模式、新闻媒体环境。传统的社会治理结构由金字塔形转变成了环形，信息从单向传播向双向交互转变，受众从被动接受、话语权缺失向主动表达、个性诉求转变。作为品牌经营与管理的终极目标，品牌期待应运而生，用以满足消费者的功能性需求和情感性需求。

消费者和品牌的关系升级为一种文化价值的关系。在数字媒体环境下，随着生产与消费的边界日渐模糊、线下与线上的融合以及消费内容的长尾化和细分化，国内企业品牌营销的重点已经由产品销售转向"以人为中心"的人际关系管理，品牌已经成为维系企业和消费者关系的纽带，消费者和企业成为合作者。随着我国文化建设的不断推进，一些眼光长远的中国企业开始放弃短视的、功利性的品牌营销思维与活动，越加注重借助网络媒体、数字媒体等塑造和传播品牌的文化内涵，不断进行品牌传播的营销创新，强化消费者对品牌传播活动的参与、体验，并与活泼、敏感、感情充沛的消费群体创建共同的品牌文化。与此同时，消费者的精神需求越来越大，而且他们在市场中拥有更多的主动权和话语权，逐渐借助网络媒体对自己喜爱的品牌文化进行广泛的转发与传播，并在与企业的互动中创新品牌文化。

（二）数字化时代中的品牌文化多元化传播

1. 品牌社区传播模式

SNS（Social Networking Services）即社交网络，是人们根据六度分割理论创立的面向社会性网络的互联网服务。从广义上来说，一切将"建立关系"功能视为互动核心的网络产品都可以归为SNS，如微信、微博等。SNS 除了支持信息发布外，还全面整合了各种社交功能，比如聊天微群、分类汇聚的社区等，其中社区可以根据相同话题进行凝聚（如贴吧）、根据学习经历进行凝聚、根据周末出游的相同地点进行凝聚等。

SNS 众多的信息发布渠道降低了应用门槛，用户通过绑定移动设备还可以实现信息的生产和发布同步，信息的快速聚合满足了用户对信息的即时需求，信息的快速传播让广大用户参与到信息传播中来，在熟悉和不熟悉的人际关系圈里实现和他人的即时互动，满足了用户社交的需要。最重要的是，用户作为普通的消费者，其对品牌的体验能借此进行分享和传播。这种将消费者自身的消费经历和体验以用户生成内容的方式进行传播的效果是企业发布信息所无法比拟的，因为扮演着相同的角色，用户更愿意相信消费者所发布的信息。

品牌社区成为连接企业与消费者的桥梁。品牌社区一般通过消费者自行发起和领导者发起两种方式来创建，它把品牌的消费者联结在一起，消费者在社区可以共享自己的各种品牌知识、消费体验等。随着互联网的发展，尤其是新媒体的发展，消费者越来越容易参与和融入品牌社区的建设之中。同时，企业可以使自己的品牌文化传播构想与媒介形态、事件营销相结合，从而发挥品牌社区的优势，如强化与品牌社区中意见领袖的关系来塑造品牌文化，因为社区中的一些意见领袖是品牌的核心消费者，他们对品牌的熟悉度和忠诚度很高，并且他们对社区其他成员的影响力是不可替代的。图 8.6 所示为品牌文化通过社交网络与媒介形态和营销手段的有机融合强化传播效果。

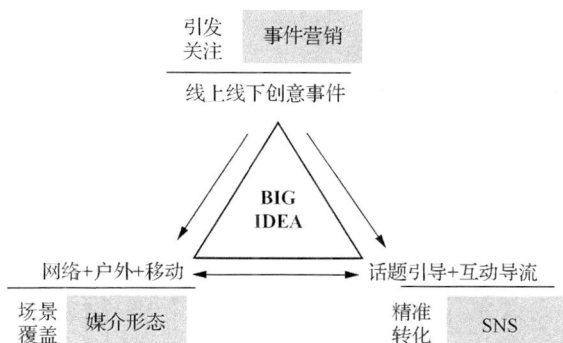

图8.6 品牌文化通过社交网络与媒介形态和营销手段的有机融合强化传播效果

2. 品牌 IP 传播模式

IP（Intellectual Property）原意是知识产权，伴随着新媒体的崛起，文化 IP 盛行。《2018 中国文化 IP 产业发展报告》指出："从消费者的角度看，文化 IP 代表着某一类标签、文化现象，可以引起用户兴趣，用户的追捧可能转化为消费行为；从运营商的角度看，文化 IP 代表着某一个品牌、无形资产，企业可以通过商业化运营、产业化融合将其转化为消费品，实现价值变现。"文化 IP 具有高辨识度、自带流量、强变现穿透能力、长变现周期的特点。

品牌 IP 是文化 IP 的分支，"品牌是产品的文化，而 IP 是品牌的文化"。品牌不只是商标，而是像 IP 一样，成了某种符号化的认知，占领着用户的心智。比如，我们平常遇到不懂的知识，会习惯性地"百度一下"。在这里，"百度"就是"上网搜索"的心智符号，这就是品牌 IP 的价值。当品牌成为某类东西的代表时，它就实现了 IP 化，如这个产品很"苹果"、这部电影很"迪士尼"、他是一个"灰太狼"式的人……当人们开始用品牌名、产品名去描述一个复杂多维的概念时，品牌 IP 就形成了。

品牌 IP 是品牌价值内涵和 IP 的结合。信息的专业性和及时性决定着品牌的发展，微信、短视频直播、VR 技术等渠道改变了文化传播的方式，对各方参与者的行为和态度产生了巨大影响，从品牌的设计与生产，到营销和售后等前后端众多环节，消费者都参与其中。例如，小米手机会根据小米社区的用户体验和评价有针对性地修改和调整产品设计。品牌 IP 使品牌变得个性化、娱乐化，从而获取市场消费者的偏好，引起消费群体的共鸣，建立起他们对品牌的认同感和归属感，刺激受众对品牌的消费欲望。品牌 IP 化设计研究应该结合其品牌特色文化的资源优势和消费市场的需求，建立和健全适合品牌的传播策略规划，以突出核心 IP 文化。

3. 品牌人格化传播模式

人格化一般运用在文学创作中，也就是我们常说的拟人，对文学作品中没有生命的一切事物赋予人的特征，使其具有人的思想感性和行为。品牌人格化，就是赋予品牌人的情感，与人共鸣，与人拉近关系，由此会产生意想不到的传播效果。

品牌人格化一般通过寻找合适的品牌代言人来实现。品牌代言人通常可划分为虚拟形象与实体形象两种。虚拟形象如三只松鼠、天猫、盒马鲜生、海尔兄弟等，其特征鲜明、富有记忆点；实体形象如艺人、创业者、企业家等富有人气的正面人物。

有名气的艺人自带流量，可以凭借其庞大的粉丝群体聚集大量人气并产生转化效应。近些年，企业总裁作为品牌代言人也成为一种趋势，企业与其花重金聘请品牌代言人，不如让企业高管亲自披挂上阵，既能节省代言费，也能将企业家精神更好地凸显出来。曾经的锤子手机创始人罗永浩3小时带货超1.1亿元、携程联合创始人梁建章在7场直播中带货2亿元、小米总裁雷军在小米手机9周年和MIUI10周年直播中带货1亿元、董明珠携手京东直播带货7亿元创下了家电直播带货史上的最高销售纪录（见图8.7）。

图8.7　董明珠与京东合作直播带货画面

无论是虚拟形象还是实体形象，品牌代言都已经变成企业品牌的人格化载体，不仅凸显了品牌的理念和整体形象，还承载了品牌的个性和行为等要素，而品牌代言人的一言一行都与企业密切相关。

（三）品牌创新传播模式可能带来的风险

身处如今的大数据时代，企业品牌不仅收获了在广告、营销、文化传播等方面的众多机遇，还面临着不可忽视的众多挑战。依托于人工智能、云计算、大数据等新兴技术，例如广告业的营销理念及传播策略等正处于不断变化的过程中。具体来看，现在的广告从业者首先可以通过制定算法来分析品牌用户的年龄、性别、消费倾向、浏览痕迹、停留时长、交易信息等数据，并进行计算，从而挖掘出自身品牌产品的受众定位，逐渐树立起经典的品牌形象；其次可以通过对受众群体定向、定时、重复地进行广告投放，以实现良好的广告传播和效果转化，力争向更多符合品牌目标的受众群体传播品牌文化和理念，这也是"精准营销"的内涵。

日益增多的品牌开始投入更多的资源和精力于"精准定位"这一营销流行趋势中，也因此引发了不少预料之外的问题，如用户安全信息泄露、隐私无法得到保障、算法歧视等，这些问题的出现无可避免地对品牌文化传播造成了伤害。因此，企业如何更好地发挥人工智能、云计算、大数据等新兴技术在网络广告营销及品牌理念传播方面的积极作用是需要探讨和解决的难题。

（四）案例：坚持传播中国声音，强化品牌穿透力[①]

航空工业集团是由中央管理的国有特大型企业，是国家授权的投资机构，于 2008 年 11 月 6 日由原中国航空工业第一、第二集团公司重组整合而成立。航空工业集团设有航空武器装备、军用运输类飞机、直升机、机载系统、通用航空、航空研究、飞行试验、航空供应链与军贸、专用装备、汽车零部件、资产管理、金融、工程建设等产业，下辖 100 余家成员单位、23 家上市公司，员工逾 45 万人。

目前，世界上仅有美国、俄罗斯、英国等少数国家具备完整的航空产业链，仅有波音、洛马、空客等少数企业具备世界一流的产业竞争力。如何在与世界一流企业的竞争中获得有影响力的产业地位、建立有利于中国发展的市场秩序，是中国品牌更是航空工业集团走向世界必须面对的问题。航空工业集团将品牌建设作为调整优化结构、推动转型升级、加快做强做优、实现高质量发展和可持续发展的重要抓手，将品牌影响力作为树立竞争优势、建立竞争秩序、传播中国声音的发力点，坚持向社会输出正能量，向世界展示深厚实力，致力于成为党和国家最可依靠的力量，成为世界最可信赖的伙伴。图 8.8 所示为中国航空工业集团有限公司楼宇。

图8.8　中国航空工业集团有限公司楼宇

---

① 资料来源：根据中国航空工业集团有限公司官网公开资料整理。

航空工业集团连续12年入榜《财富》世界500强排行榜，2020年排名第163位，在2020年公布的世界防务百强中排名第6位。航空工业集团借力"中国品牌日"等国家节日，用好"一把手谈品牌""品牌故事大赛"等平台，积极主动发声，讲好航空工业品牌故事；加强与中国商飞、中国航发、中国一汽、空客、波音等一流品牌企业的合作；参加珠海航展、巴黎航展、范堡罗航展等具有国际影响力的航展平台，展示科技实力和典型产品，打造高端专业的品牌形象；聚焦中国航空工业重大事件、重要产品节点和典型人物事迹等，利用央视、新华社、人民日报等主流媒体，提升品牌传播力；积极践行国家"一带一路"倡议，尊重跨文化差异，实施具有航空工业特色的发展方案——"空中丝路"计划，向国际社会提供航空工业集团的优质产品、服务和先进理念；建立英文新媒体矩阵，向重要海外市场宣传推广"航空工业"品牌，提升航空工业品牌的国际影响力。

第九章
工业企业品牌文化管理

一、品牌文化管理架构

品牌文化管理架构是指基于传统组织理论、行为组织理论和现代组织理论，结合组织决策理论、资源依赖理论、权变理论、新制度理论等思想，综合考虑工业企业品牌文化运营的行业细分特点及市场发展需求，从工业企业组织运营特点、品牌文化塑造一般性原则、品牌文化运作基本模块、品牌文化运作基本流程等角度，构建工业企业品牌文化的通用管理架构。

（一）管理架构的设立要求

1. 工业企业组织架构的主要模式

从广义上来说，企业管理架构就是企业的组织结构。人类社会进入工业时代后，以集中的工业生产为主要内容的新的社会生产的组织形式在资源配置中发挥了重要作用，直接推动社会生产力快速提升，人类社会也因此驶入快车道。工业企业作为一种典型的企业组织形式，其组织结构是内外部经营环境、长期发展战略、主营业务范畴、技术发展水平、人力资源规模、信息化程度等因素综合平衡后的产物，是对工业企业内部决策权的合理划分，以促进各组织部门拥有相应的权力与资源，进行合理的分工协作，提升组织运营效率；相反，不合理的组织结构会引起组织机构设置冗余、部门间权责不对等、相互推诿、经营成本急剧上升、组织资源管理粗放和浪费严重等问题。工业企业组织结构没有特定的框架，但是按照工业企业生产在组织结构设置中职能结构、层次维度、部门分类、职权划分 4

个方面的特点，工业企业组织结构的主要模式一般有直线制组织结构、职能制组织结构、直线参谋制组织结构、事业部制组织结构和矩阵制组织结构等①。

（1）直线制组织结构

直线制组织结构是最简单、直接的组织形式，其特点是工业企业的生产行政领导者直接行使指挥和管理职能，由上至下传达命令与任务，不设置专门的职能部门，一个下属单位只接受一个上级领导者的指令，下属单位的信息反馈路径单一，呈现自下而上逐阶反馈的特征，命令传达与信息反馈都不存在"法约尔桥"。这种组织架构保障了工业生产活动的统一指挥、统一运作，在一定程度上提升了工业企业的运营效率，然而一旦出现非计划内的情况则很容易导致基层管理混乱等问题。这种组织架构能保障统一指挥，但往往不是效率最高的模式。

（2）职能制组织结构

职能制组织结构的特点是在行政主管之下，按需设置相应的分工明确的职能部门，并依据职能部门的特点配置相应的工作人员，授予相应的职权。职能部门的管理层，在协助上层领导完成工业企业生产经营工作的同时，需要按照实现短期、中期、长期组织目标的计划方案，在职能部门管理权限与业务范畴之内，合理分配部门资源、为下属制定工作计划、下达相关工作指令，这种分层次协作的工作形式利于实现组织目标。处于基层的管理者或者生产者在接受直接领导的管理之外，还必须接受上级各职能部门或专业管理人员的领导和指示，这就容易引发多头领导的问题，会影响组织管理秩序的稳定性。

（3）直线参谋制组织结构

直线参谋制组织结构又称直线-职能制组织结构，其特点是将工业企业内部的管理机构和基层工作人员分为两类。一类是直线指挥领导部门及其人员，他们拥有统一指挥和命令下级的权力，同时必须对自己承担的全部管理工作全权负责；另一类是参谋部门（职能部门）及其人员，他们作为直线指挥领导部门及其人员的参谋和助手，无权对自己的下级发布命令、进行指挥，只能进行合规的工作指导。直线参谋制组织结构在保持直线指挥的前提下，充分发挥了专业职能部门的作用，直线主管授予某些职能部门一定程度的权力，可以提高管理的有效性，但是各职能部门之间天然存

---

① 林松洋. 试论现代工业企业的组织结构及演变趋势 [J]. 山东工业技术，2015（23）：6.

在的资源竞争仍然是组织管理的一大难题。

（4）事业部制组织结构

事业部制组织结构又称分权组织结构，由直线职能参谋制组织结构演化而来。其特点是在总公司的领导下，按产品或地区设立事业部，各事业部都是相对独立的经营单位。总公司只负责研究和制定全公司的方针政策、企业发展总目标和长期计划，规定财务利润指标，对事业部的经营、人事和财务实行监督，不负责日常的具体行政事务。各事业部在总公司的统一领导下实行独立经营，独立核算，自负盈亏。每个事业部都是一个利润中心，都对总公司负有完成利润计划的责任，同时在经营管理上拥有相应的权力。

（5）矩阵制组织结构

矩阵制组织结构又称项目管理制组织结构，其特点是把按职能划分的管理部门和按产品或项目划分的小组结合起来形成跨部门的管理矩阵形式，每个产品或项目小组由项目经理和从各职能部门抽调的专业管理人员组成，这些人员在项目完成后返回原所属单位。每个项目经理在公司经理领导下进行工作，具有一定的责、权、利。各项目小组的成员受双重领导，既接受项目经理的领导，又同原职能部门保持组织和业务上的联系。

目前，事业部制组织结构和矩阵制组织结构较多地应用于大中型工业企业中，适用于一些复杂的工业生产管理活动。从具体的生产实践来看，工业企业组织结构需要具备灵活性的特征，以适应经营环境多变、经营业务不稳定等情况，为此工业企业必须建立面向市场、内嵌柔性的组织结构，根据现有市场容量与市场占比规模以及未来预期市场规模适时调整组织规模；根据具体工业生产活动的特点、生产条件要求、现有生产性资源、技术性资源等调整组织发展形式；依据工作任务的复杂程度、工作交付的时效要求等确定具体的基层工作人员结构与数量等。

2．工业企业管理架构的特点

从狭义上来说，企业管理架构不仅包括企业组织结构，还包括董事会、监事会、经理层和企业内部各层的制度安排。根据工业企业的特点和改革方向形成的现代工业企业管理架构的基本内容，包括代表股东权益的董事会、经过董事会授权掌握企业经营活动运营权的经理层、各部门开展专项经营活动的业务层。其主要特点体现在以下3个方面。

（1）工业企业的董事会代表资产所有者也就是全体股东利益，是行使资产管理权和配置权的决策机构，在重大企业战略决策上发挥决定性作用。董事会的主要职能就是追求投资者所投入的资产能够保值、增值、积累、发展和扩张，站在长远利益的角度上为工业企业制定发展战略规划，选拔和聘用优秀的经营管理者并进行授权、监督和检查。董事会是现代工业企业治理结构中的重要组织形式，尤其是股份制企业在治理结构中一般都采用董事会作为最终决策机构。

（2）经理层的权力来自董事会授权，是董事会聘请的职业管理者，执行董事会制定的发展战略，对工业企业日常的经营活动进行运营管理。企业经营活动实行总经理负责制，也就是董事会聘请职业经理人，通过委托代理的治理方式，将企业经营权授权给经理层。经理层对外面向市场，开拓经营业务；对内经营项目，根据工业企业生产任务组建业务部门，聘任业务管理者，并对其进行有效授权，业务经理作为经理层的代表负责企业的具体业务活动。其中，企业文化部门负责企业文化的塑造和推广。

（3）业务层是代表工业企业经理层，并得到经理层授权开展业务活动的工业企业管理层的一个层级，是工业企业实施具体管理活动的主体。业务层在业务经理的带领下负责执行具体业务部门的所有生产任务，这种业务层不仅包括工业企业的研发、采购、测试、生产、销售及售后等产品生命周期的管理活动，也包括在产品生命周期内的人、财、物的具体管理活动。工业企业的业务管理部门及其管理者肩负着业务管理和资源最终使用控制的双重使命。

（二）管理架构的构成内容

1. 模块化设计思想

在工业企业品牌文化管理架构设计中引入模块化管理的设计思想，主要基于品牌文化管理是企业经营的核心价值的具体实现，是系统化的管理过程，企业品牌文化管理本身也是极具复杂性的管理活动，因此采用模块化的管理思维具有重要的实践意义。模块化组织结构的起源是将复杂的系统分解为不同层级的子系统，子系统就是分工不同的模块，每个模块具有不一样的职能，这些职能各异的功能模块在一定的企业运行规则下有予分工配合，推动企业品牌文化的塑造和传承发展。这样形成的模块化组织结构，通过不断地迭代和自我更新，能够更加适应外部环境的变化，使企业品牌文化在变化的外部环境中不断自我调适，产生适应性，实现工业企业品牌文化的创新成长。

模块化组织结构不仅在组织的管理设计中发挥作用，其对组织的贡献更体现在对组织管理的制度性设计上，形成企业管理的新的制度理论。因此，工业企业品牌文化管理的模块化组织结构作为一种制度安排，非常适合工业企业的柔性管理，能使企业产生适应性。模块化组织结构包含许多不同的子系统，各个子系统之间通过特定的设定性规则保持较为紧密的协同运作关系，这些设定性规则一般包括确定构成要素及要素之间信息传递方式的结构、规定各功能模块相互连接规则的界面、检验各功能模块是否符合设计规则的标准体系。对于工业企业而言，品牌文化管理的模块化组织结构可以有效地解决市场与企业生产经营之间的信息不对等、不平衡的问题，将市场纳入企业生产的管理和活动中，使工业企业在品牌文化管理架构上更加具备强有力的市场导向性，并通过对市场资源、信息的吸收与转化，提升工业企业的品牌文化优势。

根据工业企业所处的外部发展环境、内部组织结构运行的一般性特征以及组织结构的相关理论基础，工业企业可以确定自身品牌文化管理的模块化组织结构，可以借鉴系统理论中的优秀内核，采用模块化组织结构思想，这比较符合工业企业品牌文化建设相关工作流程和相关管理活动的实施方案。模块化构建工业企业品牌文化管理的思想能够充分调动各职能部门，最大程度地协调企业内部资源，满足市场拓展需求，建立具有自我适应能力和有未来发展潜力的品牌文化。从工业企业品牌文化建设及管理涉及的相关企业行为主体入手，从内部主体来看，企业既需要成立工业企业品牌文化管理部门，又需要人力部门、财务部门、市场部门等部门的协作与辅助；从外部主体来看，这些主体主要包括企业品牌文化战略咨询公司、企业品牌文化战略设计公司、企业品牌文化传媒公司等一系列文化产业公司。

2．品牌文化管理模块化组织结构的构建

工业企业品牌文化管理模块化组织结构设计旨在模拟出企业所处的发展环境，为工业企业品牌文化管理设定重要的行为主体，将行为主体按照模块化管理思想分为多个相对独立的功能模块，并为主要参与的功能模块设想一种相对合理、高效的运作流程，依据各功能模块之间可能存在的信息、资源交换与行动协调，构建工业企业品牌文化建设的结构网络，使组织维持稳定高效地运转状态。本书对工业企业品牌文化管理模块化组织结构的设计着眼于工业企业生产经营的基本特点，注重工业企业品牌文化运作目标的可实现性。在设计各模块之间的网络结构关系时，注重保持各功能子模块运转的独立性，并维持组织结构的系统性和整体协作，工业企业品牌文化模块化组织结构如图9.1所示。本书将工业企业品牌管理架构中的整体功能模块划分为主导模块、专业模块和支持模块。

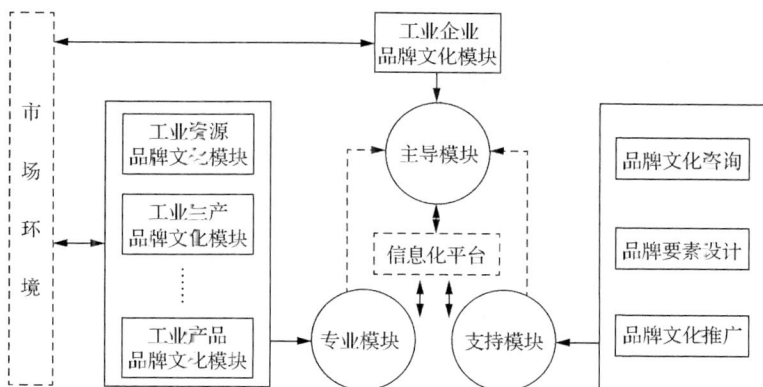

图9.1 工业企业品牌文化模块化组织结构

工业企业品牌文化管理模块化组织结构中的主导模块，是工业企业品牌文化管理的最高领导与决策层，负责制定工业企业品牌文化发展的长期战略目标、确定企业品牌文化的内涵要素，并根据上述主要活动成立工业企业品牌文化管理职能部门，专注于品牌文化的建立与维护，根据工业企业在市场中的已有形象合理地采取调整措施，根据最高领导与决策层的工业企业品牌文化管理战略，制定具体的工作程序和运作制度等，并指导、监督各功能子模块的工作进度，适时做出工作计划的调整。

专业模块在这里指的是根据最高领导与决策层制定的工业企业品牌文化战略而特别设立的管理职能部门，以企业文化内涵识别、企业文化边界探索、品牌文化构建、文化产业活动开展等针对性的专业技能为能力基础，专注于研究企业品牌文化战略及企业发展的文化内涵，并在总结工业企业经营发展的历史进程中概念化企业文化，为品牌文化战略的制定奠定软资源基础。专业模块直接受主导模块的领导与控制，与主导模块之间保持高度的信息交换，并且在企业品牌文化整体发展战略下，在最高领导与决策层赋予的职权范围内，独立地进行企业品牌文化的运营管理工作。专业模块具有整体性和自主性的双重组织部门属性。根据工业企业品牌文化运作的具体流程，专业模块可以被划分为专业性企业品牌文化管理组模块、辅助性企业品牌文化管理组模块。

支持模块是为保障工业企业品牌文化管理专业模块的功能能够得到充分发挥而设立的促进资源有效配置的子模块，这些模块主要由企业外部的企业品牌文化战略咨询公司、企业品牌文化战略设计公司、企业品牌文化传媒公司等一系列文化产业公司所组成。这些功能模块具备较高的品牌文化专业能力和技术要求，其能有效满足工业企业品牌文化建设需求，在整个工业企业品牌文化管理中发挥着"嵌入式子模块"的不可替代的作用。

考虑到组织中信息流动的重要性，在工业企业品牌文化管理运作组织结构中纳入信息化平台，能促进各功能模块之间提高信息流通、交流的效率，提高最高管理层对各个功能子模块的监督与管理能力，实现组织系统内部信息的互通共享，有效避免品牌文化管理模块独立运行产生的信息孤岛现象，支撑平台的稳定运行，如图 9.2 所示。

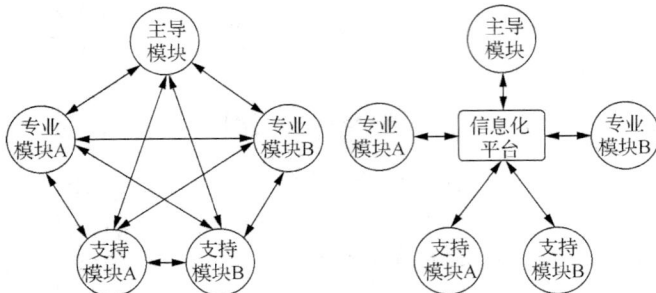

图9.2　信息化平台对信息共享的影响

与现代工业企业治理结构相适应，本书所设计的工业企业品牌文化管理组织结构也由决策层和执行层构成。工业企业成立品牌文化管理部门作为企业品牌文化的执行层，其下分设市场调研、品牌要素设计、品牌文化推广、进度监督等功能模块。同时，由于企业文化是全体员工共同秉承和遵守的价值标准与行为规范，工业企业决策层应协调企业各职能部门，使全体员工共同推动企业品牌文化管理工作。从整体上看，品牌文化管理部门与企业其他职能部门形成了一种矩阵制组织结构，如图 9.3 所示。

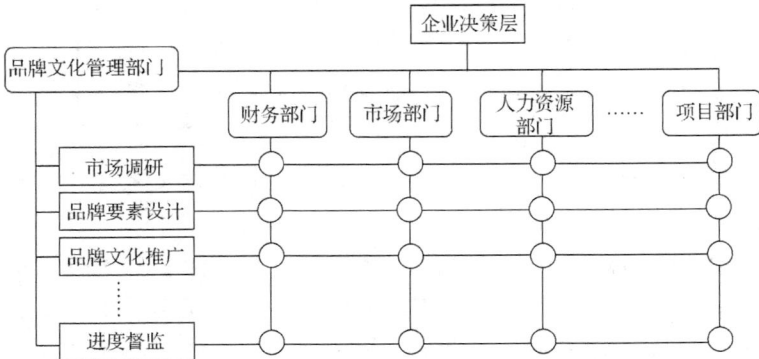

图9.3　品牌文化管理内部机构构成

3. 品牌文化管理模块化组织结构的特征

品牌文化管理模块化组织结构本身具有系统特征，各个组成模块承担相应职能，彼此分工协作，从而构成功能完整的组织结构。本书所设计的工业企业品牌文化管理模块化组织结构具有如下 4 个显著的特征。

（1）独立性——自主决策。自主决策是工业企业品牌文化管理各功能子模块独立运作的直接体现。工业企业品牌文化管理模块化组织结构按照主导模块领导与管理专业模块和支持模块的运作方式，将企业品牌文化管理的各个部门划分为各个功能子模块，各个功能子模块在运作职责范围之内拥有较高的自主决策权力，可以根据经营环境的变化做出相应的调整，以增强整个组织对外部环境的适应性。

（2）成长性——学习型组织。学习型组织是工业企业品牌文化管理各功能子模块成长性特征的重要表现。各功能子模块的独立性特征使这些相对自主的模块可以根据以往品牌文化建设工作中积累的经验，不断增强自身对外部环境变化的适应性，以及再遇到突发危机事件时的自我应对与自我修复能力，使整个系统不断增强。从组织发展生命周期历程来看，这种学习型组织构成的特征，能促使工业企业品牌文化管理模块化组织结构具有成长性。

（3）协作性——模块协作。模块协作既可以使组织个体的活动空间扩大，又可以实现组织整体管理效率的良性提升。工业企业品牌文化管理模块化组织结构中各功能子模块虽然拥有较高的自主性，但是这种自主性绝非绝对自治权，功能子模块运作的整个核心过程仍然受到企业品牌管理组织中管理与决策层的约束以及企业品牌文化长期发展战略的引导。信息化平台的建立赋予了各功能模块根据组织内流动的信息资源适时调整行为的能力，不同模块之间可以请求对方在其执行能力或执行资源不足时为其在特定期限内代发挥一定的管理功能，也可以为其他功能模块发出的协作要求及时地提供相应的资源和服务，通过服务其他模块提升整个组织创造价值的能力，支撑工业企业品牌文化管理总目标的实现。

（4）重塑性——柔韧型组织。动态变化的内外部经营环境使工业企业面临的不确定性和复杂性增强，工业企业品牌文化管理模块化组织结构需要在混沌秩序中不断进行自我调整，以适应内外部经营环境的变化。当环境激烈变化或业务变化不可预测时，模块化组织结构可以随时根据需要进行部分或整体重构。这种动态重组的组织特征，可以增强工业企业品牌文化管理的韧性和柔生，而各功能子模块的调整和重构，可以使工业企业品牌文化管理的环境适应性进一步增强。

（三）管理架构的业务流程

1. 管理的业务特征

考虑到工业企业的生产经营活动的特征，本书构建了一种基于业务外包理念的简单流程，如图 9.4 所示。

该流程将工业企业品牌文化管理业务外包分为了 T1、T2、T3 共 3 个业务周期，以董事会—总经理—品牌文化部门—相关部门为主体链条，对从工业企业品牌文化管理部门决定进行业务外包的市场需求分析，到管理层的审核考察，再到业务存档记录完成的全过程进行了简单描述。

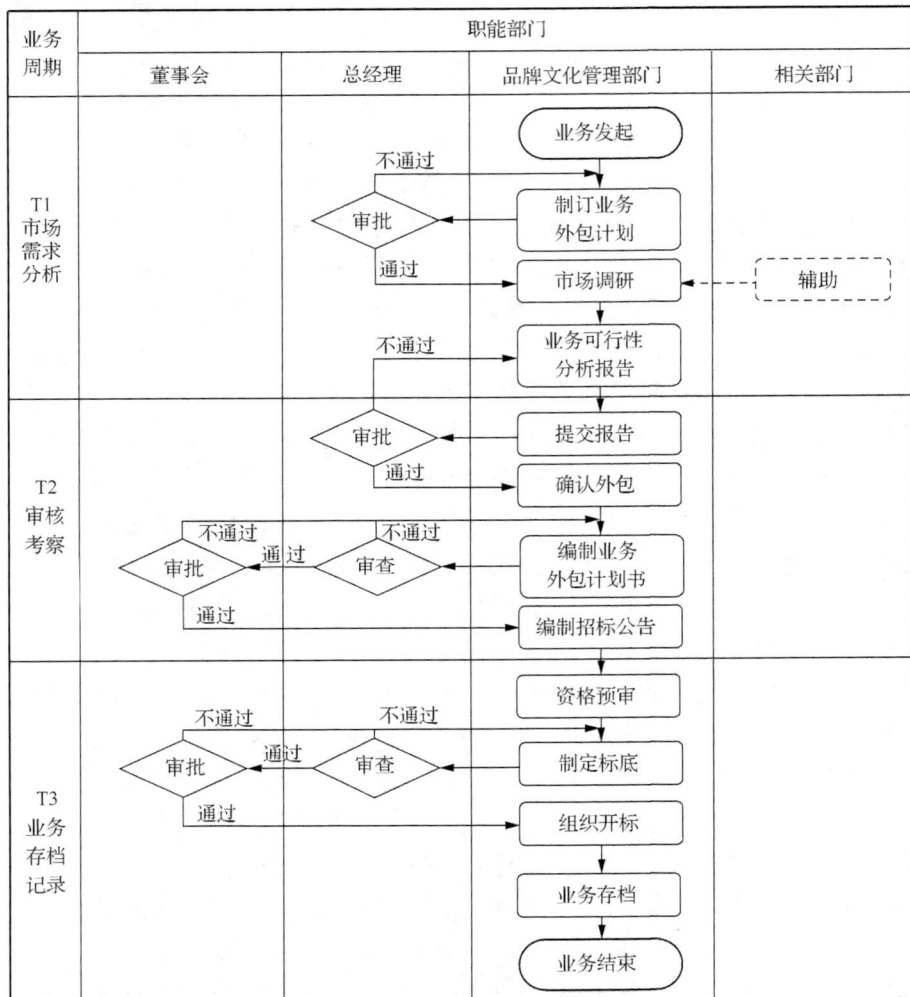

业务周期	职能部门			
	董事会	总经理	品牌文化管理部门	相关部门
T1 市场需求分析		审批 不通过 / 通过	业务发起 制订业务外包计划 市场调研 业务可行性分析报告	辅助
T2 审核考察	审批 不通过 / 通过	审批 通过 审查 不通过 / 通过	提交报告 确认外包 编制业务外包计划书 编制招标公告	
T3 业务存档记录	审批 不通过 / 通过	审查 不通过 / 通过	资格预审 制定标底 组织开标 业务存档 业务结束	

图9.4　工业企业品牌文化管理业务外包流程图

工业企业品牌文化经营流程是围绕品牌文化建设项目逐步展开的，概括起来可分为市场需求分析、产品设计生产、市场检验和反馈。其中，市场需求分析的主要工作是根据本企业品牌文化发展的实际需求，品牌文化管理部门管理人员搜集整理实现相关需求所需的市场产品，并对市场产品供应方进行考察，最后将相应资料形成书面文件。产品设计生产的主要工作是文化管理部门将市场考察报告递交总经理进行审批，总经理通过分析报告，给出是否同意开展针对市场需求的企业内部业务活动的意见，品牌文化管理部门再编制文化建设计划书并递交董事会进行决策审批。市场检验和反馈，即按照相应流程进行物资采购和研发生产，其中关于文化建设的业务则由专业的品牌文化管理部门负责完成。

文化的服务外包是新生事物。在传统观念看来，企业文化是企业的价值基因，只能在企业内部形成。而事实上，企业文化核心元素的提炼、行为规则的制定和执行、企业标识等可识别信息的设计和推广，从核心层、行为层、物质层等都需要外部专业机构提供分析总结和推广的专业化服务，这些服务一般由策划公司等来完成，能使工业企业文化的组织管理更加专业。市场上有很多专门从事文化策划的公司，提供针对各类企业的形象设计和宣传设计服务，也有更深入参与企业文化塑造等业务的专门公司，这也是社会分工细化的产物。尤其是在互联网时代，如何借助自媒体等新媒体平台进行企业文化塑造和宣传，是每个工业企业在文化管理上需要不断思考的问题。借助"互联网＋文化"的模式形成有影响力的企业文化，是工业企业文化塑造的重要发展方向。在工业企业品牌文化管理的业务流程中建立服务外包模式，这恰恰体现了伴随着科技和通信技术的发展，企业文化的组织管理形式也在悄然改变。

2. **工业企业品牌文化管理的业务流程**

（1）模块化流程设计的思想

前文基于模块化思想构建了工业企业品牌文化管理的组织结构，品牌文化管理模块化组织结构由不同的功能模块组成，可以根据发展需求和内外部经营环境的变化动态地组合。模块化组织的适应能力，在很大程度上依赖于各功能子模块之间的良好沟通，这就需要稳定的信息化平台建设来保证信息的充分流动，保证各功能子模块都能有效参与到实现企业品牌文化建设的决策和计划环节，各功能子模块要根据自身的能力和职责分工，充分发挥各自的能动性。模块化组织的流程强调，从业务计划决策的初期到业务执行的全部环节都要保持各模块的充分联动。各功能子模块在工业企业品牌文化发展长期战略的总目标的驱动下，在相应职权范围内进行相对自主的分散化决策及行动，感知市场环境的变化，进而不断调适组织构成，增强组织的适应能力。

本书认为，工业企业品牌文化管理组织作为整体运营的统一系统，必须协调各功能子模块之间的协作关系，而这需要着重关注两个方面。

第一，清晰地界定流程目标以及各功能子模块在流程中的作用和责任分配，驱动功能子模块意识到只有满足流程的要求，自己才能获得相应的收益。功能子模块是为了实现组织的目标而设置的，要从上到下设计流程，其结构特点是扁平化、网络化和精简化。

第二，将市场机制引入流程管理，提高和增强功能子模块的主动创造性和责任感，以信息流为基础，将功能子模块、企业发展战略、市场等联结成一个有协同性的整体，提升工业企业品牌文化管理组织的运作能力和应变能力。

（2）模块化流程模型的构建

本书从工业企业品牌文化运作的特点出发，建立面向角色的工业企业品牌文化管理流程。模型体现为一定功能模块的层次性组合，不同功能模块之间呈现出一种类似于顾客和服务提供者的双向互动关系，某一功能模块既可以向别的功能模块请求服务，也可以依据自身发展状况向其他发出协作需求的功能模块提供相应的服务。每个功能模块服务价值的高低可从两个方面进行评价：一是依据每个功能模块在工业企业品牌文化建设工作中所承担的作用进行评价，二是由模块化组织结构中接受模块功能服务的"顾客"模块进行评价。

本书所构建的面向角色的工业企业品牌文化管理模块化流程模型具有3个显著的特点：一是品牌文化管理流程模型体系的层次性，是与模块化品牌文化管理组织结构的层次性相对应的；二是品牌文化管理流程模型是目标驱动型系统，由多个为了实现工业企业品牌文化管理战略目标而进行协同工作的具有相对自主性的功能模块构成；三是品牌文化管理流程模型是按照工业企业品牌文化特定运作规则，把企业品牌文化管理架构中的多种功能模块联结起来实现战略目标的过程，运作流程实现了各功能模块角色的充分互动。基于上述分析，工业企业品牌文化管理受企业品牌文化战略目标驱动的运作流程目标可分解为多个子目标，每个功能模块承担一定的责任，并与某个子目标相对应。功能模块具有传递信息、吸收资源、提供服务、接受辅助等多重组织属性。工业企业品牌文化管理模块化流程示意图如图 9.5 所示。

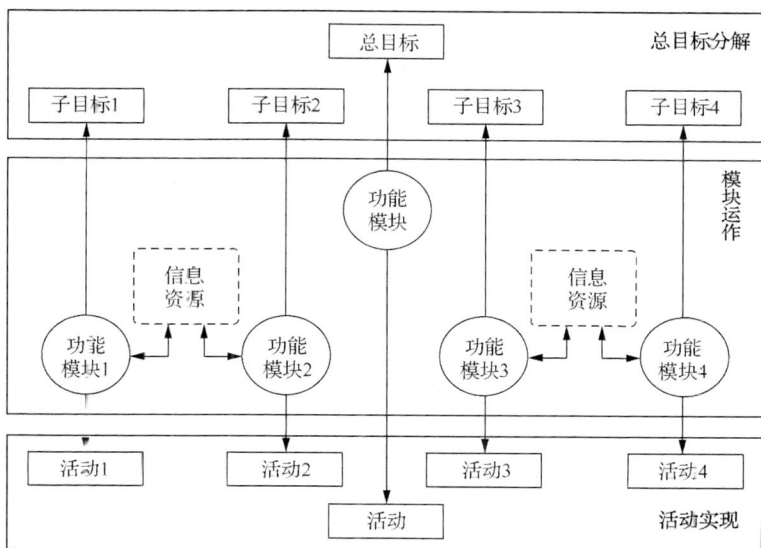

图9.5　工业企业品牌文化管理模块化流程示意图

　　根据工业企业品牌文化管理的业务特征和控制节点，本书将品牌文化管理流程划分为战略制定、要素设计、推广传播、监督维护和绩效评价 5 个子流程。战略制定子流程包括品牌定位和品牌架构两项主要任务，该子流程依据自身发展需求建立各自的流程标准体系。要素设计子流程包括物质、制度和精神 3 个层面，物质层面要素包括品牌名称、品牌包装等品牌文化的承载要素，精神层面要素包括品牌价值观、品牌情感、品牌个性等核心要素，制度层面要素包括连接承载要素和核心要素的中间要素，如企业制度、企业组织结构、领导体制等。推广传播子流程分为内部传播和外部传播两个环节，内部传播面向企业员工，强化员工对企业品牌文化价值观念、行为准则等的认同。外部传播面向企业利益相关者，尤其是目标消费者，将企业的品牌文化理念准确地传递出去。监督维护子流程包括常规维护和品牌危机两个主要环节，并根据预设突发状况，建立相应的工作流程标准体系及具体的实施方案。绩效评价子流程分为评价体系和业务考核两个主要环节，在评价体系环节，企业要有意识地减弱传统工业企业以指标为导向的评价体系对品牌文化建设工作中绩效评价的影响，品牌文化建设的影响具有一定的收益时滞性，所以建立相应的考核评价体系时要更注重工作流程的完整性与适应性。品牌文化咨询机构、品牌文化设计机构以及品牌推广传播机构在工业企业品牌文化管理整个流程中的某个环节提供专业性、针对性的技术支持，企业应建立相应的流程接口，使其成为流程的"插入式模块"。工业企业的其他职能部门，如人力资源部门、财务部门、市场部门、项目部门等，在工业企业品牌文化管理的整体过程中既可以提供职能服务和辅助支持，也可以对企业品牌文化管理部门的工作进行一定的监督，促进部门工作效率的持续性提高。工业企业模块化的品牌文化管理流程模型框架如图9.6所示。

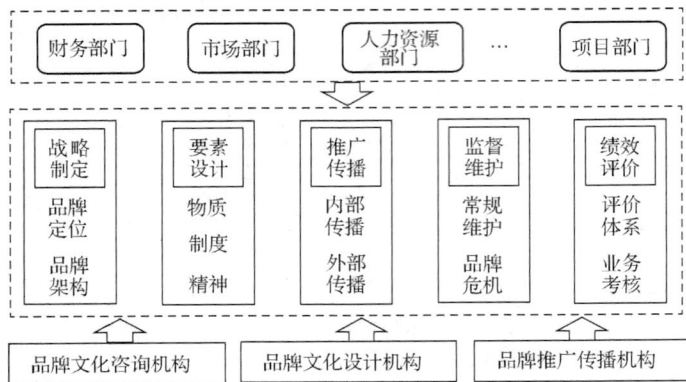

图9.6　工业企业模块化的品牌文化管理流程模型框架

工业企业品牌文化管理流程是将整体品牌管理流程分解为多项子流程并有机组合而成的协作整合型系统，通过将品牌文化管理流程分解成可考核、可实现的标准化的运作规则体系，各子流程逐渐演化为具备特定实现功能的功能子模块，各功能子模块在流程运作上仍然保持自主性，通过信息化平台以及标准化的运作规则体系分工协作以构建有整体性的工业企业品牌文化管理流程。标准化的运作规则体系描述了子模块系统间进行协作连接的具体状态要求。工业企业品牌文化运作流程的标准化的运作规则体系一般包括如下3个部分。

系统结构：确定工业企业品牌文化管理流程模块化分解时的整体结构、各功能子模块之间的层次性关系，包括纵向的嵌套关系和横向的关联关系，以及各功能子模块在运作时与系统整体或其他环境介质进行实物、服务、信息以及人员交换的程序、能力和绩效等。

流程接口：描述工业企业品牌文化管理流程中各功能子模块相互作用的具体路径，包括品牌文化管理的各子流程如何进行信息交流、业务对接；业务对接环节的交办手续、协议；各子流程在对接中如何在坚持自主性的前提下保持协作性。

模块标准：规范工业企业品牌文化管理各子流程的运作效果，监督、评估功能子模块是否和企业最高决策与领导层制定的管理规则保持一致，即该功能子模块能在工业企业品牌文化管理流程中起到多大的作用，以及其实现该作用所需要消耗的资源是否达到企业成本管理的要求。

二、品牌文化管理运作机制

品牌文化管理运作机制是企业品牌文化管理的主体机制，是企业在品牌文化管理过程中，影响企业品牌文化管理各因素的结构、功能和关联关系，以及这些因素产生影响的作用过程、作用原理及运行方式。研究工业企业品牌文化管理运作机制能够帮助企业积极开展科学合理的品牌文化管理活动，提升企业的品牌文化影响力和竞争力。

工业企业品牌文化具有系统性、连贯性、开放性和创新性等特点，其品牌文化管理运作机制实际上就是一个系统，系统内的各个组成部分既有高度的独立性，又有极强的相关性，呈现出纵向分层、横向分类的系统构成方式。具体来说，工业企业品牌文化管理运作机制构成可以描述如下：激烈的外部市场竞争促使企业开展品牌文化建设，形成企业品牌文化建设的外部动力机制。国家和各级政府为了促进工业企业品牌建设，出台多种激励措施，逐步形成稳定的品牌文化建设的外部激励机制。在二者的双重驱动下，企业着手自身品牌文化建设，建立品牌文化管理运作的多种机制，包括品牌文化创始阶段的形成和保护机制，品牌文化发展过程中的评价和反馈机制，以及品牌文化未来发展的传承和创新机制。

（一）工业企业品牌文化管理运作机制的基本内容

如前面内容所述，工业企业品牌文化管理运作机制由外部的动力机制、激励机制和内部的形成机制、保护机制、评价机制、反馈机制、传承机制、创新机制构成。具体的工业企业品牌文化管理运作机制如图 9.7 所示。

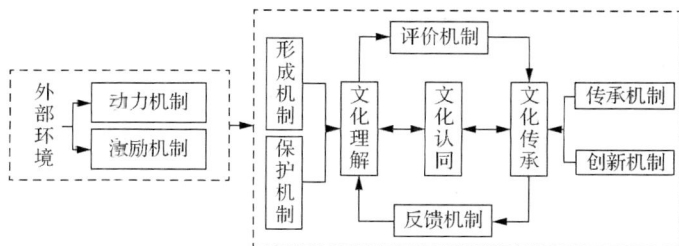

图9.7　具体的工业企业品牌文化管理运作机制

1. 工业企业品牌文化管理运作的动力机制和激励机制

品牌文化与企业文化不同，企业文化根植于企业内部，服务于企业的生产经营过程，而品牌文化则更多面向消费者，是消费者认识、了解企业的一个重要窗口。因此，工业企业品牌文化管理运作必然需要外部环境进行驱动，形成动力机制与激励机制。企业外部环境包括政治环境、经济环境、社会环境和技术环境。其中，动力机制受到经济环境和技术环境的影响，具体受工业企业的消费者和竞争者的影响，消费者对企业品牌文化的认可与信赖是品牌文化管理运作的根本动力，识别竞争者并通过良性竞争关系不断提高工业企业市场活力是品牌文化管理运作的重要动力。激励机制则受到政治环境和社会环境的影响，工业企业品牌文化的发展需要政府支持和社会参与，政府颁布优化营商环境的条例可以激励企业品牌文化管理更加顺利地运作，健全的品牌知识产权法律体系也能够激励品牌文化良好成长。

2. 工业企业品牌文化管理运作的形成机制和保护机制

文化理解、文化认同和文化传承共同构成了品牌文化管理运作的形成机制和保护机制的主要内容。戴维森曾经提出过"品牌冰山论"，品牌浮在海面上的小部分是品牌的外观和符号标志，这是消费者直接看到的部分；而藏在海面以下的大部分代表的是品牌所传递的文化价值和思想理念，这一部分代表了品牌这个"冰山"蕴含的巨大力量。文化理解是对品牌价值内涵的整合；文化认同是指企业内部员工与外部消费者对企业品牌文化的契合，当消费者与企业品牌文化产生价值观上的情感共鸣时，企业产品对消费者而言会具有附加价值，从而能提高消费者的品牌忠诚度；文化传承是指将企业品牌文化不断发展、延续下去，使品牌文化经久不衰、历久弥新。从理解，到认同，最后到传承，品牌文化内容逐步形成一套成熟的体系，即品牌文化管理运作的形成机制，以最终实现企业文化价值的提升。品牌文化管理运作的保护机制是品牌文化顺利传播不可或缺的基础，主要包括品牌商标认定保护和品牌公关两个方面。在品牌商标认定保护中，知识产权法律体系是重要的法律保障。而品牌公关除了助力企业品牌文化成长外，还能在发生品牌危机事件时，帮助企业迅速做出准确判断和决策，防止品牌"落水"，防止"大厦"倾覆。

3. 工业企业品牌文化管理运作的评价机制和反馈机制

工业企业品牌文化管理运作的评价机制与反馈机制是对品牌文化管理主体内容进行内部的评估和总结。评定品牌文化管理运作的绩效是其中的重要环节，包括管理行为与结果两个方面的绩效评估，这样可以全面有效地评价管理活动，不会受到管理运作时间长度的影响。管理行为的绩效评估主要是指评估员工在从事品牌文化管理活动中的工作实施情况，包括工作素质能力、工作失误率、缺勤情况、组织沟通协调能力以及处理突发情况的灵敏度等。结果的绩效评估是对品牌文化价值产生的效果进行量化，利用 Interbrand 模型，使用品牌强度和品牌未来收益两个指标来计算、评估品牌价值。通过评价机制和反馈机制对品牌文化管理的调节，品牌文化管理得以不断修正完善，这有利于充分实现品牌文化价值的提升。

4. 工业企业品牌文化管理运作的传承机制和创新机制

品牌文化的传承与创新是使品牌文化永葆活力的源泉。传承机制是对品牌文化深层次的延续和发扬。以汽车为例，名爵汽车作为著名的英国汽车品牌，其在被上汽集团收购之后，仍保有独特的英伦汽车文化，多项名爵车友会活动更是促进了国内外汽车文化的交融，实现了汽车文化的传承。创新机制是品牌文化适应时代变化的重要手段和必然要求，品牌文化在形成之后唯有不断地创新才能避免产品的同质化，实现品牌文化的可持续发展。以国产化妆品品牌为例，"国货老字号"百雀羚拥有90年的历史，为了进一步开拓年轻消费者的市场，百雀羚推出了三生花系列护肤品牌，打造追求美和自然、以文艺滋养生活的品牌文化理念，获得了良好的口碑。品牌创新并不意味着全盘否定原有的品牌文化，而是在原有文化的基础上更新品牌价值的内涵。

（二）工业企业品牌文化管理运作的组织协调

1. 工业企业品牌文化管理运作的协调问题

工业企业是一个整体的系统，其目标一般从企业长远发展视角来考虑，具有整体性和全局性，比如拓展新型市场以获得持续竞争优势、实现企业利润的最大化等。这个大的系统包括若干个子系统，即工业企业的具体职能部门，这些职能部门都有各自特定的具体目标，而且是为工业企业的整体目标服务的，但子系统之间往往会为了实现各自的目标而产生一定的矛盾，某个子系统目标的实现也会与系统整体目标的达成有所矛盾。也就是说，不同职能部门之间的目标实现路径可能会有相互削弱和制约的部分，对企业总目标的实现就会有相应的不利影响。因此，工业企业中的各种管理运作模式都可能会出现不同的协调问题。

工业企业品牌代表的是企业全局化的集合特征符号，品牌文化管理运作也需要企业各个部门之间的相互配合与统筹协调，如此才能实现企业整体战略目标。怎样更好地进行品牌传播活动、合理协调各个职能部门间的活动流程、打破子系统之间的信息壁垒、提高部门行动的一致性，这些都是工业企业品牌文化管理运作的难题，只有解决了这些难题才能促使企业整体战略目标的实现。在品牌文化管理运作机制中，有很多内容都需要多个不同职能部门的管理协调，包括市场营销、项目管理、科技信息管理、人力资源管理以及财务管理等。比如，在市场营销中，营销宣传的方式和理念需要表达出品牌文化的内涵；在项目管理中，项目实施的质量需要达到品牌要求的标准；在财务管理中，资金的规划安排需要满足品牌建设宣传的要求。

品牌文化管理运作作为工业企业的重要管理环节，必然需要各运营部门的协调运作。虽然子系统与总系统都是为共同的企业整体战略目标服务的，但由于子系统存在相应的子目标，品牌管理部门与其他各职能部门之间难免会产生一定的冲突。因此，处理好工业企业品牌文化管理运作的协调问题对整个企业的长足发展有着至关重要的作用，企业需要在品牌的战略、运营以及维护等多个方面进行充分且有效的协调。这种协调问题的产生从根本上来说有两个主要的原因：一是企业的职能部门有一定的信息自主性，二是企业的品牌管理组织会依赖于其他职能部门。

（1）职能部门的信息自主性

工业企业的各个职能部门之间由于种种原因不会全面地进行信息沟通交换，这就是职能部门的信息自主性，也可以称之为一种"信息孤岛"。但是，这种"信息孤岛"并不会绝对化地存在，职能部门之间为了实现企业整体战略目标也会有一定的信息交流。从客观上来说，导致职能部门信息自主性形成的因素主要有以下 4 个。

① 地理位置因素。当企业达到一定规模时，不同部门可能会设置在不同的地理区域，这为信息的交流共享带来了一定的困难，虽然网络通信技术已经足够发达，但地理位置分散化带来的信息交流影响仍然不可避免。

② 专业技能因素。不同职能部门人员的专业技能掌握程度并不相同，专业技能的独立性也为部门之间的信息交流带来了一些障碍。

③ 文化价值因素。由于个人之间文化价值的差异，信息交流沟通可能会出现文化方面的冲突。

④ 组织结构因素。如果组织结构的设计和企业项目运营过程发生错位，

也会导致信息交流存在障碍。

在具体的品牌文化管理运作中，品牌管理部门与其他职能部门之间存在着信息自主性。首先，工业企业运营实施的项目众多，产品线结构复杂，生产经营环境比较分散，品牌文化管理组织可能会难以兼顾分散化的所有生产部门，这给信息交流带来了一定程度的障碍；其次，工业企业品牌文化管理运作是一项系统性工程，从品牌的战略制定、调研设计、宣传推广，到维护和创新，整个过程既需要专业的技术，也需要敏锐的创新思维，其他职能部门可能无法全方位地理解品牌文化管理相关的信息，也就会导致信息自主性的产生；最后，品牌文化是企业文化的重要内容，品牌文化管理信息在各部门之间顺畅流通的基础是各部门人员文化价值观基本一致，但由于专业信息和文化背景等因素，不同部门人员的文化价值观会有所不同，因此会导致文化交流层面的信息自主性的产生。

（2）企业品牌文化管理组织对其他职能部门的依赖性

品牌文化管理会受到多种因素的制约，主要包括产品质量、人才培养、资金支持和技术保障 4 个方面。这 4 个方面分别对应了工业企业中的 4 个不同的职能部门：生产部门、人力资源部门、财务部门和信息技术部门。这些部门之间的关系如图 9.8 所示。

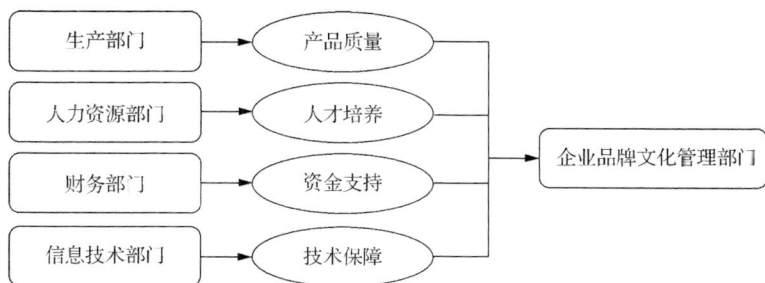

图9.8 工业企业品牌文化管理部门与职能部门之间的关系

从图中可以看出，工业企业品牌文化管理部门处在整体依赖关系的末端，产品质量是品牌文化管理运作的重要基石，主要由生产部门负责，同时也需要质量管理部门的参与，它作用于企业品牌文化管理部门，能打好品牌文化管理运作的基础。人才培养是品牌文化管理运作的必要条件，形成与品牌文化管理运作相关的专业化人才队伍需要人力资源部门建立相应的选拔培养机制。资金支持是品牌文化管理运作的保障，需要财务部门与企业品牌文化管理部门相协调。技术保障是品牌文化管理运作的关键，品牌文化建设离不开信息技术部门的支持。因此，企业品牌文化管理运作需要不同部门的资源整合，企业品牌管理部门对其他职能部门会有一定的依赖性。

由于以上两个原因，工业企业品牌文化管理运作过程中会产生一系列的协调问题，只有明确这些协调问题，工业企业才能做好品牌文化管理运作的组织协调工作。

2. 工业企业品牌文化管理运作的角色交互

角色在社会学中代表着一种行为模式，它依赖于个体的基础认知和实践能力，与个体的社会地位联系紧密，并且反映了一定的期望价值。不同职能部门在企业整体战略目标实现的过程中扮演着不同的角色，工业企业品牌文化管理运作需要企业品牌文化管理组织和多职能部门进行共同的角色交互。

企业品牌文化管理应与企业的各项日常运营事务相融合，在战略管理、项目工程管理、财务管理、人力资源管理以及市场运营管理等多方面都应该有所体现。企业的每一项品牌文化建设都需要与具体职能部门进行角色交互，在明确角色职责的基础上，理解角色之间的相互协调关系，从而形成工业企业品牌文化管理运作的角色交互模型。

在图9.9中，箭头表示的是信息流，信息是品牌文化管理部门与职能部门实现角色交互的媒介。品牌文化管理部门将相关信息传送给各个职能部门，职能部门获得信息之后会做出相应的工作安排，职能部门的应答结果又会重新以信息流的形式传送到品牌文化管理部门，形成一个反馈机制，品牌文化管理部门再根据反馈得到的结果进行工作信息更新，开始新一轮的信息传递，而这一信息传递循环有助于达成企业品牌文化战略目标。

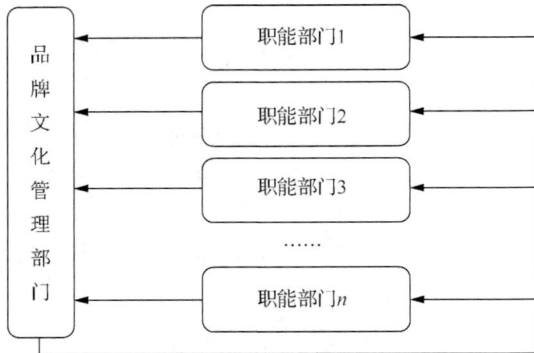

图9.9 基于信息流的品牌文化管理部门与职能部门角色交互模型

3．工业企业品牌文化管理运作的职能部门间的协调

（1）部门互信

在工业企业品牌文化管理运作中，品牌文化管理部门和各职能部门之间的互信机制是协调的基础。品牌文化建设过程就是品牌理念形成、价值塑造、形象传播的过程。由于企业这个总系统下的每一个子系统都具有相对独立性，不同部门之间在合作时往往会出现习惯性防卫思维，如果部门之间没有建立充分的互信关系，这种防卫思维就会造成沟通的困难和障碍，而部门互信可以将这种防卫思维转化为"绿灯思维"，能够更加有效地实现资源共享和信息互通，实现品牌文化管理运作中的角色交互，也有利于增强企业内部结构的稳定性。这种互信机制的形成也需要品牌文化管理部门赋予品牌值得信任的价值理念，这样才能够促进互信氛围的形成，降低工作成本。此外，提高品牌忠诚度不仅可以在外部提高企业竞争力，也是在企业内部建立信任、促进协调的重要手段。

（2）部门协商

部门协商是在部门互信的基础上，品牌文化管理部门和各职能部门以协商的方式共同制定合作契约，该契约能够规范品牌文化管理部门及各职能部门的行为，使各职能部门配合品牌文化管理部门开展相应工作，同时品牌文化管理部门通过与职能部门的合作交流不断优化、完善品牌文化管理活动，最终实现企业品牌文化战略目标。需要注意的是，这种合作并不是一种行政命令，而是在互信这一正向因素的基础上达成的，以平等互利的原则来设立信息交流通道，既有一定的合作关系约束力，同时也保障了各部门的利益。这种协商机制运行高效，能促进企业品牌文化管理运作中各部门协同状态的形成，适用于大部分企业环境。

（3）制度规范

制度规范与部门协商不同，需要借助行政命令来促进形成各职能部门与品牌文化管理部门之间的合作共享关系，属于协调中的辅助机制。通过设置与品牌文化管理活动相关的各项规章制度，品牌文化管理部门能够提高工作效率，减少由职能部门的信息自主性带来的信息不匹配问题，保障企业品牌文化管理运作的顺利进行。设置专门的协调机构也属于制度规范的一种，协调机构的协调人员来自各职能部门，负责专门的具体协调工作，以使各职能部门积极有序地配合品牌文化管理工作。

虽然制度规范相比于部门协商具有更强的效力，但在企业环境相对比较复杂的企业品牌文化管理活动中，制度规范可能会导致相关人员的工作

积极性下降，不合理的制度规范也会对品牌文化管理运作起到负向调节作用。

三、工业企业品牌文化危机管理

世界经济越来越朝着一体化方向发展，生产和消费在全球范围内开展，使国际竞争越发激烈，企业危机事件频出，使危机管理在企业管理中的作用和地位日益突出，重要性显著提升。在企业的众多危机中，品牌文化危机是会影响到企业深层的、关乎企业生存发展的重要危机。危机，本意是有危险、灾祸的时刻，一般指产生危险的祸根、极度困难的关口、令人感受到危险的时刻、特别危险的处境。我们由危机的定义可以演绎出工业企业品牌文化危机的定义，即某种原因致使工业企业品牌文化面临危险和困境。品牌文化危机是企业管理中的重要难题，一旦处置不当就会给企业带来不可挽回的重大损失或导致企业灭亡。因此，企业管理者要特别重视品牌文化的稳定性，避免出现品牌文化危机。同时，企业应对可能产生的风险和不可预期的祸难给予充分的警惕，适时发出预警信息，科学识别和准确应对，避免工业企业品牌文化陷入危机。

工业企业品牌文化危机管理是对品牌文化危机进行科学预警，以及在品牌文化危机发生后积极应对，以将损失控制在最低程度的管理活动。从广义的范畴讲，工业企业品牌文化运作应该包含对品牌文化危机的事前预警、事中应对和事后总结等多方面的管理。工业企业在品牌文化危机管理中要时刻把握正确的舆论方向，充分认识到自身的不足和弱点，对可能发生的危机事件做好详细规划，在危机发生前科学预警，在危机发生时快速应对、做出积极反应，在危机过后重新塑造品牌形象，以保持和扩大品牌的影响力，监控和评价工业企业因品牌文化危机而面临的形势，防范同类危机的多次或者再次发生，并根据情势的变化做出必要调整。

（一）工业企业品牌文化危机形成机理

前面的内容多次谈到，品牌之所以称为品牌，是因为其重要的评价尺度来自3个维度，即品牌的知名度、美誉度和忠诚度。其中，知名度是让消费者能够知道品牌，也可以称之为品牌的被动感知；美誉度来自消费者的体验，多指消费者经过实际的产品体验之后产生的态度，是消费者对该产品的认可和接受程度；忠诚度则指对某一产品或品牌的依赖。当工业企业品牌文化遭受内外因素的破坏性影响，导致品牌知名度、美誉度和忠诚度急速下降甚至消失的时候，品牌文化危机就发生了。

引发工业企业品牌文化危机的原因从宏观上可以分为两大类型，也就是我们通常划分的内部因素和外部因素，即内因、外因。品牌文化危机带有突发性，因此突发事件是工业企业品牌文化危机的导火索，而品牌文化管理存在缺陷是根源。同时，品牌文化危机应对能力也考验着品牌文化的生存能力，进而影响工业企业品牌文化管理危机的走向和结果。一般来说，内因为主，外因为辅，导致工业企业品牌文化危机的核心原因还是内部管理出现漏洞或缺陷。

例如，Uber 高管大规模离职事件就是典型的人力资源管理出现漏洞或缺陷导致的品牌文化危机事件。企业的人力资源管理的核心观念是品牌文化的重要内容，其选人用人的思想影响着企业发展。2017 年 6 月 21 日，Uber 的首席执行官特拉维斯·卡兰尼克高调离职。此后的 4 个月内，这家市值 700 亿美元的大公司持续陷入争议和丑闻之中，品牌文化危机事件层出不穷，其内容五花八门。Uber 的数名高管人员因卷入和 Uber 的公司法律或公司文化相关的问题而被解雇。Uber 高管大规模离职事件说到底还是企业的品牌文化危机导致的人力资源危机，其核心原因还是来自企业内部。具体原因是企业的核心价值观与员工个人的核心价值观发生背离，或者说是以高管人员为代表的企业员工的个人价值观背离了企业价值观，从而表现为个人利益与组织利益的严重冲突。

因此，工业企业品牌文化危机的发生不是单纯的偶然事件，尽管工业企业品牌文化危机可能因为某件偶然事件在某个瞬间突发，但归根结底，品牌文化危机的出现还是企业的品牌文化管理不善的结果。从工业企业品牌文化危机的发生和发展的全周期过程来观察其背后的形成过程，我们能够更加深刻地理解其深层次的内在发生逻辑。工业企业品牌文化危机是从企业品牌文化管理不善开始的，外部环境因素的激荡冲击、企业内部管理不善的问题的不断积累、失误等现象的不断出现和放大等，最终引发工业企业品牌文化危机。因此，品牌文化的外部环境突变是品牌文化危机产生的直接原因，企业内部管理不善，尤其是品牌文化管理不善是工业企业品牌文化危机产生并对企业经营造成重大危害的深层原因。

据此分析，工业企业品牌文化危机的形成机理如图 9.10 所示。

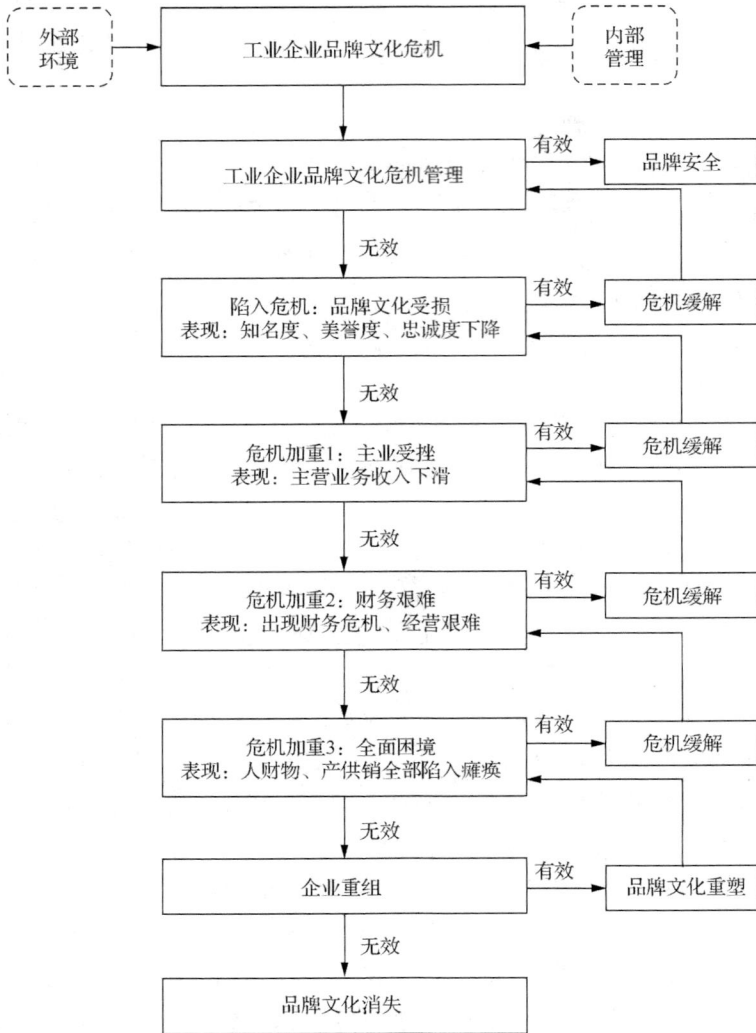

图9.10　工业企业品牌文化危机的形成机理

（二）工业企业品牌文化危机管理系统

工业企业品牌文化危机管理可以依据一般危机管理理论所提供的理论基础来分析和设计管理流程，据此可将工业企业品牌文化危机管理系统划分为由危机监测子系统、危机预警子系统、危机决策子系统、危机处理子系统构成的系统结构，如图 9.11 所示。

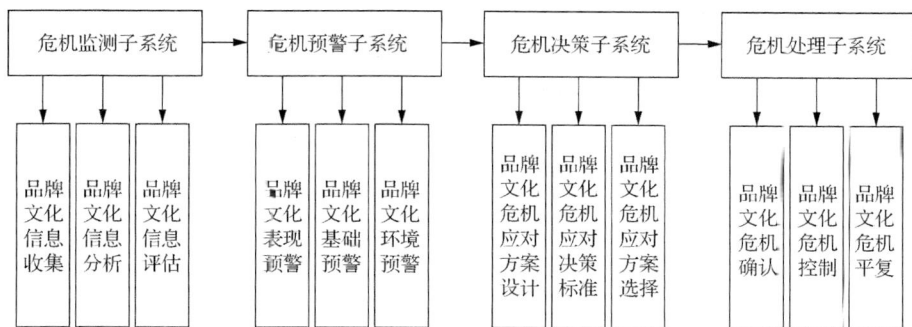

图9.11　工业企业品牌文化危机管理系统

1. 危机监测子系统

工业企业品牌文化危机管理的首要一环是对危机进行监测，企业在成长顺畅的时期，就应该时刻保持强烈的危机意识、做好应对危机的心理准备，构建适合本企业实际的危机管理机制，对危机进行科学监测。企业越是在顺利发展的时候越要重视监测危机，因为平静的背后往往潜伏着危机。品牌文化危机监测包括品牌文化信息收集、品牌文化信息分析和品牌文化信息评估3方面内容。进行危机监测首先要广泛收集相关的信息，对信息进行科学分析，评估信息中包含的危机元素，对可能的危机源进行有效识别。企业品牌文化的潜在危机往往表现在日常的企业经营管理中，所以企业应从细微处入手，观察员工行为，关注企业经营状态，捕捉有价值的信息。

2. 危机预警子系统

绝大多数危机在爆发之前都会出现某些征兆，尤其是由内部管理形成的工业企业品牌文化危机。危机管理所关注的不仅限于对危机突发后的各种类型的危害的处理，更为重要的是要建立危机警戒线，确保危机爆发前能采取有效措施加以应对。品牌文化危机预警包括品牌文化表现预警、品牌文化基础预警和品牌文化环境预警3个方面。表现预警是与企业品牌文化相关联的人财物等因素的变化超出警戒线的预警，如中芯国际集成电路制造有限公司核心技术人员的离职对企业整体研发实力产生不利影响，也必然会对企业品牌文化产生影响。基础预警是品牌文化基本构成要素的变化超出警戒线的预警，如2018年长春长生生物科技有限责任公司因疫苗质量问题被查，不仅品牌形象尽毁，企业也宣告破产。环境预警是品牌赖以生存的外部环境，如经济环境、社会文化环境、产业政策等因素的变化超出警戒线的预警。通过发出预警警告，将危机"消灭"在萌芽状态，最大程度地保证企业平稳运转，降低各类风险；同时，对于不可避免的危机，也可以通过预警系统及时获得有价值的信息，及时采取应对策略解决危机。只有这样，企业才能从容不迫地应对品牌文化危机带来的不确定性和复杂挑战，把企业的损失降到最低，保证企业在不断变化的内外部环境中始终保持成长优势。

危机预警子系统有一个非常重要的环节就是标准的设计，也就是说设定了预警指标后，在什么情况下才能触发预警并发出警报，这涉及阈值或者标准设计的问题。一般来说，阈值或标准的设计要采用以下标准：第一，时间标准，也称为历史标准，是以工业企业品牌文化发展的历史水平作为综合评判尺度，将各项预警指标的报告水平与曾经发生过危机的历史水平进行比较。第二，空间标准，也称为社会标准，是将研究的工业企业品牌文化的发展状况放到更为广阔的空间范围内审视，从而建立统一的评判尺度。采用空间标准有利于找出本企业实际水平与全国乃至全球水平的差距，为全面采取工业赶超措施等提供科学的决策基础。第三，计划标准，是以计划指标、奋斗目标作为综合评判尺度，将各项指标所反映的工业企业品牌文化的实际水平与相应的计划目标水平进行比较。采用计划标准有利于工业企业在制定品牌文化发展计划时综合考虑各方面的因素，全面检查计划目标的完成情况。

3. 危机决策子系统

危机决策子系统包括危机应对方案设计、危机应对决策标准制定和危机应对方案选择 3 部分。应对品牌文化危机，工业企业需要在调查的基础上制定正确的危机决策方案。工业企业要根据危机产生的背景、现状、未来发展趋势等，制定多种决策方案以供选择。对几种可行方案进行优缺点对比后，选择出最佳方案。危机决策方案的定位要精准，推行要迅速。在决策阶段，工业企业需要注意的是在原有方案的基础上，根据现实情况进行不断调整。另外，在工业企业品牌文化发展的不同阶段，其危机管理的策略也会有所不同。例如，在品牌知名度培育期，工业企业需要考虑品牌文化宣传的规模是否足够大，尤其是在当今的信息时代，没有足够大的文化宣传规模，很难形成有影响力的品牌知名度。但是，若在此时出现危机，极有可能在短时间内形成极大的负面影响，甚至直接断送蒸蒸日上的品牌文化。因此积极采取危机应对策略，恢复内外公众对企业的信心尤为重要。

4. 危机处理子系统

危机处理是危机管理中最为复杂和最为艰难的阶段，包括危机确认、危机控制和危机平复三个阶段。危机处理子系统的启动说明危机已经发生，如何积极应对成为本阶段的重中之重。首先，工业企业应该能够科学区分和确认危机。确认危机的过程包括对品牌文化危机进行合理归类，广泛和有重点地搜集与危机相关的信息，确认危机发展的程度，以及分析找出危机产生的原因，辨认危机产生影响的范围、程度及后果。其次，工业企业应该能够有效控制危机。控制危机需要工业企业根据确认的危机的类型及可能造成的不利影响，采取有效措施遏止危机扩散，使其不影响其他方面，这一紧急控制过程如同消防员救火一样刻不容缓。最后，工业企业应该能够迅速平复危机。在平复危机时，关键是与危机造成的不利影响拼速度。企业能够及时、有效地将正确的决策运用到实际中平复危机，可以避免危机对企业造成更大的损失。控制并化解品牌文化危机主要通过重塑品牌形象及品牌核心竞争力，恢复并传承工业企业品牌文化。

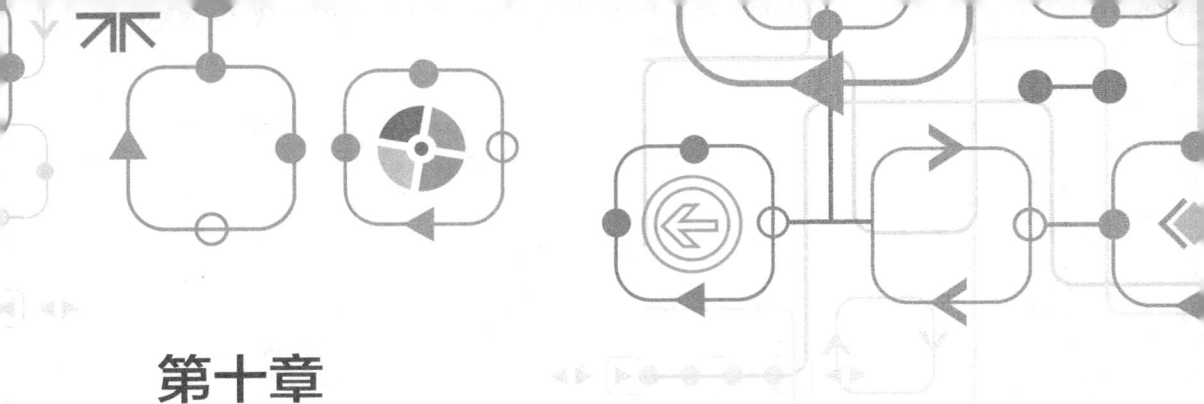

第十章
百年未有之大变局下的品牌文化

一、文化自信是应对变局的根本

（一）百年未有之大变局的内涵

一百多年前，晚清政府经历了"三千年未有之大变局"。从闭关锁国，到丧权辱国，再到王朝灭亡，世界格局的变化对晚清政府产生了重大影响。工业革命使社会生产方式、社会结构、传统文化、价值观念和人们的生活方式发生了翻天覆地的变化，这种变化长期而持久，随着新中国的成立和发展壮大才逐步淡去。当今世界正经历"百年未有之大变局"，新的世界格局正在形成，新的技术革命已经到来。其中蕴含的趋势变化，既带来挑战，也带来机遇。

从经济层面看，中国经济总量位居世界第二，"一带一路"倡议也在逐步推动新型国际经济关系的建立，深刻影响着世界经济格局。英国经济与商业研究中心、日本经济研究中心、牛津大学经济研究院等多个外国机构预测：中国经济总量最快于 2028 年超过美国。中国庞大的人口数量、巨大的市场规模、充裕的资金储备、良好的基础设施都会对经济发展起到良好的支撑作用，中国必然对整个世界经济格局产生重大影响。

从科技层面看，随着信息技术的发展，现代社会已进入数字时代。数字技术被广泛应用于经济、社会、文化、生活等各个领域，极大地改变了社会生产方式和人们的生活方式、思维方式与交往方式，成为引领科技创新、经济转型升级、社会进步的重要驱动力。随着人类由工业社会步入信息社会，整个经济基础面临颠覆性变化，生产力与生产关系之间矛盾的调整和变革，必然对国家、民族产生深远影响。这一点，在我国晚清时期从农业社会向工业社会过渡的历史变迁中可以窥知一二。

面临大变局，关键时刻该如何应对？我们应以开放包容的中国文化，与其他文明在平等共享的基础上交流融汇，维护文明的多样性，"以多样共存超越文明优越，以和谐共生超越文明冲突，以交融共享超越文明隔阂，以繁荣共进超越文明固化"。面对变局而提出的中国方案，蕴含着传承千年的中国智慧，是中华文明对世界和人类未来发展的积极贡献，为人类文明指明了前进方向。

（二）文化自信根植于深厚的文化底蕴

中国文化具有深厚的历史底蕴，中国优秀传统文化是中国文化之根。中国优秀传统文化以历史悠久的华夏文明为基础，以儒释道文化为主体，以独具特色的语言文字为纽带，以名扬世界的手工艺品为载体，通过不计其数的文史典籍、发人深省的成语故事、约定俗成的礼仪规范、立身处世的伦理道德，共同组成了博大精深、灿烂辉煌的中国优秀传统文化。

中国优秀传统文化是在农业生产方式、自然经济、封建主义的基础上形成和发展起来的，经历了农业文明向工业文明过渡、自然经济向商品经济转化的伟大变迁。中国优秀传统文化积淀着中华民族最深层的精神追求，包含着中华民族最根本的精神基因，代表着中华民族独特的精神标志，构成了中国人精神世界的重要支柱，不仅为中华民族的发展壮大提供了丰厚滋养，也为人类文明进步做出了卓越贡献。五千年文明的涤荡激扬，使中华优秀传统文化经历了自我发展、自我选择与自我完善的进化之路，留下了许多宝贵的文化传统和思想精髓。

作为祖辈传承下来的丰厚遗产，中国优秀传统文化曾长期处于世界领先地位。中国优秀传统文化是历史的积淀，但它并不仅仅是陈列在博物馆里的展览品，而是有着鲜活个性的生命。中国优秀传统文化蕴含着丰富的思维方式、与时俱进的价值观念和为人处世的行为准则，一方面深受传统习俗的影响，另一方面又能因地制宜，无时无刻不在影响着今天的中国人，为我们开创新文化提供历史根据和现实基础。

千百年的传承浸润每个中国人的心田，构建中国人独特的精神世界，文化自信则是这个精神世界的脊梁。五千多年的中华文明史为文化自信提供了坚实的根基，文化自信在对中国近代深重民族危机和社会危机的反思中成长，在中国现代化建设的伟大实践中巩固和加强。我们的文化自信，不仅来自中国优秀传统文化的积淀和传承，更来自中国优秀传统文化的创新性发展和创造性转化，来自当下中国文化的蓬勃生机和实现中国梦的光明前景。

在当代，我们应从中国传统文化中汲取民族精神并以此为动力，结合中国现实，在传统文化的变革中完成社会变迁。为此，我们必须以当代中国社会实践为基础，以时代精神为导向，以"中国梦"为目标，以市场经济和现代化建设要求为标准，继承优秀传统文化，并结合时代条件赋予其新的内涵，实现"以文化人"。

二、变局下品牌文化的发展趋势

（一）富含中国文化的世界大牌将日益崛起

1. 中国文化必将成为世界的主流

中国文化以世界上唯一延绵至今的华夏文明为基础，在中国漫长的发展历史中生生不息、源远流长。中国文化既包含过去形成的中国传统文化，也包括当下的中国特色文化。中国文化在时空的长河中、社会的变迁中、朝代的更迭中、文明的冲突中展现了顽强的生命力。究其根源，中国文化源于自然并按照自然规律发展。老子曰："人法地，地法天，天法道，道法自然。"人类在认识世界、改造世界的过程中创造了文化。中国文化的创造与发展过程也同宇宙间万事万物一样遵循"道"的"自然而然"规律。老子所说的"自然"，是指事物的"存在方式"和"状态"，不仅包括人类存在的自然环境，也包括社会行为的自然原则。只要"自然"在，中国文化就存在；"自然"处于什么状态，中国文化就发展成什么状态。一个民族的生命基因，熔铸着文化的力量；一个民族前进的足印，闪耀着文化的光芒；一个民族的兴衰存亡，说到底是文化的兴衰存亡。

当前，国际社会面临"治理赤字、信任赤字、和平赤字、发展赤字"四大挑战，全球治理体系和多边机制遭到严重冲击，如何破解？我国主张"一带一路"倡议和多边合作，发挥中国文化开放包容的特性，国家之间秉持"公正合理、互商互谅、同舟共济、互利共赢"四大理念。中国主动捍卫多边主义，构建人类命运共同体，引领全球数字治理，维护全球战略稳定。中国文化的影响力随着国家实力的增强不断提升，随着影响力的提升不断受到世界各国青睐。

随着中国的不断强大，人类社会的不断发展，世界文明的互相交融，中国文化必将成为世界文化的主流，也必将拥有越来越高的呼声。

2．中国文化为中国品牌价值添砖加瓦

随着能源持续紧张，用工成本上升，环保意识增强，中国制造业的低成本优势正在丧失，需要向有高附加值、新兴需求、具有话语权的领域方向发展和转型。"近水楼台先得月，向阳花木易为春。"中国制造业应该基于对中国文化的自信，把几千年的中国文化消化吸收，以中国审美与世界接轨，以中国工匠精神打造国货精品。中国制造业与中国文化相辅相成，正在实现飞跃性的华丽转身。

在工业社会的商品经济环境下，环境因素相对稳定。品牌对于企业而言具有重要的溢价价值，特别是产品生命周期长、影响波动小的行业，具有良好口碑的品牌将为企业带来源源不断的财富。进入信息社会后，在数字经济环境下，环境变动频繁，数据和信息的及时性、突发性、创新性既能在短时间内炒作"噱头"以实现快速的传播和推广，利用"网红"效应快速变现，给企业带来收益，也能因操作不当引发质疑或危机，从而给企业带来巨大的负面影响。而对于这些，中国文化都能起到恰当的作用。品牌口碑良好时，中国文化能为其锦上添花；品牌出现危机时，中国文化能为其雪中送炭。

但是，当下企业对中国文化的理解更多集中在"中国结""中国功夫""中国美食"等感官维度，而在信仰、价值观方面缺少理解。综观市场上的知名品牌，为其卓越溢价能力提供强有力支撑的，不只是符合潮流的颜色、新颖的造型、精挑细选的材质，更是根植于品牌核心的精神和价值观这些深层的文化。这些精神文化能影响品牌制度文化，进而表里如一地将其展现在品牌物质文化层面，形成浑然一体的、个性鲜明且独树一帜的品牌文化，将消费者带入其中，使其产生情感上的满足和依赖，从而为品牌创造高额的利润。

全球化虽然暂时遇到挫折，但是全球化的趋势不可避免。企业应把握好全球化这一机遇，将中国文化转变为中国元素，将中国元素融入中国产品。同时，企业要利用中国实力推广中国文化，利用中国文化吸引消费者，进一步增强中国实力。

（二）文化的多重结构赋予了品牌多种维度

1．中国文化的多重结构日渐明显

中国社会处于转型的关键时期，这对中国文化产生重要影响，使其形成了具有多重结构的文化体系。

首先，中国地大物博，各地区经济发展不均衡，人均 GDP 超过 2 万美元的城市有 10 多个，这些城市已经达到了发达经济体的经济水平，但根据

有关数据推算，全国仍有约 6 亿人的平均月收入仅为 1000 元左右。其次，新时代我国社会的主要矛盾是人民日益增长的美好生活需要和不平衡不充分的发展之间的矛盾，人们从对物质生活的追求向对精神生活的向往转变，从生存型消费向发展型消费、享受型消费转变。人们向往更舒适的居住条件、更优美的环境等，对产品的需求逐步升级。最后，社会管理在向社会治理转变，从"熟人社会"到"陌生人社会"转变，从全职工作到零工经济转变，从单向管控到多元治理转变。收入分配从金字塔型向橄榄型转变，中产阶级逐步壮大。

社会的多重结构造就了文化的多重结构。社会上多重转型并存，社会发展梯度差距拉大，既有步入信息时代的发达城市，还有以家庭种植业为主的地区。全社会农业文化、工业文化、信息文化交叉并存，相互影响、相互依存，逐步形成文化的多重结构。文化的多重结构具有以下 3 个特点。

（1）文化融合大于文化净化。信息时代，知识更新速度加快，每 3～5 年就更新一次。国际数据中心发布的《数据时代 2025》报告显示，全球每年产生的数据将在 2025 年达到 175ZB。如果把它刻在 DVD 光盘中，那么所有 DVD 光盘叠加起来的高度将是地球和月球之间距离的 23 倍（月地最近距离约 39.3 万千米），或者可绕地球赤道 222 圈（一圈约为 4 万千米）。裹挟在海量数据中的知识，涉及生活的方方面面，传递形形色色的价值观，不断充斥人们的思想，蕴含在其中的外来文化、本土文化既混杂又模糊，中国文化更多地表现出兼容并包的特性。

（2）文化创新推动文化传承。从邓小平提出"黑猫白猫论"，深圳市喊出"时间就是金钱，效率就是生命"的口号开始，思想观念的创新拉开了文化创新的新序幕。文化创新不是对中国传统文化的摒弃，而是以继承中国优秀的传统文化为前提。京剧电影《赵氏孤儿》、Rap 版昆曲《牡丹亭》、改编自中国神话故事的《哪吒之魔童降世》等，无不展现了中国文化的永久魅力和新时代风采。只有传承经典文化，创新才能历久弥新。

（3）大众文化与精英文化逐步靠拢。大众文化纷繁复杂、泥沙俱下，通过信息平台得以快速传播，拜金主义、享乐主义、虚无主义等对社会产生了消极影响，这些引起了精英文化的抗争。但随着商品经济对社会的冲击，精英文化也逐渐面向市场经济，将高尚的人文精神融入大众文化之中。

2. 文化的多重结构造就品牌的多样化

文化的多重结构会形成新的消费场景，产生新的消费需求，养成新的消费习惯。在当前的经济环境之下，消费已经上升为对商品品质、产品体验的多元化追求。依托互联网平台，利用数字化营销，以年轻化、智能化为代表的新兴品牌，或作出革新的传统品牌迅速崛起。中国品牌发展呈现出以下 4 种趋势。

（1）工业龙头企业开始意识到品牌文化的重要性。虽然我国工业规模已经位居世界第一，但是从企业品牌价值与营业收入对比可以看出，国内工业龙头企业对品牌文化建设的投入和重视程度，与西方发达国家知名工业企业比较而言还存在着差距。我国工业龙头企业逐步意识到品牌及品牌文化的重要性，在官方网站对企业品牌愿景、使命、价值观等进行了充分的诠释，并在企业运营中逐步践行。

（2）品牌文化内容多样化。企业针对不同的客户群体，打造不同的产品，并赋予产品不同的文化内涵。以华为手机为例，其旗下有麦芒系列、Nova 系列、P 系列、Mate 系列等。麦芒系列针对低端市场，面向收入不高、讲究性价比的学生群体；Nova 系列针对女性用户，主打"拍照、轻薄"，象征着潮流和主流；P 系列面向年轻人，主打"年轻、时尚"，象征着敢闯敢拼，愿意接受新鲜事物；Mate 系列面向商务人士，代表着成功、成熟。

（3）品牌文化塑造多样化。大型企业会利用强有力的资本、管理等，通过使消费者进行品牌体验来释放品牌文化。例如，华为手机"纯净、简约、极致、高端"的体验，美的空调从"无风有爱"舒适体验到"家庭微气候"的进化。高端的品牌体验为企业带来了超额利润。小型企业也针对特定客户，通过塑造乡土亲情、童年回忆等来拉近与目标客户的距离，实现产品销售和得到目标客户喜爱的目的。特别是小众需求往往要求个性化定制、少量生产，而这些都是小型企业的主打市场，小型企业一样能够在小众市场中寻找到自己的生存空间。

（4）公用品牌和老字号品牌重塑。中国有许多区域公用品牌，比如西湖龙井、景德镇陶瓷、苏杭丝绸、老北京布鞋、镇江香醋等，也有一些老字号品牌，如张小泉剪刀、六必居酱菜、吴裕泰茶业、漳州八宝印泥、安徽宣纸等，这些公用品牌和老字号品牌无不蕴含着丰富的中国文化。它们代表的不仅仅是一壶茶叶，更是一种田园生活的态度；不仅仅是一把剪刀，更是中国的工匠精神。对公用品牌和老字号品牌进行重塑，不仅能为消费者带来记忆深处的回想，更能将中国文化推向全世界。

（三）中国制造必将成为国产品牌文化的代言者

2020 年，"十三五"规划已圆满收官。国家《质量品牌提升"十三五"规划》的顺利实施，推动了企业在市场竞争中的自觉，刺激了消费者需求的转变，中国制造正在逐步与世界接轨。从月宫取土、深海探险，到北斗组网、天宫建站，从无到有，从跟跑到领跑，中国桥、中国路、中国港、中国车、中国网，成为一张张亮丽的名片，为中国制造增光添彩。传统制造业与现代服务业相结合，传统文化与信息技术相结合，必将打造出高品质的"中国制造"名片，这张名片必将成为国产品牌的最终代言者。

用中国文化革新传统制造，是中国从"工业大国"转向"品质大国"，从"制造大国"转向"品牌大国"的有效手段。企业应在产品设计、加工包装、售后服务等各个环节中融入中国文化，将中国制造打造成独具特色的中国创造，在制造强国之路上留下中国文化独有的印记。同时，企业应用中国制造挖掘中国文化的精髓、弘扬当代工匠精神，表现出中国文化的创新性。

品质是"地"，品牌是"天"，"中国制造"这张名片必将"天地"书写其中。一方面，只有品质优良才能让国产产品屹立不倒，进而迈向更高的台阶，使中国产品走向广阔的国际市场。另一方面，我们要深入研究中国文化，在产品设计中充分体现中国美学元素，在产品制造中忠实履行工匠精神，将家国情怀、以人为本等源于自然又高于自然的中国文化与现代科技紧密结合，深刻体会其中的韵味。

品牌文化是连接品牌"天地"的纽带，是沟通物质与精神的桥梁，必将伴随着中国制造走向世界。

参考文献

［1］艾·里斯，杰克·特劳特. 定位 [M]. 邓德隆，火华强，译. 北京：机械工业出版社，2017.

［2］艾·里斯，劳拉·里斯. 品牌 22 律 [M]. 寿雯，译. 北京：机械工业出版社，2018.

［3］艾·里斯，劳拉·里斯. 品牌的起源 [M]. 寿雯，译. 北京：机械工业出版社，2019.

［4］艾·里斯. 公关第一 广告第二 [M]. 罗汉，虞琦，译. 上海：上海人民出版社，2004.

［5］杰克·特劳特. 大品牌大问题 [M]. 耿一诚，徐丽萍，译. 北京：机械工业出版社，2018.

［6］戴维·阿克. 管理品牌资产（珍藏版）[M]. 吴进操，常晓红，译. 北京：机械工业出版社，2018.

［7］戴维·阿克. 创建强势品牌（珍藏版）[M]. 李兆丰，译. 北京：机械工业出版社，2018.

［8］戴维·阿克，埃里克·乔基姆塞勒. 品牌领导（珍藏版）[M]. 耿帅，译. 北京：机械工业出版社，2019.

［9］安德鲁·C. 威克斯，R. 爱德华·弗里曼，帕特里夏·H. 沃哈尼，克里斯汀·E. 马丁. 商业伦理学——管理方法 [M]. 北京：清华大学出版社，2015.

［10］萨伯罗托·森古普塔. 品牌定位——如何提高品牌竞争力 [M]. 马小丰，松君锋，译. 北京：中国长安出版社，2009.

［11］凯文·莱恩·凯勒. 战略品牌管理（第 4 版）[M]. 吴水龙，何云，译. 北京：中国人民大学出版社，2014.

［12］大卫·奥格威. 一个广告人的自白（纪念版）[M]. 北京：中信出版社，2015.

［13］乔治·贝尔奇，迈克尔·贝尔奇. 广告与促销：整合营销传播视角（第 11 版）[M]. 北京：中国人民大学出版社，2019.

［14］劳伦斯·维森特. 传奇品牌：诠释叙事魅力，打造致胜市场战略 [M]. 张超群，钱勇，译. 杭州：浙江人民出版社，2004.

［15］弗雷泽·西泰尔. 公共关系实务（第 14 版）[M]. 北京：清华大学出版社，2020.

［16］马歇尔·麦克卢汉. 媒介与文明 [M]. 何道宽，译. 北京：机械工业出版社，2016.

［17］马丁·林斯特龙. 品牌洗脑：世界著名品牌只做不说的营销秘密 [M]. 赵萌萌，译. 北京：中信出版社，2016.

［18］张岱年，方克立. 中国文化概论 [M]. 北京：北京师范大学出版社，2019.

［19］程裕祯. 中国文化要略（第 4 版）[M]. 北京：外语教学与研究出版社，2017.

［20］余明阳，戴世富. 品牌文化 [M]. 武汉：武汉大学出版社，2008.

［21］苏勇，史健勇，何智美. 品牌管理 [M]. 北京：机械工业出版社，2017.

［22］李艳. 用设计，做品牌 [M]. 北京：化学工业出版社，2016.

［23］曾莉芬. 重回本质 [M]. 北京：社会科学文献出版社，2017.

［24］黄静. 品牌营销 [M]. 北京：北京大学出版社，2014.

［25］戴鑫. 新媒体营销：网络营销新视角 [M]. 北京：机械工业出版社，2017.

［26］吴文辉. 赢在品牌 [M]. 北京：人民邮电出版社，2014.

［27］王培火. 国家品牌生产力 [M]. 北京：人民出版社，2012.

［28］张艳菊. 互联网时代品牌管理及创新研究 [M]. 北京：中国商业出版社，2020.

［29］楼正国. 品牌与 CI 设计 [M]. 石家庄：河北美术出版社，2016.

［30］江南春. 抢占心智 [M]. 北京：中信出版社，2018.

［31］周朝琦，侯龙文，邢红平. 品牌文化：商品文化意蕴、哲学理念与表现 [M]. 北京：经济管理出版社，2002.

［32］陈春花. 从理念到行为习惯：企业文化管理（珍藏版）[M]. 北京：机械工业出版社，2016.

［33］史芸赫. 品牌人格：从一见倾心到极致信仰 [M]. 北京：机械工业出版社，2019.

［34］韦华伟. 品牌的右脑 品牌文化制胜之道 [M]. 北京：中国经济出版社，2012.